MW01675130

GUIDE DE CONVERSATION

Anglais

HARRAP

21, rue du Montparnasse
75283 Paris Cedex 06

HARRAP's® est une marque de Larousse SAS.
www.harrap.com

ISBN 978-2-81-870352-6

Direction du département Dictionnaires et Encyclopédies :
Carine Girac-Marinier

Direction éditoriale : Claude Nimmo

Suivi éditorial : Beata Assaf

Informatique éditoriale : Dalila Abdelkader

Conception graphique et mise en page : Sophie Rivoire

Fabrication : Rebecca Dubois

Remerciements à Marie Gabiache

Édition précédente

Direction éditoriale : Anna Stevenson

Suivi éditorial : Julie Lehoux

Sommaire

Lexique

Abréviations utilisées dans ce livre

adj	adjectif
adv	adverbe
n	nom
v	verbe

Introduction

Vous partez en Grande-Bretagne et souhaitez profiter de votre séjour au maximum ? Ce tout nouveau guide de conversation en couleurs, illustré de nombreuses photos, est le compagnon indispensable de votre voyage.

Grâce à ce *Guide de conversation,* vous disposez de tous les outils nécessaires, que vous voyagiez pour le plaisir ou pour affaires, avec ou sans enfants. Les mots et expressions proposés couvrent l'ensemble des situations de la vie quotidienne : hébergement, courses, visites, sorties, urgences, etc. De plus, le lexique bilingue de quelques 6500 mots et expressions vous aidera à trouver le mot exact en toutes circonstances.

Et pour acquérir une prononciation parfaite, la transcription phonétique de tout le vocabulaire sera un outil précieux, de même que le fichier MP3 comprenant l'enregistrement audio des mots et expressions indispensables, que vous pourrez télécharger sur notre site **www.harrap.com**. À vous les conversations passionnantes avec les gens du pays !

Notre objectif est de vous aider à communiquer en anglais, mais aussi de vous faire découvrir votre destination dans les meilleures conditions. Chaque chapitre fourmille d'informations utiles pour préparer votre voyage. Les encadrés « Ne ratez pas ... ! » vous fournissent en exclusivité les informations touristiques et les astuces que seuls les habitants ou les personnes connaissant bien le pays peuvent vous faire partager. Enfin, notre glossaire gastronomique vous permettra de découvrir tous les aspects de la cuisine locale.

Voilà donc tous les atouts pour un voyage réussi !

Crédits photo

Fotolia.com
© Alan James ; © Ali Ender Birer ; © and.one ; © anghifoto ; © Benshot ; © Bikeworldtravel ; © Deyan Georgiev ; © dglavinova ; © drewrawcliffe ; © Elnur ; © Eventimages2 ; © HappyAlex ; © ian woolcock ; © Joe Gough- ; © jovannig ; © Kevin ; © KID p ; © Laiotz ; © Lance Bellers ; © lightpoet ; © Lotharingia ; © Lucian Milasan ; © MasterLu ; © pauws99 ; © PHB.cz ; © Photocreo Bednarek ; © Rick Henzel ; © Ruth Black ; © sepiaischeating ; © stocksolutions ; © Sujit Mahapatra ; © Terence Mendoza ; © TOBY ; © Václav Mach ; © WavebreakMediaMicro ; © William Richardson ; © yannik LABBE ;

Infos linguistiques

Les outils pour préparer votre immersion

Prononciation

L'alphabet

a	*eï*	**n**	*èn*
b	*bî*	**o**	*ôw*
c	*sî*	**p**	*pî*
d	*dî*	**q**	*kiou*
e	*î*	**r**	*âr*
f	*èff*	**s**	*èss*
g	*djî*	**t**	*tî*
h	*eïtch*	**u**	*you*
i	*aï*	**v**	*vî*
j	*djeï*	**w**	***da**beuliou*
k	*keï*	**x**	*èks*
l	*èl*	**y**	*waï*
m	*èm*	**z**	*zèd*

Prononciation et intonation

Pour chaque phrase donnée en anglais dans ce guide, vous trouverez sa prononciation indiquée en italique. En lisant simplement cette transcription phonétique, vous pourrez vous faire comprendre par un anglophone.

Veillez à accentuer les voyelles et syllabes qui apparaissent en caractères gras : l'intonation est primordiale en anglais ! Et n'hésitez pas à demander aux anglophones qu'ils vous répètent les sons que vous avez du mal à prononcer.

Voici les principales particularités de la prononciation de l'anglais :

Les sons « mouillés » (présents en français dans des mots comme « ail », « veille » et « langue d'oïl ») ont été signalés à l'aide d'un tréma :

goodbye *goud**baï***
OK *ôw**keï***
toilets ***toï**lètss*

Certaines voyelles sont plus longues en anglais, nous les avons signalées par un accent circonflexe. C'est le cas du a long (proche du « â » du français « pâte ») et du **i** long. Par exemple :

what? *wâtt?*
please *plîz*

Le o anglais peut être ouvert (comme dans le français « lotte ») ou fermé (comme dans le français « lot »), mais la particularité de la prononciation anglaise fait qu'on entend comme un « w » après la voyelle, ce qui a été transcrit respectivement *ow* et *ôw*. Par exemple :

good morning *goud m**ow**rninng*
no *nôw*

Le son de « out » dans le mot « knock-out » (mot d'origine anglaise utilisé en français) a été transcrit dans cet ouvrage par *aow*. Par exemple :

how *Haow*

Attention, le r anglais est beaucoup moins prononcé qu'en français, jusqu'à se confondre avec un « w » voire ne pas s'entendre du tout : pour le prononcer, placez le bout de la langue au milieu du palais. Par exemple :

really ***rî**li*

Certains sons anglais n'existant pas en français, nous avons utilisé des codes pour les retranscrire :

H : un « h » majuscule indique un h aspiré. Par exemple :

hello *Hè**lôw***

TH : un « th » en majuscules signale le fameux th anglais, son proche à la fois du « f », du « v » et du « z » français. Placez le bout de la langue entre les dents du haut et celles du bas et essayez de prononcer un « f ». Par exemple :

thanks *THènks*

Z : un « z » majuscule indique un son proche à la fois du « z » et du « v » français (un peu comme quand on zozote). Placez le bout de la langue contre les dents du haut et essayez de prononcer un « v ». Par exemple :

the *Ze*

Grammaire

Les **articles indéfinis** « un » et « une » se traduisent tous deux par **a** :

un bar a bar, une banque a bank

Devant un son-voyelle, **a** devient **an** :

une pomme an apple, une heure an hour

La forme plurielle « des » ne se traduit pas (**Ø**) :

des restaurants Ø restaurants

Les **articles définis** « le », « la », « l' » et « les » se traduisent tous par **the** :

la plage the beach, le train the train
l'heure the time, les musées the museums

Mais ils ne se traduisent pas (**Ø**) devant la plupart des noms de pays et de notions :

la France Ø France, l'argent Ø money

Les **noms** sont neutres en anglais.

Comme en français, on forme le **pluriel des noms** en ajoutant un **-s** final (qui se prononce en anglais) :

garden → gardens (jardins)

Pour les noms se terminant par « consonne + -y », le -y devient **-ies** au pluriel :

city → cities (villes)

Les noms se terminant par -ch, -o, -s, -sh, -x ou -z ont un pluriel en **-es** :

peach → peaches (pêches)
potato → potatoes (pommes de terre)

Quelques rares noms ont un pluriel irrégulier :

man → **men** (hommes)
woman → **women** (femmes)
foot → **feet** (pieds)
tooth → **teeth** (dents)
child → **children** (enfants)

Les **adjectifs qualificatifs** sont invariables. Ils se placent toujours devant le nom :

a lovely village un village charmant
good restaurants de bons restaurants

La forme du **comparatif** et du **superlatif** en anglais varie selon que l'adjectif est court ou long.

Avec un adjectif long, le fonctionnement est le même qu'en français :

less expensive than moins cher que
more difficult than plus difficile que
the least expensive le moins cher
the most difficult le plus difficile
as difficult as aussi difficile que

Pour former le comparatif de supériorité d'un adjectif court, on accole **-er** à la fin de l'adjectif :

stronger than plus fort que

Pour former son superlatif, on accole **-est** :

the strongest le plus fort

Le fonctionnement pour le comparatif et le superlatif d'infériorité est le même qu'en français :

less strong than moins fort que
the least strong le moins fort

Quand l'adjectif se termine en -y (par exemple, easy), le comparatif est en **-ier** et le superlatif en **-iest** :

it's easier this way c'est plus facile de cette façon
it's the easiest way c'est la façon la plus facile

Quand l'adjectif se termine par « voyelle + consonne » (par exemple, big), le comparatif est en **-ier** et le superlatif en **-iest** :

it's much bigger than that c'est beaucoup plus grand que ça
it's the biggest in the world c'est le plus grand du monde

Les adjectifs good et bad ont un comparatif et un superlatif irréguliers :

good → **better**, **best**
bad → **worse**, **worst**

Adjectifs possessifs

mon, ma, mes	my
ton, ta, tes	your
son, sa, ses	his (possesseur masculin)
son, sa, ses	her (possesseur féminin)
son, sa, ses	its (possesseur neutre)
notre	our
votre	your
leur, leurs	their

En anglais, c'est le possesseur et non ce qui est possédé qui détermine la forme choisie : « son », « sa » et « ses » peuvent tous trois se traduire par his si le possesseur est masculin, her s'il est féminin ou its si c'est un animal ou une chose.

Philippe and ***his*** girlfriend Philippe et sa copine

Ann and ***her*** brother Ann et son frère

the ***town*** and ***its*** cathedral la ville et sa cathédrale

Il existe en anglais un cas possessif, appelé **génitif**. Il est signalé par un **'s** accolé après le nom :

Philippe's girlfriend la copine de Philippe
Ann's brother le frère de Ann

Lorsque le nom se termine déjà par un -s, le génitif se réduit à une apostrophe (') :

my friends' favourite place l'endroit préféré de mes amis

Pronoms personnels

Sujets		Objets directs/indirects	
je	I (toujours majuscule)	me	me
tu	you	te	you
il	he (homme), it (neutre)	le/lui	him (homme), it (neutre)
elle	she (femme), it (neutre)	la/lui	her (femme), it (neutre)
nous	we	nous	us
vous	you	vous	you
ils, elles	they	les/leur	them

La forme neutre **it** est employée pour désigner une chose, un animal ou une notion.

You désigne à la fois « tu » et « vous » (pas de distinction en anglais).

je ne la comprends pas bien I don't understand her very well
ils ont été très gentils avec nous they were very nice to us
vous devriez le visiter you should visit it

Dans le sens de « nous », « on » se traduit simplement par **we** :

on est allés à la plage we went to the beach

Pronoms possessifs

le mien/la mienne/les miens/miennes	mine
le tien/la tienne/les tiens/tiennes	yours
le sien/la sienne/les siens/siennes	his (possesseur masculin)
le sien/la sienne/les siens/siennes	hers (possesseur féminin)
le sien/la sienne/les siens/siennes	its (possesseur neutre)
le/la nôtre/les nôtres	ours
le/la vôtre/les vôtres	yours
le/la leur/les leurs	theirs

Les verbes anglais sont précédés de **to** à l'infinitif :

to go aller

Le **présent** des verbes anglais est très simple à former.

Dans les phrases affirmatives, on emploie la même forme du verbe à toutes les personnes, sauf à la 3e personne du singulier où l'on ajoute un **-s** final (qui se prononce) :

I/you/***etc*** like it j'aime/tu aimes/*etc* bien ça
he/she likes her il/elle l'aime bien

Pour les verbes finissant par « consonne + -y », le -y devient **-ies** à la 3e personne du singulier :

to carry → he carries

Pour les verbes finissant par -s, -x, -z, -ch ou -sh, il faut ajouter **-es** à la 3e personne du singulier :

to go → she goes
to push → he pushes

On emploie l'auxiliaire do dans les phrases interrogatives (**do** à toutes les personnes, sauf à la 3e du singulier : **does**) et négatives (**don't** à toutes les personnes, sauf à la 3e du singulier : **doesn't**), suivi du verbe :

do you smoke? est-ce que tu fumes ?
does she smoke? est-ce qu'elle fume ?
I don't smoke je ne fume pas
she doesn't smoke elle ne fume pas

Le verbe **to have** (avoir) a la forme **have** à toutes les personnes sauf à la 3e du singulier (**has**).

Il existe des formes contractées : **'ve** pour have ; **'s** pour has.

Formes négatives contractées : have + not = **haven't** ; has + not = **hasn't**

Le verbe **to be** (être) connaît trois formes (**am, are, is**) :
I am, you are, he/she/it is, we are, you are, they are

On emploie souvent des formes contractées, surtout à l'oral :
I'm, you're, he's/she's/it's, we're, you're, they're

Formes négatives contractées : is + not = **isn't** ; are + not = **aren't**

Le **présent progressif** s'emploie pour parler de ce qui se passe en ce moment même, d'une évolution ou d'un futur proche.

Il est formé de l'auxiliaire to be au présent (**am**, **are**, **is**) suivi du verbe avec la terminaison **-ing** :
it's raining il pleut
ok, ok, I'm coming! voilà, j'arrive !
I'm leaving tomorrow je pars demain

Le **prétérit** s'emploie pour une action passée et terminée.

Il existe une seule forme pour toutes les personnes, formée du verbe suivi de la terminaison **-ed** (ou **-d** si le verbe se termine par une voyelle) :
to ask → I/you/he/***etc*** asked j'ai/tu as/*etc* demandé
to like → I/you/he/***etc*** liked it j'ai/tu as/il a/*etc* bien aimé ça

On emploie à toutes les personnes l'auxiliaire to do au prétérit dans les phrases interrogatives (**did**) et négatives (**didn't**), suivi du verbe :
did you ask? est-ce que tu as demandé ?
did she like it? est-ce qu'elle a aimé ?
I didn't ask je n'ai pas demandé
she didn't like it elle n'a pas aimé

Certains verbes ont un prétérit irrégulier : voir p. 15.

On emploie le **present perfect** pour une action passée qui continue ou a une incidence sur le présent.

Il est formé de l'auxiliaire to have au présent (**have** et **has** ; **haven't** et **hasn't** à la forme négative) suivi du participe passé du verbe. Le participe passé a la même forme que le prétérit :
I have almost finished j'ai presque terminé
I think it has it been canceled je crois que ça a été annulé
he hasn't arrived yet il n'est pas encore arrivé

Certains verbes ont un participe passé irrégulier : voir p. 15.

Il existe une seule forme du **futur simple** pour toutes les personnes.

Dans les phrases affirmatives et interrogatives, on emploie l'auxiliaire **will** suivi du verbe.

Will est très souvent abrégé en **'ll** à la forme affirmative .

I'll try (= I will try) j'essaierai
she'll be late (= she will be) elle sera en retard
will you come back? est-ce que tu reviendras ?

Dans les phrases négatives, on emploie **won't** (forme abrégée de will not) suivi du verbe :

they won't be there any more ils ne seront plus là

Comme dans toutes les langues, vous ne pourrez pas échapper aux **verbes irréguliers** : ce sont tout simplement les plus utilisés !

Infinitif	*prétérit*	*participe passé*
be (être)	was, were	been
beat (battre)	beat	beaten
become (devenir)	became	become
begin (commencer)	began	begun
bite (mordre, piquer)	bit	bitten
break (casser)	broke	broken
bring (apporter)	brought	brought
build (construire)	built	built
buy (acheter)	bought	bought
catch (attraper)	caught	caught
choose (choisir)	chose	chosen
come (venir)	came	come
cost (coûter)	cost	cost
cut (couper)	cut	cut
do (faire)	did	done
drink (boire)	drank	drunk
drive (conduire)	drove	driven
eat (manger)	ate	eaten
fall (tomber)	fell	fallen
feel (sentir)	felt	felt
find (trouver)	found	found
fly (voler)	flew	flown
forbid (interdire)	forbade	forbidden
forget (oublier)	forgot	forgotten
get (obtenir)	got	got
give (donner)	gave	given

Grammaire

infinitif	*prétérit*	*participe passé*
go (aller)	went	gone
have (avoir)	had	had
hear (entendre)	heard	heard
hold (tenir)	held	held
hurt (blesser)	hurt	hurt
keep (garder)	kept	kept
know (savoir)	knew	known
learn (apprendre)	learnt	learned
leave (laisser, partir)	left	left
lose (perdre)	lost	lost
make (faire)	made	made
meet (rencontrer)	met	met
pay (payer)	paid	paid
put (mettre)	put	put
run (courir)	ran	run
say (dire)	said	said
see (voir)	saw	seen
sell (vendre)	sold	sold
send (envoyer)	sent	sent
show (montrer)	showed	shown
shut (fermer)	shut	shut
sit (s'asseoir)	sat	sat
sleep (dormir)	slept	slept
speak (parler)	spoke	spoken
spell (épeler)	spelt	spelled
spend (dépenser)	spent	spent
stand (être debout)	stood	stood
steal (voler)	stole	stolen
sting (piquer)	stung	stung
swim (nager)	swam	swum
take (prendre)	took	taken
teach (enseigner)	taught	taught
tell (raconter)	told	told
think (penser)	thought	thought

infinitif	*prétérit*	*participe passé*
understand (comprendre)	understood	understood
wake (se réveiller)	woke	woken
wear (porter)	wore	worn
win (gagner)	won	won
write (écrire)	wrote	written

Communiquer

Pour échanger avec les habitants dès votre arrivée

Pour tous les jours

Au cours de votre séjour au Royaume-Uni, vous remarquerez sans doute que les rapports sociaux, et notamment les premiers contacts, y sont à la fois plus simples et plus distants. Vous n'aurez par exemple pas à hésiter entre tutoiement et vouvoiement : **you** sert dans tous les cas, ce qui est, il faut bien le reconnaître, bien pratique ! Et, qu'il s'agisse du « boss » avec lequel vous avez une réunion ou de la propriétaire du *bed and breakfast*, on appelle très rapidement les gens par leur prénom.

Il est d'usage de serrer la main (**to shake hands**) à toute personne qu'on rencontre pour la première fois (cela vaut aussi entre femmes) – et bien sûr si l'on a affaire à une personnalité ou à un haut responsable… Le reste du temps, on ne fait rien, qu'on soit homme ou femme. Donc on ne serre pas la main à tout bout de champ, pas même entre hommes, comme c'est l'usage notamment en France. Entre amis et avec les proches, vous observerez peut-être quelques variations : certains ne font rien, d'autres se serrent dans les bras (**to give a hug**) ou donnent une accolade accompagnée d'une petite tape amicale dans le dos, d'autres encore font suivre leur **hug** d'une bise sur la joue (**to give a kiss**). Mais attention, évitez de pécher par excès : pas plus d'une bise, sans ça vous ne manqueriez pas de faire rougir votre interlocuteur, qui aura un léger mouvement de recul… Dans le doute, laissez-lui l'initiative.

Pour saluer quelqu'un, **hello!** reste la formule passe-partout, valable matin, midi et soir. **Hi!** est plus familier, quoique d'un usage plus répandu que notre « salut ! ». Restent bien sûr les traditionnels **good morning!** en matinée, **good afternoon!** dans l'après-midi, et **good evening!** à partir de 6 heures du soir environ, parfois réduits à un simple **morning!**, **afternoon!** ou **evening!**

Enfin, usez et abusez des trois formules magiques que sont **please**, **thank you** et **sorry** : il n'y en aura jamais de trop. Toute demande doit être invariablement ponctuée d'un **please** final (« s'il te plaît », « s'il vous plaît »). Pour dire « merci », vous avez le choix entre **thank you**, **thanks** (légèrement plus familier), ou **cheers** (sensiblement plus familier quoique très courant). Pour dire « de rien », « je t'en prie / je vous en prie », vous avez le choix entre **you're welcome**, **no problem**, et **don't mention it**. **Excuse me** (« excuse(z)-moi ») est employé lorsqu'on veut intervenir ou attirer l'attention de quelqu'un, par exemple pour demander l'addition ou demander l'heure. À ne pas confondre avec **sorry** (« pardon », « excuse(z)-moi »), qui sert à s'excuser, ce dont les Britanniques raffolent. On s'excuse de tout et de rien, au point de s'excuser auprès de celui qui vient de vous marcher sur le pied dans une rame de métro bondée… Accompagné d'un sourire, ça ne coûte rien et passe toujours mieux ! Et surtout, attendez patiemment votre tour quand vous faites la queue : il serait extrêmement mal vu de passer devant quelqu'un (**to jump the queue**), que ce soit à l'arrêt de bus, à la station de taxis ou dans un magasin.

Kit de survie

à bientôt	see you soon *sî you s**ou**n*
à demain	see you tomorrow *sî you toum**a**rôw*
à plus tard	see you later *sî you l**eï**teur*
au revoir	goodbye *goudb**aï***, bye *baï*
bonjour	*(le matin)* good morning *goud m**ow**rninng* ; *(l'après-midi)* good afternoon *goud**â**ftenoun* ; *(plus familièrement)* hello *Hèl**ôw***
bonne nuit	good night *goud n**aï**te*
bonsoir	good evening *goud**î**vninng*
d'accord	OK *ôwk**eï***
excusez-moi	*(pour attirer l'attention)* excuse me *èkski**ou**zmi* ; *(je suis désolé)* sorry *s**o**rri*
merci	thank you *TH**è**nkiou*
non	no *nôw*
non merci	no, thank you *n**ôw**, TH**è**nkiou*
OK	OK *ôwk**eï***
oui	yes *yèss*
pardon (Monsieur/ Madame)	excuse me *èkski**ou**zmi*
s'il te / vous plaît	please *plîz*

Formules de base

À vous

j'aimerais ...
I'd like ...
aïde laïke ...

je voudrais ...
I'd like ...
aïde laïke ...

où est ...?
where is ...?
wèriz ...?

pourquoi ?
why ...?
waï ...?

comment ?
how ...?
Haow ...?

est-ce qu'il y a un(e) ... (ici) ?
is there a ... (here)?
iz Zèr e ... (Hir)?

nous aimerions ...
we'd like ...
wîd laïke ...

est-ce que tu veux ?
do you want ...?
dou you wonnte ...?

où sont ...?
where are ...?
wèrâr ...?

quand ?
when ...?
wèn ...?

qui ?
who ...?
Hou ...?

c'est combien ?
how much is it?
Haow meutch izitt?

qu'est-ce que c'est ?
what's that?
wâtss Zatt?

est-ce que vous parlez français ?
do you speak French?
dou you spîk frèntch?

comment ça se dit en anglais ?
how do you say that in English?
Haow dou you seï Zatt inn innglich?

où sont les toilettes, s'il vous plaît ?
where are the toilets, please?
wèrâr Ze toïlètss plîz?

comment allez-vous ?
how are you?
Haow âr you?

très bien, merci, et vous-même ?
very well, thank you, and you?
vèri wèl, THènkiou, ènde you?

Pour tous les jours

salut, ça va ?
hi, how are you doing?
Haï, Haow âr you dou-inng?

je suis (vraiment) désolé(e)
I'm (really) sorry
aïme (rîli) sorri

je vous en prie
you're welcome
your wèlcomm

il n'y a pas de quoi
you're welcome
your wèlcomm

exactement !
exactly!
igzactli!

ça m'est égal
I don't mind
aï donnte maïnde

ça va, et toi ?
fine, and you?
faïne, ènde you?

merci beaucoup
thank you very much
THènkiou vèri meutch

de rien
you're welcome
your wèlcomm

ah bon ?
really?
rîli?

dommage !
what a shame!
wât e cheïme!

c'est pas grave
it doesn't matter
itt dazeunt matteur

Quelques expressions familières

alright? ça va ?
what's up? quoi de neuf ?
see ya! à plus !
shit! merde !
where's the loo? où sont les toilettes ?

Vous lirez ...

admission free	entrée libre
closed	fermé
entrance	entrée
exit	sortie
free	gratuit
gents	toilettes pour hommes
ladies	toilettes pour femmes

no smoking	défense de fumer
open	ouvert
reserved	réservé
toilets	toilettes
way in	entrée
way out	sortie

Vous entendrez ...

there is ... / there are ...
il y a ...

welcome
bienvenue

please sit down
asseyez-vous, je vous en prie

would you mind if ...?
ça vous dérange si ... ?

one moment, please
un moment, s'il vous plaît

Problèmes de compréhension

À vous

vous pouvez répéter ?
can you repeat that, please?
keun you ripîtt Zatt plîz?

je parle à peine l'anglais
I speak hardly any English
aï spîk Hâdli èni innglich

est-ce que vous pourriez parler plus lentement ?
could you speak more slowly?
coude you spîk mor slôwli?

je ne comprends pas
I don't understand
aï donnte eundeurstènd

je comprends un petit peu
I understand a little
aï eundeurstènd e liteul

je ne comprends rien
I don't understand a word
aï donnte eundeurstènd e weurd

je n'ai pas compris
I didn't understand
aï dideunte eundeurstènd

j'arrive à comprendre l'anglais mais je ne peux pas le parler
I can understand English but I can't speak it
aï keun eundeurstènd innglich beute aï kante spîk-itt

j'ai du mal à comprendre / parler
I have trouble understanding / speaking
aï Hav trabeul eundeurstèndinng / spîkinng

est-ce que vous parlez français ?
do you speak French?
dou you spîk frèntch?

pardon ?
pardon?
pâdonn?

quoi ?
what?
wâtt?

comment est-ce qu'on dit … en anglais ?
how do you say … in English?
Haow dou you seï … inn innglich?

comment ça s'écrit ?
how do you spell it?
Haow dou you spèl-itt?

comment on appelle ça ?
what's it called?
wâtss itt cowld?

est-ce que vous pourriez l'écrire ?
could you write it down?
coude you raïte-itt daown?

qu'est-ce qui se passe ?
what's happening?
wâtss Hapeuninng?

Vous entendrez …

do you understand English?
est-ce que vous comprenez l'anglais ?

it's spelled …
ça s'écrit …

it means …
ça veut dire …

it's a kind of …
c'est une sorte de …

Parler de la langue

À vous

j'ai appris quelques mots avec un bouquin
I learned a few words from a book
aï leurnde e fiou weurdz fromm e bouk

j'en avais fait à l'école mais j'ai tout oublié
I did it at school but I've forgotten everything
aï diditt att skoul beute aïve forgotteun èvrifinng

je me débrouille à peu près
I can just about get by
aï keun djeust eubaowt guèt baï

je ne sais presque rien
I know hardly anything at all
aï nôw Hâdli ènifinng atowl

je trouve ça difficile
I find it difficult
aï faïnd-ditt difikeult

il y a des sons difficiles à prononcer
there are some sounds which are difficult to pronounce
Zèr âr somm saowndz witch âr difikeult tou preunaownss

je connais les bases mais pas plus
I know the basics but no more than that
aï nôw Ze beïssikss beute nôw mowr Zann Zat

les gens parlent tellement vite
everyone speaks so quickly
èvri-wann spîkss sôw kwikli

Vous entendrez …

you have a very good accent
vous n'avez pas beaucoup d'accent

you speak very well
tu parles très bien

I think you manage very well
je trouve que tu te débrouilles très bien

Demander son chemin

À vous

excusez-moi, où est …, s'il vous plaît ?
excuse me, where is …, please?
èkskiouz-mi, wèriz …, plîz?

… , c'est par où ?
which way is …?
witch weï iz …?

je cherche …
I'm looking for …
aïme loukinn for …

quelle est la route pour … ?
which way is it to … ?
witch weï izitt tou …?

est-ce que vous pouvez me dire comment aller à … ?
could you tell me how to get to …?
coude you tèl mi Haow tou guèt tou ?

c'est bien la route pour aller à … ?
is this the way to …?
iz Ziss Ze weï tou …?

est-ce que vous pourriez me montrer sur le plan ?
could you show me on the map?
coude you chôw mi onn Ze map?

est-ce qu'il y a un plan de la ville quelque part ?
is there a street map anywhere?
iz Zèr e strîtmap èniwèr?

c'est loin ?
is it far?
izitt fâr?

je me suis perdu(e)
I'm lost
aïme losst

je suis complètement perdu(e) / un peu perdu(e)
I'm completely lost / a bit lost
aïme keumplîtli losst / e bitt losst

je crois que je me suis trompé(e)
I think I've gone the wrong way
aï THinnk aïve gonne Ze rongue weï

Vous entendrez …

continue …
continuez …

follow …
suivez …

go down …
descendez …

go up …
montez …

turn left / right
tournez à gauche / à droite

go straight on
allez tout droit

do a U-turn
faites demi-tour *(en voiture)*

turn back
faites demi-tour *(à pied)*

are you walking?
vous êtes à pied ?

are you driving?
vous êtes en voiture ?

it's five minutes away on foot / by car
c'est à cinq minutes à pied / en voiture

it's the first / second / third street on the right
c'est la première / deuxième / troisième rue à droite

it's the first / second / third building on the left
c'est le premier / deuxième / troisième bâtiment à gauche

turn right / left at the roundabout
tournez au rond-point à droite / à gauche

go straight over the roundabout
continuez tout droit après le rond-point

take the next exit
prenez la prochaine sortie

it's not far
ce n'est pas loin

it's just round the corner / it's very close
c'est tout près

you've come the wrong way
vous avez pris la mauvaise direction

this is a one-way street
c'est un sens unique

you'll see it, it's signposted
vous verrez, c'est indiqué

follow me
suivez-moi

Faire connaissance et bavarder

Veillez bien à ne pas taxer d'Anglais (**English**) tous les habitants du Royaume-Uni. Les Écossais (**the Scots**), Gallois (**the Welsh**) et Irlandais du Nord (**the Northern Irish**) apprécient fort peu d'être assimilés à des Anglais. Rappelons que la Grande-Bretagne (**Great Britain** ou simplement **Britain**) est composée de l'Angleterre (**England**), de l'Écosse (**Scotland**) et du pays de Galles (**Wales**), tandis que le Royaume-Uni (**United Kingdom** ou **UK**, prononcé *youkeï*) est formé de la Grande-Bretagne et de l'Irlande du Nord (**Northern Ireland**). L'Irlande quant à elle est désignée sous le nom de **Ireland**.

Si l'on vous salue en vous disant **how do you do?**, il ne s'agit généralement pas d'une question : cela revient en fait à dire « enchanté(e) », c'est-à-dire **pleased to meet you**. Et la seule « réponse » possible à cette fausse « question » est… **how do you do?** ! Pour dire qu'on est enchanté de faire la connaissance de quelqu'un, de fait on emploiera plus couramment **nice to meet you**, et après une réunion ou un dîner par exemple, si l'on veut dire qu'on était ravi d'avoir rencontré quelqu'un, on dira **it was nice to meet you**.

Kit de survie

adorer	to love *tou love*
aimer *(apprécier)*	to like *tou laïke*
beau	nice *naïsse*
bien	*(adv)* well *wèl* ; *(adj)* good *goud*
bon marché	cheap *tchîp*
cher	expensive *èksp**è**nsiv*
détester	to hate *tou Heïte*
intéressant	interesting ***I**nntrèstinng*
magnifique	wonderful *w**o**nndeurfoul*
nul	useless ***you**slèss*
ok	OK *ôwk**eï***
pas mal	not bad *nott badd*

super great *greïtt*
très bien (adv) very well *vèri wèl* ; (adj) very good *vèri goud*
vacances holiday(s) *Holideï(z)*

Se présenter, parler de soi

À vous

je m'appelle ...
I'm ...
aïme ...

et toi ?
what about you?
wâtt eubaowt you?

comment t'appelles-tu ?
what's your name?
wâtss your neïme?

tu es d'ici ?
are you from around here?
âr you fromm euraownd Hir?

je te / vous présente mon mari / ma femme
this is my husband / my wife
Ziss iz maï Hazbeund / waïfe

je te / vous présente mon copain / ma copine
this is my my boyfriend / my girlfriend
Ziss iz maï boï-frènd / gueurlfrènd

enchanté(e)
pleased to meet you
plîzd tou mît you

je suis français(e)
I'm French
aïme frèntch

on est belges / suisses
we're Belgian / Swiss
wir bèldjieun / swiss

je viens de ...
I come from ...
aï comm fromm ...

quel âge as-tu ?
how old are you?
*H**a**ow **ô**wld âr you?*

j'ai 22 ans
I'm twenty-two
*aïme tw**è**nti-tou*

qu'est-ce que vous faites dans la vie ?
what do you do (for a living)?
*wâtt dou you dou (for e **li**vinng)?*

tu es étudiant(e) ?
are you a student?
*âr you e sti**ou**deunt?*

je travaille
I work
*aï w**eu**rk*

je fais des études d'économie
I'm studying economics
*aïme st**eu**di-inng icon**o**miks*

tu travailles dans quoi ?
what do you work as?
*wâtt dou you w**eu**rk az?*

je suis prof
I'm a teacher
*aïme e t**î**tcheur*

je suis à la retraite
I'm retired
*aïme rit**a**yeurd*

je travaille dans le marketing
I work in marketing
*aï weurk inn m**â**rketinng*

moi aussi
me too
*mi t**ou***

je ne travaille pas, je m'occupe des enfants
I don't work, I look after the children
*aï donnte w**eu**rk, aï louk **â**fteur Ze tch**i**ldreun*

j'ai deux enfants
I have two children
*aï Hav tou tch**i**ldreun*

deux garçons et une fille
two boys and a girl
*tou boïz ènde e gu**eu**rl*

un garçon de cinq ans et une fille de deux ans
a five-year-old boy and a two-year-old girl
*e f**aï**ve-yeur-old boï ènde e t**ou**-yeur-old gu**eu**rl*

on n'a pas d'enfants
we don't have any children
*wi donnte Hav èni tch**i**ldreun*

ils ont quel âge ?
how old are they?
*H**a**ow **ô**wld âr Zeï?*

est-ce que vous êtes déjà allé(e) en France ?
have you ever been to France?
*Hav you **è**veur binn tou fr**a**nss?*

Faire connaissance et bavarder

Vous entendrez ...

are you French?
vous êtes français(e) ?

I know France well
je connais bien la France

we have a house here for the summer
nous avons une maison ici pour l'été

I'd like to get to know Paris
j'aimerais beaucoup connaître Paris

I have family in France
j'ai de la famille en France

La famille

beau-fils	*(gendre)* son-in-law ***seu**ninn-**low** ; (fils du conjoint)* stepson *st**è**p-**seu**n*
beau-frère	brother-in-law *broZeur-inn-**low***
beau-père	*(père du conjoint)* father-in-law *f**â**Zeur-inn-**low** ; (conjoint de la mère)* stepfather *st**è**p-f**â**Zeur*
belle-fille	*(bru)* daughter-in-law ***d**owteur-inn-**low** ; (fille du conjoint)* stepdaughter *st**è**p-**d**owteur*
belle-mère	*(mère du conjoint)* mother-in-law *m**o**Zeur-inn-**low** ; (conjoint du père)* stepmother *stèp-m**o**Zeur*
belle-sœur	sister-in-law ***s**isteur-inn-**low***
compagne	partner *p**â**rtneur*
compagnon	partner *p**â**rtneur*
(petit) copain	boyfriend *b**oï**-frènd*
(petite) copine	girlfriend *g**ueu**rlfrènd*
cousin(e)	cousin *c**a**zeun*
enfants	children *tch**i**ldreun*
femme	wife *w**aï**fe*
fiancé(e)	fiancé(e) *fiy**a**nseï*
fille	daughter ***d**owteur*
fils	son ***seu**n*
frère	brother *br**o**Zeur*
grand-mère	grandmother *gr**a**nnd-m**o**Zeur*

grand-père	grandfather *gr**a**nnd-f**â**Zeur*
grands-parents	grandparents *gr**a**nnd-p**a**reuntss*
mari	husband *H**a**zbeund*
mère	mother *m**o**Zeur*
neveu	nephew *n**è**fiou*
nièce	niece *nîss*
oncle	uncle ***eu**nkeul*
parents	parents *p**a**reuntss*
père	father *f**â**Zeur*
petite-fille	granddaughter *gr**a**nnd-d**ow**teur*
petit-fils	grandson *gr**a**nnd-s**eu**n*
petits-enfants	grandchildren *gr**a**nnd-tch**i**ldreun*
sœur	sister *s**i**steur*
tante	aunt ***a**nnt*

Quelques expressions familières

he's my best mate c'est mon meilleur pote
I've got three kids j'ai trois gamins
the in-laws are driving me mad! mes beaux-parents me rendent dingue !

Parler de son séjour

À vous

je suis arrivé(e) il y a trois jours
I arrived three days ago
*aï eur**aï**vd THri d**eï**z egôw*

c'est la première fois que je viens
it's the first time I've been here
itss Ze feurst taïme aïv binn Hir

nous ne sommes ici que pour trois jours
we're only here for three days
wir onnli Hir for THri deïz

je suis seulement de passage ici
I'm just passing through
*aïme djeust p**a**ssinng THrou*

on est venus pour notre anniversaire de mariage
we've come for our wedding anniversary
*wîv comm for **â**weur wèdinng anniv**eu**rsseri*

c'est notre lune de miel
we're on honeymoon
*wir onn H**eu**nimoun*

je visite la région
I'm visiting the area
*aïme v**i**zitinng Zi **è**ri-eur*

je suis venu(e) avec un(e) ami(e)
I've come with a friend
*aïve comm wiTH e fr**è**nd*

on est ici avec des ami(e)s
we're here with friends
*wir H**i**r wiTH fr**è**ndz*

je suis venu rejoindre des ami(e)s
I've come to meet up with friends
*aïve comm tou mît-teup wiTH fr**è**ndz*

je suis en vacances
I'm on holiday
*aïme onn H**o**lideï*

on a trouvé un vol pas cher
we found a cheap flight
wi faownd e tchîp flaïte

je suis ici pour mon travail
I'm here for work
*aïme H**i**r for w**eu**rk*

on m'a conseillé d'aller à …
I've been recommended to go to …
*aïve binn rècomm**è**ndeud tou gôw tou …*

j'ai l'intention d'aller à …
I intend to go to …
aï inntènnd tou gôw tou …

on pense à acheter une maison ici
we're thinking about buying a house here
wir THinnkinng eubaowt bayinng e Haowss Hir

Vous entendrez …

enjoy the rest of your stay!
bonne fin de séjour !

all the best!
bonne continuation !

see you!
à une prochaine !

is this the first time you've been here?
c'est la première fois que vous venez ici ?

how long are you here for?
ça fait combien de temps que tu es ici ?

do you like it?
ça vous plaît ?

have you been to visit …?
vous avez déjà été visiter … ?

have a good holiday
passez de bonnes vacances

Garder contact

À vous

on reste en contact, hein ?
we'll stay in touch, won't we?
wîl steï inn teutch, wantt wi?

je peux te donner mon adresse e-mail
I can give you my e-mail address
aï keun giv you maï i-meïl eudrèss

voici ma carte de visite avec mes coordonnées
here's my business card with all my details
Hirz maï bizneuss cârd wiTH owl maï ditèlz

voilà mes coordonnées en France, si vous passez un jour
here is my address and phone number, if you're ever in France
Hir iz maï eudrèss ènde fôwn nammbeur, if your èveur inn franss

tu peux me trouver sur Facebook® / MySpace®
you can find me on Facebook® / MySpace®
you keun faïnd mi onn feïssbouk / maï-speïsse

Vous entendrez …

will you give me your address?
tu me donnes ton adresse ?

do you have an e-mail address?
est-ce que vous avez une adresse e-mail ?

you're always welcome
vous êtes toujours les bienvenus

Échanger ses impressions

Pour ce qui est des sujets de conversation favoris des Britanniques, certes ils suivent avec attention les aléas de la météo locale et cet intérêt peut meubler une conversation avec un inconnu mais après tout, ça se fait aussi ailleurs ! Sachez qu'on évite généralement de parler religion et politique ou de sujets personnels (notamment de salaire). D'un abord en apparence quelque peu distant et « trop » policé, les Britanniques ont pourtant une grande facilité pour engager la conversation avec des inconnus et/ou étrangers, notamment autour d'un verre. C'est ce qu'on appelle couramment le **socializing**. De fait, s'il s'agit de votre premier séjour outre-Manche, vous serez sans doute agréablement surpris par l'hospitalité et l'amabilité de nos voisins.

À vous

j'aime beaucoup …
I like … very much
aï laïke … vèri meutche

je n'aime pas …

j'ai beaucoup aimé …
I liked … very much
aï laïkt … vèri meutch

je n'ai pas aimé …

I don't like …
aï donnte laïke …

j'adore …
I love …
aï love …

j'aimerais bien …
I'd really like to …
aïde rîli laïke tou …

je trouve ça …
I find it …
aï faïnd-ditt …

c'est génial
it's great
itss greïte

c'est magnifique
it's wonderful
itss wonndeurfoul

je suis d'accord
I agree
aï eugrî

je ne sais pas
I don't know
aï donnte nôw

ça me plaît
I like it
aï laïke itt

c'était ennuyeux
it was boring
itt wâz borinng

c'est très animé le soir
it's very busy at night
itss vèri bizi att naïte

il y a trop de monde
there are too many people
Zèr âr tou mèni pîpeul

on s'est bien amusés
we had a good time
wi Hadd e goud taïme

I didn't like …
aï dideuntt laïke …

j'ai adoré …
I loved …
aï lovd …

j'aurais bien aimé …
I'd really have liked to …
aïde rîli Hav laïkt tou …

j'ai trouvé ça …
I found it …
aï faownd-ditt …

c'était génial
it was great
it waz greïte

c'était magnifique
it was wonderful
it waz wonndeurfoul

je ne suis pas d'accord
I don't agree
aï donnte eugrî

ça m'est égal
I don't mind
aï donnte maïnd

ça ne me dit pas trop
it doesn't really appeal to me
itt dazeunt rîli eupîl tou mi

c'est un attrape-touristes
it's a tourist trap
itss e tourist trap

il n'y a pas grand monde
there aren't many people
Zèr ante mèni pîpeul

il y avait beaucoup de monde
there were lots of people
Zèr wèr lotss ov pîpeul

je n'ai pas compris grand-chose
I didn't understand very much
aï dideunte eundeurstènd vèri meutch

il y avait une super bonne ambiance
there was a great atmosphere
Zèr waz e greïte atmeusfir

j'ai rencontré des gens très sympas
I met some really nice people
aï mèt somm rîli naïsse pîpeul

on a trouvé un petit hôtel très sympa
we found a really nice little hotel
wi faownd e rîli naïsse liteul Hôwtèl

Vous entendrez ...

do you like ...?
est-ce que tu aimes ... ?

we could ...
on pourrait ...

do you feel like going / fancy going ...?
ça te dit d'aller ... ?

how about going ...?
et si on allait ... ?

did you like it?
ça t'a plu ?

it's nothing special
ça n'a rien d'exceptionnel

it's a beautiful area
c'est une très belle région

you should go
vous devriez y aller

it's worth a detour
ça vaut le détour

it's better going during the week, it's not so busy
il vaut mieux y aller en semaine, il y a moins de monde

you absolutely must try ...
il faut absolument que vous goûtiez ...

Quelques expressions familières

it was rubbish c'était nul
we had a blast on s'est éclatés
it was so-so ce n'était pas fameux
it's a rip-off c'est de l'arnaque
it gets on my nerves ça me tape sur les nerfs

Parler du temps qu'il fait

La météo risque fort de jouer un rôle important dans votre voyage et vous réaliserez bientôt pourquoi les Britanniques aiment tant se plaindre du climat. De manière générale, les étés sont plus frais que sur le continent, et les hivers plus doux. La meilleure période de l'année pour visiter le Royaume-Uni se situe entre les mois de juin et septembre. Juillet et août sont les mois les plus « chauds », avec des températures autour de… 20 degrés (en aucun cas garanties !) : les gens du cru ne manquent alors pas de sortir en sandales et en tee-shirt à manches courtes. Bien qu'il soit faux qu'il pleuve tout le temps outre-Manche, une chose est sûre : le temps est extrêmement changeant (un peu sur le mode breton) et il vous faudra donc être équipé en conséquence. Ne dit-on pas en Écosse qu'on peut vivre quatre saisons en un seul jour ?

À vous

quelles sont les prévisions météo pour demain ?
what's the weather forecast for tomorrow?
*wâtss Ze w**è**Zeur f**o**re-casst for toum**a**rôw?*

il va faire mauvais
it's going to be bad
*itss g**o**-inn tou bi badd*

il va faire beau
it's going to be nice
*itss g**o**-inn tou bi naïsse*

il fait vraiment chaud
it's really hot
itss rîli Hott

il fait froid le soir
it's cold in the evenings
itss côwld inn Zi ivninngz

il fait humide
it's damp
itss dammp

quel sale temps !
what horrible weather!
wâtt Horibeul wèZeur!

quelle belle journée, hein ?
it's a lovely day, isn't it?
itss e lovli deï, izeunt-titt?

on a de la chance avec le temps
we're lucky with the weather
wir leuki wiTH Ze wèZeur

il a fait un temps magnifique
the weather was beautiful
Ze wèZeur waz bioutifoul

il a fait plus de 25 degrés
it was over twenty-five degrees
it waz ôwveur twènti-faïve digriz

on a eu un peu de pluie
we had some rain
wi Hadd somm reïne

Vous entendrez ...

it might rain
il risque de pleuvoir

they've forecast good weather for the whole week
ils ont prévu du beau temps pour toute la semaine

it will be hot again tomorrow
il va encore faire chaud demain

Quelques expressions familières

it's bucketing down il tombe des cordes
it's freezing il fait un froid de canard
it's chilly today il fait frisquet aujourd'hui
it's boiling il fait une chaleur à crever

Voyager

Tout ce que vous devez savoir pour l'organisation de votre séjour

Voyages et déplacements

Kit de survie

aéroport	airport *èrpowrt*
aller (simple)	single (ticket) *sinngueul (tikeut)*
aller-retour	return (ticket) *riteurn (tikeut)*
arrêt de bus	bus stop *beuss stop*
autoroute	motorway *môwteuweï*
avion	plane *pleïne*
bagages	baggage *baguidj*, luggage *leuguidj*
bateau	boat *bôwt*
billet	ticket *tikeut*
bus	bus *beuss*
car	coach *côwtch*
carte *(géographique)*	map *map*
casier	locker *lokeur*
centre-ville	town centre *taown sènteur*
chariot à bagages	luggage trolley *leuguidj troli*
consigne	left-luggage office *lèft-leuguidj offiss*
embarquement	boarding *bowrdinng*
enregistrement	check-in *tchèk-kinn*
essence	petrol *pètrol*
ferry	ferry *fèrri*
gare	station *steïcheun*
gare routière	bus station *beuss steïcheun*
horaires	timetable *taïmmteïbeul*
louer	to rent *tou rènnt*
métro	underground *eundeugraownd*
navette	shuttle *cheuteul*
passeport	passport *pâsspowrt*
pièce d'identité	ID *aï-di*
plan	map *map*
porte	gate *gueïte*
quai	platform *platfowrm*
réserver	to book *tou bouk*
route	road *rôwd*
rue	street *strît*

station de métro — tube station *tiouhe steïcheun*, underground station *eundeugraownd steïcheun*
taxi — taxi *taxi*
terminal — terminal *teurmineul*
ticket — ticket *tikeut*
train — train *treïne*
tramway — tram *tramm*
voiture — car *câr*
vol — flight *flaïte*

À vous

où est-ce que je peux acheter des billets ?
where can I buy tickets?
wèr keun aï baï tikeutss?

un billet pour ..., s'il vous plaît billet
a ticket to ... please
e tikeut tou ... plîz

je voudrais réserver un
I'd like to book a ticket
aïde laïke tou bouk e tikeut

combien coûte un billet pour ... ?
how much is a ticket to ...?
Haow meutch iz e tikeut tou ...?

est-ce qu'il y a des réductions pour les étudiants ?
are there any concessions for students?
âr Zèr èni konnsècheunz for stioudeunts?

est-ce que vous auriez un dépliant avec les horaires ?
do you have a timetable, please?
dou you Hav e taïmteïbeul, plîz?

est-ce qu'il vous reste des places pour ... ?
are there any tickets left for ...?
âr Zèr èni tikeutss lèft for ...?

il n'y en a pas plus tôt / tard ?
is there an earlier / a later one?
iz Zèr ann eurli-eur / e leïteur wann?

combien de temps dure le voyage ?
how long does the journey take?
Haow longue daz Ze djeurni teïke?

est-ce que cette place est libre ?
is this seat free?
iz Ziss sîtt frî?

désolé(e), il y a déjà quelqu'un
I'm sorry, this seat is taken
aïme sorri, Ziss sîtt iz teïkeun

Vous lirez ...

Déchiffrer les abréviations

arr (= arrival) arrivée
dep (= departure) départ
M-F (= Monday to Friday) lundi à vendredi
ex Sun (= except Sundays) sauf le dimanche
Jours de la semaine : **Mon**, **Tues**, **Wed**, **Thurs**, **Fri**, **Sat**, **Sun**.
13.50 *ou* **1.50pm** = 13h50

arrivals	arrivées
cancelled	annulé
connections	correspondances
delayed	retardé
departures	départs
entrance	entrée
exit	sortie
gents	toilettes pour hommes
information	renseignements
ladies	toilettes pour femmes
no entry	entrée interdite
toilets	toilettes
way in	entrée
way out	sortie

Vous entendrez ...

everything is fully booked
tout est complet

En avion

Pour les longs trajets à l'intérieur de la Grande-Bretagne, n'hésitez pas à prendre l'avion : vous y gagnerez en temps (c'est plus rapide que le train) et en argent (si vous réservez bien à l'avance, certaines compagnies telles que easyJet et Ryanair proposent des tarifs très intéressants).

À vous

où est l'enregistrement des bagages pour British Airways ?
where is the British Airways check-in desk?
*wèr iz Ze britich-**è**rweïz tchèk-kinn dèsk?*

j'ai un billet électronique
I have an e-ticket
*aï Hav ann **i**-tikeut*

j'ai déjà enregistré en ligne
I've already checked in online
*aïve owlrèdi tch**è**kt-tinn onn-**laï**ne*

où est le comptoir de dépôt des bagages ?
where is the baggage drop?
*wèr iz Ze b**a**guidj drop?*

une valise et un bagage à main
one suitcase and one piece of hand luggage
*wann s**ou**tkeïss ènde wann piss ov Hannd l**eu**guidj*

est-ce que je peux mettre mes skis / mon snowboard / mes clubs de golf en soute ?
can I check in my skis / snowboard / golf clubs?
*keun aï tchèk inn maï sk**iz** / sn**ô**wbowrd / g**o**lf kleubz?*

à quelle heure embarque-t-on ?
what time does boarding start?
*wâtt taïme daz b**ow**rdinng start?*

je voudrais confirmer mon vol de retour
I'd like to confirm my return flight
aïde laïke tou konnfeurm maï riteurn flaïte

il me manque une valise
one of my suitcases is missing
wann ov maï soutkeïsseuz iz missinng

mes bagages ne sont pas arrivés
my luggage hasn't arrived
maï leuguidj Hazeunt euraïvd

l'avion a eu deux heures de retard
the plane was two hours late
Ze pleïne wâz tou âweurz leïte

j'ai raté ma correspondance
I've missed my connection
aïve misst maï keunnèkcheun

j'ai oublié quelque chose dans l'avion
I've left something on the plane
aïve lèft sommTHinng onn Ze pleïne

je voudrais faire une déclaration de perte pour mes bagages
I'd like to report the loss of my luggage
aïde laïke tou riporte Ze loss ov maï leuguidj

Vous lirez ...

airport transfer	transfert vers l'aéroport
baggage reclaim	retrait des bagages
boarding	embarquement
boarding card	carte d'embarquement
check-in	enregistrement des bagages
customs	douane
departure lounge	salle d'embarquement
domestic flight	vol intérieur
goods to declare	marchandises à déclarer
immediate boarding	embarquement immédiat
nothing to declare	rien à déclarer
priority boarding	embarquement prioritaire
self check-in kiosk	borne libre-service

Vous entendrez …

how many pieces of luggage do you have?
combien de bagages avez-vous ?

your luggage is five kilos overweight
vous avez un excédent de cinq kilos

did you pack all your bags yourself?
avez-vous fait vous-même tous vos bagages ?

has anyone given you anything to carry on board?
quelqu'un vous a-t-il donné quelque chose à emporter à bord ?

would you like a window seat or an aisle seat?
une place côté hublot ou côté couloir ?

you'll have to change at …
vous avez une correspondance à …

boarding begins at …
l'embarquement commencera à …

here's your boarding card
voilà votre carte d'embarquement

please wait in the departure lounge
veuillez patienter dans la salle d'embarquement

please go to gate number …
veuillez vous rendre à la porte …

last call for …
dernier appel pour …

call this number to check if your luggage has arrived
appelez ce numéro pour savoir si vos bagages sont arrivés

En train, car, bus, métro, tramway

Différentes compagnies se partagent le réseau ferroviaire britannique (**National Rail**).

Les voyages en train au tarif plein sont plutôt chers donc cela vaut la peine de chercher les différentes offres disponibles. On peut obtenir des tarifs intéressants en achetant son billet à l'avance (**advanced tickets**). Pour bénéficier des réductions, parfois considérables, réservées aux familles (comprenant au moins un enfant de moins de 15 ans), aux jeunes entre 16 et 25 ans, ou aux seniors (de plus de 60 ans), vous aurez besoin d'une carte de fidélité (**Railcard**), qu'on peut acheter en ligne (www.railcard.co.uk) ou dans la plupart des stations de train.

Avant de monter dans le train, inutile de chercher une borne pour composter votre billet : cette pratique n'existe pas au Royaume-Uni, où un contrôleur (**ticket inspector**) passe systématiquement dans les wagons pour valider les titres de transport des voyageurs. Dans la plupart des grandes gares, vous devrez néanmoins glisser votre billet dans une machine pour accéder au quai. Comme dans le métro parisien, une fois le billet passé, il vous est restitué et vous pouvez franchir le tourniquet. Prenez garde à bien conserver votre titre de transport pendant toute la durée du voyage car à l'arrivée, il vous faudra parfois franchir un autre tourniquet à la sortie du quai en glissant votre billet dans une machine, ou bien donner votre billet à un employé.

L'Eurostar, qui vous permet de relier Paris à Londres en deux heures quinze, arrive désormais dans la gare complètement rénovée de St Pancras, où vous trouverez toute une série de boutiques et de services, sans oublier le bar à champagne le plus grand d'Europe !

Voyager en autocar (**coach**) revient nettement moins cher qu'en train, et est dans certains cas tout aussi rapide. La plupart des grandes et petites villes ont une gare routière (**bus station** ou **coach station**). Les compagnies les plus connues sont **National Express** et **Megabus**.

Pour circuler en transports en commun à Londres, sachez que les tickets de métro s'achètent uniquement dans les stations, tandis que les tickets de bus s'achètent directement auprès des distributeurs de tickets situés aux arrêts de bus (aisément reconnaissables à leur couleur rouge). Le métro londonien, couramment appelé le **tube**, fonctionne de 05h30 à minuit, et de 07h00 à minuit les dimanches. Il se peut que vous ayiez au début un peu de mal à vous orienter (on distingue notamment les lignes qui vont vers le nord **northbound**, vers le sud **southbound**, vers l'ouest **westbound** et vers l'est **eastbound**), alors n'hésitez pas à demander. À l'heure de sortie des bureaux (à partir de 17h), quand les rames sont bondées, admirez avec quelle discrétion chacun lit son journal sans gêner son voisin : serrés comme des sardines, mais toujours fair-play !

Les lignes de bus sont souvent gérées par différentes compagnies, ce qui explique que les tarifs peuvent varier. N'en déplaise aux amateurs de clichés, tous les bus ne sont pas des **double-deckers** (bus à deux étages)…

Si vous avez plusieurs trajets à faire en bus et en métro, une **TravelCard** (pour un ou plusieurs jours) vous reviendra moins cher. Si vous envisagez plusieurs escapades à Londres, préférez la **Visitor Oyster Card**, carte à puce non-nominative qu'on peut recharger (en espèces ou par carte de crédit) et qu'il suffit de passer sur les bornes magnétiques prévues à cet effet. Vous pourrez vous la procurer sur Internet, dans certaines agences de voyage, à bord de l'Eurostar et dans plusieurs grands aéroports et stations de train.

À vous

est-ce que je peux avoir un plan du métro ?
can I have a map of the underground?
*keun aï Hav e m**a**p ov Zi **eu**ndeugraownd?*

à quelle heure est le prochain train pour … ?
when is the next train to …?
*wèn iz Ze nèkst tr**eï**ne tou …?*

à quelle heure part le dernier train ?
when is the last train?
*wèn iz Ze l**â**st treïne?*

de quel quai part le train pour … ?
what platform does the train for … leave from?
*wâtt pl**a**tfowrm daz Ze treïne for … l**î**ve fromm?*

est-ce qu'il est possible de transporter des vélos dans le train ?
is it possible to take bikes on the train?
*izitt p**o**ssibeul tou teïk b**aï**kss onn Ze treïne?*

où est la consigne, s'il vous plaît ?
where is the left-luggage office please?
*wèr iz Ze lèft-**leu**guidj **o**ffiss pl**î**z?*

j'ai raté mon train
I've missed my train
aïve misst maï treïne

c'est bien l'arrêt pour … ?
is this the right stop for …?
iz Ziss Ze raïte stop for …?

où est-ce que je peux prendre un bus pour … ?
where can I get a bus to …?
wèr keun aï guèt e beuss tou …?

quelle ligne dois-je prendre pour … ?
which line do I take to get to …?
witch laïne dou aï teïk tou guèt tou …?

c'est bien d'ici que part le car pour … ?
does the bus for … leave from here?
daz Ze beuss for … live fromm Hire?

pourriez-vous me dire quand il faut descendre ?
could you tell me when I have to get off?
coude you tèl mi wèn aï Hav tou guèt off?

Vous lirez …

monthly mensuel
regional train TER
reservations réservations
stopping train omnibus

ticket office billetterie
to the trains accès aux quais
today's ticket sales only départs dans la journée
weekly hebdomadaire

Vous entendrez …

there's a stop just a little further on, on the right
il y a un arrêt juste un peu plus loin à droite

exact money only, please
faites l'appoint, s'il vous plaît

you have to change at …
vous avez un changement à …

you have to take bus number …
vous devez prendre le bus n° …

this train calls at …
ce train dessert les gares de …

two stops from here
dans deux arrêts

tickets, please!
vos billets, s'il vous plaît !

En voiture

Pour louer une voiture en Grande-Bretagne, il faut généralement avoir plus de 21 ans. Comme vous le savez, le volant est à droite et le levier de vitesses à gauche, mais pas de souci, vous vous ferez la main en quelques jours. Attention, la conduite à gauche implique que les rond-points se prennent dans le sens des aiguilles d'une montre ! Vous trouverez sans doute ça très déroutant au début, mais là encore on s'habitue finalement assez vite.

La lettre **M** indique une autoroute (**motorway**), et **A** et **B** l'équivalent d'une route nationale. Les **dual carriageways** sont des routes à deux voies. Les autoroutes sont gratuites.

L'essence (qui se compte désormais en litres), plus chère que sur le continent, existe en **4-star** (super), **unleaded** (sans-plomb) et **diesel**.

Les distances sont exprimées en miles. Un **mile** équivaut à 1,6 km. Sauf indication contraire, la limite de vitesse est fixée à 70**mph** (abréviation de **miles per hour** mile par heure) sur les autoroutes (112km/h), 30mph dans les zones habitées (48km/h), et 60mph sur les autres routes (96km/h). De manière générale, les conducteurs britanniques sont plus lents et plus courtois que sur le continent. Les radars sont très répandus, et les contrôles d'alcool au volant (**drink driving**) courants. Les Britanniques prennent d'ailleurs l'interdiction de boire au volant très au sérieux, ce qui est toujours une bonne chose ! Sachez qu'il est interdit de parler au téléphone (sauf si on dispose d'un portable « mains libres »), mais aussi de manger, boire, fumer, ou se maquiller au volant. Qu'on se le tienne pour dit !

Une taxe d'embouteillage (**congestion charge**) est désormais en vigueur du lundi au vendredi dans le centre de Londres. Les zones concernées sont signalées par un panneau avec la lettre C cerclée de rouge. La taxe se paie par téléphone, SMS, sur Internet ou dans certains commerces (il vous faudra donner le numéro d'immatriculation de votre véhicule).

À vous

où est-ce que je peux trouver une station-service ?
where can I find a petrol station?
wèr keun aï faïnde e ***pè****trol* ***steï****cheun?*

le plein de sans-plomb / super / diesel, s'il vous plaît
a full tank of unleaded / four-star / diesel, please
e foul ***ta****nnk ov eun****lè****did /* ***fow****r-stâr / d****î****zeul, pl****î****z*

c'est combien le litre ?
how much is it per litre?
Haow meutch izitt peur ***lî****teur?*

savez-vous si on peut se garer ici ?
do you know if parking is allowed here?
dou you nôw if ***pâ****rkinng iz eul****â****owd Hire?*

on a été bloqués dans un embouteillage
we got stuck in a traffic jam
*wi gott s**teu**k inn e tr**a**ffic djamm*

on a mis un sabot à ma voiture
my car has been clamped
*maï c**â**r Haz binn cl**a**mmpt*

nous venons d'avoir un accident
we've just had an accident
*wîv djeust Hadd ann **a**ksideunt*

En panne

je suis tombé(e) en panne
I've broken down
*aïve br**ôw**keun d**a**own*

nous sommes en panne d'essence
we've run out of petrol
*wîv reun **a**owtov p**è**trol*

pourriez-vous m'emmener au garage le plus proche ?
could you take me to the nearest garage?
*coude you t**eï**k mi tou Ze n**î**reust g**a**reudj?*

pouvez-vous nous aider à pousser la voiture pour dégager la route ?
could you help us to push the car off the road?
*coude you H**è**lp euss tou p**ou**ch Ze câr off Ze r**ôw**d?*

avez-vous le numéro d'un service de dépannage ?
do you have the number of a breakdown service?
*dou you Hav Ze n**o**mmbeur of e br**eï**kdaown s**eu**rviss?*

pouvez-vous m'aider à changer la roue ?
can you help me change the wheel?
*keun you H**è**lp mi tch**è**ndj Ze wîl?*

est-ce que vous pouvez me remorquer ?
could you tow me?
*coude you t**ôw** mi?*

est-ce que vous pouvez pousser la voiture pour m'aider à démarrer ?
could you push to help me start?
*coude you p**ou**ch tou Hèlp mi st**â**rt?*

pourriez-vous me donner de l'eau pour mon radiateur ?
could you give me some water for my radiator?
*coude you give mi somm **wow**teur for maï **reï**dyeïteur?*

Au garage

est-ce qu'il y a un garage par ici ?
is there a garage near here?
*iz Zèr e g**a**reudj n**î**r H**i**re?*

la batterie est morte
the battery's dead
*Ze b**â**teuriz dèd*

j'ai crevé
I've had a puncture
*aïve Hadd e p**eu**nktcheur*

j'ai laissé mes clés à l'intérieur de ma voiture
I've locked my keys in my car
*aïve lokt maï k**î**z inn maï c**â**r*

le radiateur fuit
the radiator is leaking
*Ze r**eï**dyeïteur iz l**î**kinng*

le moteur cale
the engine keeps stalling
*Zi **è**ndjinn kîpss st**ow**linng*

le moteur surchauffe
the engine is overheating
*Zi **è**ndjinn iz **ow**veurH**î**tinng*

ma voiture ne démarre pas
my car won't start
*maï câr wonnte st**â**rt*

la courroie du ventilateur est cassée
the fan belt is broken
*Ze f**a**nn bèlt iz br**ow**keun*

un des phares / feux arrière ne fonctionne pas
one of my headlights / taillights is out
*wann ov maï H**è**dlaïtss / t**eï**laïtss iz **a**owt*

le pot d'échappement est tombé
the exhaust pipe has fallen off
*Zi igz**ow**st païpe Haz f**ow**leun off*

les freins ne marchent pas correctement
the brakes aren't working properly
*Ze br**eï**kss ante w**eu**rkinng pr**o**peuli*

il y a un problème avec la direction
there's something wrong with the steering
*Zèrz sommTHinng wr**on**gue wiTH Ze st**î**rinng*

il y a une fissure sur le pare-brise
there's a crack in the windscreen
Zèrz e krak inn Ze winndscrîn

le moteur fait un bruit bizarre
the engine's making a funny noise
Zi èndjinnz meïkinng e feuni noïze

les vitesses passent mal
the gears are sticking
Ze guîrz âr stikinng

l'embrayage est fatigué
the clutch is going
Ze cleutch iz go-inn

pourriez-vous vérifier l'embrayage / les freins / l'huile / l'allumage ?
could you check the clutch / the brakes / the oil / the ignition?
coude you tchèk Ze cleutch / Ze breïkss / Zi oïl / Zi ig-nicheun?

ma voiture a besoin d'une vidange
my car needs an oil change
maï câr nîdz ann oïl tchèndj

je crois qu'il y a un faux contact
I think there's a loose connection
aï THinnk Zèrz e louss keunnèkcheun

ça va prendre combien de temps à réparer ?
how long will it take to repair?
Haow longue wil itt teïke tou ripèr?

Pièces auto

accélérateur	accelerator *aksèleureïteur*
alternateur	alternator *oltèrneïteur*
ampoule de phare	headlight bulb *Hèdlaïte beulb*
batterie	battery *batteuri*
boîte de vitesses	gearbox *guîrbax*
bouchon de radiateur	radiator cap *reïdyeïteur cap*
bougie	spark plug *spark pleugue*
câbles de démarrage	jump leads *djeump lîdz*
carburateur	carburettor *câburètteur*
châssis	chassis *chassi*
clé de contact	ignition key *ig-nicheun kî*
clignotant	indicator *inndikeïteur*

climatisation air-conditioning *èr-konn**di**cheuninng*
coffret d'ampoules de rechange bulb set *b**eu**lb sèt*
colonne de direction steering column *st**î**rinng k**â**leum*
compteur de vitesse speedometer *spîd**o**miteur*
courroie de ventilateur fan belt *f**a**nn bèlt*
culasse cylinder head *s**i**leundeur Hèd*
distributeur distributor *dis**tri**bieuteur*
durite radiator hose *r**eï**dyeïteur Hôwz*
embrayage clutch *cleutch*
enjoliveur hubcap *H**eu**bcap*
essieu axle *__a__kseul*
essuie-glace windscreen wiper *w**i**nndscrîn w**aï**peur*
feux arrière taillights *t**eï**l laïtss*
feux de détresse warning lights *w**ow**rninng laïtss*
feux de recul reversing lights *riv**eu**rssinng laïtss*
feux de stop brake lights *br**eï**k laïtss*
filtre à air air filter *èr **fil**teur*
filtre à essence fuel filter *f**iou**-eul **fil**teur*
filtre à huile oil filter *oïl **fil**teur*
frein à main handbrake *H**a**nndbreïk*
freins brakes *br**eï**kss*
fusible fuse *fiouz*
garniture de frein brake pad *br**eï**k pad*
huile de moteur engine oil ***è**ndjinn oïl*
jauge d'huile / d'essence oil / petrol gauge *oïl / p**è**trol gu**eï**dj*
klaxon horn *Horn*
levier de vitesses gear lever *gu**î**r l**è**veur*
liquide de freins brake fluid *breïk fl**ou**-eude*
liquide de refroidissement coolant *k**ou**leunte*
moteur engine ***è**ndjinn*
pare-brise windscreen *w**i**nndscrîn*
pare-chocs bumper *b**a**mmpeur*
pédale pedal *p**è**deul*
phares headlights *H**è**dlaïtss*

phare antibrouillard	fog light *fog laïtss*
pièce de rechange	spare part *spère pârt*
plaque minéralogique	number plate *nommbeur pleïte*
plaquettes de freins	brake pads *breïk padz*
pneu	tyre *taïyeu*
pompe d'alimentation	fuel supply pump *fiou-eul seuplaï pammp*
pompe de direction assistée	power-assisted steering pump *paweur-eussisteud stîrinng pammp*
pot d'échappement	exhaust pipe *igzowst païpe*
radiateur	radiator *reïdyeïteur*
réservoir	tank *tannk*
roue	wheel *wîl*
solénoïde de démarreur	starter solenoid *stârteur sôwleunoïde*
suspension	suspension *seuspèncheun*
thermostat	thermostat *THeurmeustatt*
transmission	transmission *trannsmicheun*
triangle de sécurité, triangle de signalisation	warning triangle *wowrninng traïyonngueul*
verrouillage centralisé	central locking *sènntreul lakinng*

Panneaux

access for residents only	accès réservé aux résidents
access only	interdit sauf riverains
bus lane	couloir d'autobus
congestion charge	*(à Londres)* taxe d'embouteillage
delays possible	risques de bouchons
diversion	déviation
end of roadworks	fin des travaux
falling rocks	chutes de pierres
get in lane	mettez-vous sur la bonne file
give way	cédez le passage

give way to oncoming vehicles	cédez le passage
hard shoulder	bande d'arrêt d'urgence
keep clear	sortie de véhicules
no stopping at any time	arrêt interdit
one way	sens unique
permit holders only	réservé aux personnes autorisées
reduce speed now	ralentissez
road closed	route barrée
roadworks	travaux
stay in lane	ne changez pas de file
turn on headlights	allumez vos phares

Location de voitures

je voudrais louer une voiture pour un jour / trois jours / une semaine
I'd like to hire a car for a a day / three days / a week
*aïde laïke tou H**aï**yeu e c**âr** for e d**eï** / THr**i** deïz / e w**îk***

je voudrais une voiture deux-portes / quatre-portes
I'd like a two-door / four-door car
*aïde laïke e t**ou**-dowr / fowr-dowr c**âr***

je voudrais une voiture avec toit ouvrant
I'd like a car with a sunroof
*aïde laïke e c**âr** wiTH e s**eu**nrouf*

je voudrais un monospace
I'd like a people carrier
*aïde laïke e pîpeul k**eu**ri-eu*

je voudrais un 4x4
I'd like a four-by-four
*aïde laïke e f**ow**r-baï-fowr*

je préfèrerais une diesel
I would prefer a diesel
*aï woud prif**eu**r e dîzeul*

vous avez des voitures de sport ?
do you have any sports cars?
*dou you Hav èni sp**o**rtss cârz?*

vous avez des décapotables ?
do you have any convertibles?
*dou you Hav èni konnv**eu**rtibeulz?*

une voiture à boîte de vitesses automatique
an automatic
*ann owteum**â**tik*

une voiture manuelle
a manual
*e m**a**niou-eul*

est-ce que je peux louer un siège pour bébé ?
can I hire a baby seat?
*keun aï Haïyeu e b**eï**bi sît?*

est-ce que la voiture a la climatisation / est équipée d'un GPS ?
does the car have air-conditioning / satnav?
*daz Ze c**â**r Hav èr-konnd**i**cheuninng / s**a**tnav?*

est-ce que le kilométrage est compris ?
is the mileage included?
*iz Ze m**aï**lidj inncl**ou**did?*

est-ce que je peux ramener la voiture à votre agence de Birmingham ?
can I return the car to your Birmingham office?
*keun aï riteurn Ze c**â**r tou your b**eu**rminngamm **o**ffiss?*

je voudrais prendre une assurance tous risques
I'd like to take out comprehensive insurance
*aïde laïke tou t**eï**kaowt commpreuH**è**nnsiv innch**ou**reunss*

Voyages et déplacements

Ne ratez pas ... !

Pour un premier aperçu de Londres, laissez-vous tenter par une excursion en bateau sur la Tamise. Ça vous permettra d'identifier et de situer tout plein de monuments historiques que vous déciderez peut-être de visiter une fois revenus sur la terre ferme !

En taxi

Pour prendre un taxi, vous pouvez attendre à un arrêt de taxi (**taxi rank**) ou appeler un taxi par téléphone mais il est également courant d'en héler un dans la rue. Guettez le signal jaune qui indique qu'un taxi est libre, ça vous évitera d'attendre trop longtemps sous la pluie... Les célèbres taxis noirs (**black cabs**) peuvent prendre jusqu'à cinq passagers. Les **minicabs** (taxis conventionnels) sont normalement moins chers.

pourriez-vous m'appeler un taxi, s'il vous plaît
could you call me a taxi, please
*coude you **cow**l mi e **ta**xi plîz*

je voudrais un taxi pour 8 heures
I'd like to book a taxi for eight o'clock
*aïde laïke tou bouk e **ta**xi for **eï**te e-cl**o**k*

est-ce qu'il y a une station de taxis près d'ici ?
is there a taxi rank near here?
*iz Zèr e **ta**xi rannk nîr H**i**re?*

mettez le compteur, s'il vous plaît
please start the meter
*plîz st**â**rt Ze m**î**teur*

je voudrais aller à ...
I'd like to go to ...
*aïde laïke tou g**ôw** tou ...*

vous pouvez m'arrêter ici, merci
you can drop me off here, thanks
*you keun dr**o**p mi of H**i**re, THènks*

pourriez-vous m'attendre, s'il vous plaît
could you wait for me, please
*coude you w**eï**t for mi plîz*

combien ça va me coûter pour aller à l'aéroport ?
how much will it cost to go to the airport?
*Haow meutch wil-litt c**o**st tou gôw tou Zi **è**rpowrt?*

En auto-stop

je vais à ...
I'm going to ...
aïme go-inn tou ...

est-ce que vous pourriez me déposer ici ?
could you drop me off here?
coude you drop mi off Hire?

merci de m'avoir emmené(e)
thank you for the lift
THènkiou for Ze lift

on est venus en stop
we hitched here
wi Hittcht Hire

Vous lirez ...

car hire	location de voitures
car park	parking
car rental	location de voitures
diesel	diesel, gazole
full	complet
keep your ticket	conservez votre ticket
no parking	stationnement interdit (signalé par une double ligne jaune continue)
parking meter	parcmètre
petrol	carburant, essence
red route	route où il est interdit de s'arrêter, même pour déposer quelqu'un (signalé par une ligne continue rouge)
slow	ralentissez
unleaded	sans-plomb

Vous entendrez …

what type of car would you like?
vous voudriez quelle catégorie de véhicule ?

what is the driver's name?
quel est le nom du conducteur ?

the car must be returned by midday
il faut ramener la voiture avant midi

there's a supplementary deposit for the satnav system
il y a une caution supplémentaire pour le système GPS

I need your driving licence, some ID and your credit card
il me faut votre permis de conduire, une pièce d'identité et votre carte de crédit

the deposit is five hundred pounds
la caution est de 500 livres

I can take you as far as …
je vais vous avancer jusqu'à …

En bateau

Plusieurs compagnies de **ferries** assurent des liaisons régulières et directes entre le nord de la France et le sud de l'Angleterre ainsi que Cork et Rosslare en Irlande. Si vous voyagez en voiture, vous pouvez prendre l'**Eurotunnel** entre Calais et Folkestone. Pour rejoindre directement le nord de l'Angleterre, vous pouvez faire la traversée entre Zeebrugge (en Belgique) et Hull.

Et n'oubliez pas qu'une fois sur place, voyager en ferry est également un moyen formidable de découvrir certaines régions du Royaume-Uni, comme par exemple l'Irlande du Nord ou les nombreuses petites îles britanniques (île de Wight, île de Man, ainsi que toutes les îles écossaises).

À vous

combien de temps dure la traversée ?
how long is the crossing?
Haow longue iz Ze crossinng?

j'ai le mal de mer
I'm seasick
*aïme **sî**-sik*

à quelle heure est la prochaine excursion en bateau ?
what time is the next boat trip?
*wâtt **taï**me iz Ze nèkst **bôw**t trip?*

à quelle heure est le dernier bateau pour le retour ?
what time is the last boat back?
*wâtt taïme iz Ze **la**ste **bôw**t bak?*

est-ce qu'on peut acheter des billets à bord ?
can you buy tickets on board?
*keun you baï **ti**keutss onn **bôw**rd?*

est-ce qu'on peut louer un bateau pour la journée ?
can we hire a boat for the day?
*keun wi H**a**ïyeu e **bôw**t for Ze **deï**?*

Vous lirez …

foot passengers only	passagers sans véhicule
next crossing at …	prochain départ à …

Quelques expressions familières

we came via the Chunnel on est venus par le tunnel sous la Manche
I thumbed a lift j'ai fait du stop
the traffic was murder! il y avait une circulation monstre !

Voyager avec des enfants

Réjouissez-vous : le Royaume-Uni est ce qu'on appelle en anglais **child-friendly**, c'est-à-dire une destination idéale si vous avez des enfants. Pour les plus petits, tous les centres commerciaux et stations-services ainsi que la plupart des trains et de nombreux cafés et restaurants disposent de **baby changing facilities** (avec tables à langer etc). Si vous mangez à l'extérieur, un menu enfant (**children's menu** ou **children's portions**) sont couramment proposés. De nombreux hôtels proposent un service de garde (**babysitting service**) ou des activités pour les enfants. Dans certains d'entre eux, vous pouvez également avoir recours aux services d'un(e) **baby monitor** qui s'occupera de vos enfants pendant que vous dînez tranquillement dans le restaurant de l'hôtel.

Si vous voyagez en voiture, assurez-vous d'être équipés d'un siège enfant (**booster seat**) ou siège pour bébé (**baby seat**). Les compagnies de location de voitures proposent généralement des sièges auto mais il est plus sûr de se renseigner à l'avance.

La plupart des trajets en train sont gratuits pour les moins de cinq ans. Pour les enfants plus grands, un tarif réduit (**discount**) ou demi-tarif (**half-fare**) est généralement appliqué dans les trains et autocars. À Londres, les enfants de moins de 11 ans voyagent gratuitement en métro, bus ou tramway. Les bus et tramways sont également gratuits pour les ados (jusqu'à 16 ans) qui possèdent la **Oyster Card** (prévoyez une photo d'identité). Cette dernière doit être commandée au minimum trois semaines avant le séjour sur le site Internet de **Transport for London**. Voir également le chapitre Voyages et déplacements ainsi que la liste des adresses Internet fournies à la fin de l'ouvrage.

Kit de survie

aire de jeu	play area *pleï* ***è****ri-eu*
allaiter	to breast-feed *tou br****è****stfîd*
baby-sitter	babysitter ***beï****bissiteur*
bagage à main	hand luggage *Hannd* ***leu****guidj*
bavoir	bib *bib*
bébé	baby ***beï****bi*
biberon	bottle ***bo****tteul*
bracelet d'identité	ID bracelet *aï-di* ***breï****ssleut*
chaise haute	high chair *Haï tchèr*
coin bébé	baby-changing area ***beï****bi-tcheïndjinng* ***è****ri-eu*
couche jetable / lavable	disposable / washable nappy *disp****ow****zebeul / w****a****chebeul n****a****ppi*
crèche	crèche *cr****è****che*
doudou	security blanket *sèk****you****riti blannkèt*
écharpe de portage	carry sling *k****a****rri slinng*
enceinte	pregnant *pr****è****g-neunt*
enfant	child *tchaïld*
jouer	to play *tou pleï*
jouet	toy *toï*
lait en poudre	formula ***fow****mioula*
lingette	baby wipe ***beï****bi waïpe*
lit de bébé	cot *cott*
mouchoir	tissue ***ti****chou*
parc d'attractions	amusement park *eum****lou****zmeunt pârk*
porte-bébé	carry-cot *k****a****rri-cât*

Ne ratez pas ... !

Pays côtier par excellence, la Grande-Bretagne est un véritable paradis pour les amateurs de faune marine : dauphins (dolphins), baleines (whales), phoques (seals), mais aussi une foule d'oiseaux marins dont les plus sympathiques sont sans aucun doute les puffins (macareux), ces drôles d'oiseaux dodus au bec coloré, dont l'air peu farouche et quelque peu comique leur a valu d'être parfois surnommés « perroquets des mers » ou « clowns des mers ». Alors n'y réfléchissez pas à deux fois et embarquez-vous sur l'un des bateaux qui vous permettra de les voir de plus près !

pot de chambre potty *potti*
poupée doll *dol*
poussette pushchair *pouch-tchèr*
rehausseur booster seat *bouwsteur sît*
sac vomitoire sick bag *sik bag*
siège auto / enfant *(pour bébé)* baby seat *beïbi sît* ; *(pour enfant)* child seat *tchaïld sît*
sieste nap *nap*
solution de stérilisation sterilizing solution *stèreulaïzinng seuloucheun*
table à langer baby-changing table *beïbi-tchèndjinng teïbeul*
tétine dummy *deummi*
vomir to be sick *tou bi sik*

À vous

je suis enceinte de ... mois
I'm ... months pregnant
aïme ... monnTHss prèg-neunt

j'ai besoin de ...
I need ...
aï nîd ...

je cherche ...
I'm looking for ...
aïme loukinng for ...

avez-vous ... ?
do you have ...?
dou you Hav ...?

ça vous dérange si j'allaite mon bébé ici ?
do you mind if I breast-feed my baby here?
dou you maïnde if aï brèstfîd maï beïbi Hir?

pouvez-vous chauffer ce biberon ?
could you heat this bottle?
coude you Hîtt Zis botteul?

est-ce qu'il y a une table à langer ici ?
is there a baby-changing table here?
iz Zèr e beïbi-tchèndjinng teïbeul Hir?

pourriez-vous m'appeler un taxi avec siège enfant ?
could you call me a taxi with a child seat?
coude you côwl mi e taxi wiTH e tchaïlde sît?

est-ce qu'il y a un magazine de bord / un plateau-repas pour enfants ?
is there an in-flight magazine / a meal for children?
iz Zèr ann inn-flaïte magueuzine / e mîl for tchildreun?

avez-vous du papier et des crayons de couleur, s'il vous plaît ?
do you have any paper and crayons, please?
*dou you Hav èni p**eï**peur ènde cr**è**yonnz, pl**î**z?*

pouvez-vous installer un lit supplémentaire / un lit d'enfant ?
could you put in an extra bed / a cot?
*coude you p**ou**tinn ann **è**kstra bèd / e c**â**t?*

Vous lirez ...

baby on board	bébé à bord *(à l'arrière d'une voiture)*
keep out of reach of children	ne pas laisser à la portée des enfants

Vous entendrez ...

do you have children?
vous avez des enfants ?

what age are your children?
quel âge ont vos enfants ?

Activités

Pour vos sorties en famille, le pays regorge d'aires de jeu (**playgrounds**), de parcs d'attractions (**amusement parks**), de réserves d'animaux sauvages (**safari parks**), zoos (**zoos**) et toutes sortes de musées (**museums**) qui feront le bonheur des petits. À Londres, vos enfants adoreront le Musée de la science (**Science Museum**) et le Musée d'histoire naturelle (**Natural History Museum**). Au bord de la mer, à la belle saison, vous trouverez tout ce qu'il vous faut en matière de divertissement, y compris des **amusement arcades** (salles de jeux électroniques). Et, si vous entendez la musique d'un **ice-cream van** (camionnette de vendeur de glaces), vous pourrez leur acheter un **99**, un cône de glace à la vanille avec un morceau de chocolat à l'intérieur. Succès garanti !

À vous

avez-vous un service de garde d'enfants ?
do you have a babysitting service?
dou you Hav e beïbisittinng seurviss?

j'ai besoin d'un(e) baby-sitter francophone
I need a French-speaking babysitter
aï nîd e frènntch-spîkinng beïbissiteur

je viendrai les chercher à 14h / 21h
I'll come to pick them up at two o'clock / nine o'clock
âl comm tou pik THèmmeup att tou e-clok / naïne e-clok

avez-vous un menu enfant ?
do you have a children's menu?
dou you Hav e tchildreunz mèniou?

où est le zoo / l'aire de jeu / le parc d'attractions le plus proche ?
where is the nearest zoo / play area / amusement park?
wèr iz Ze nîreust zou / pleï èri-eu / eumiouzmeunt park?

il y a une réduction pour les enfants / les familles ?
is there a discount for children / families?
iz Zèr e discaownt for tchildreun / fameuliz?

quelles sont les activités organisées pour les enfants ?
what activities are there for children?
wâtt activitiz âr Zèr for tchildreun?

est-ce que la visite convient aux enfants ?
is the tour suitable for children?
iz Ze tour soutebeul for tchildreun?

mon fils / ma fille a disparu
I've lost my son / my daughter
aïve losst maï sonn / maï dôwteur

Vous lirez ...

children are not allowed	les enfants ne sont pas admis
do not climb	ne pas escalader
do not touch	ne pas toucher
free entry	entrée gratuite
minimum age six years	réservé aux plus de 6 ans

never leave children unattended	ne jamais laisser les enfants sans surveillance
no admittance to children 5 under five	interdit aux enfants de moins de ans
not suitable for children	déconseillé aux enfants
size restrictions apply	limitations de taille

Vous entendrez ...

the babysitting service is open from nine am till four pm
la garde est ouverte de 9h à 16h

the kids' club is open from one till five
le club enfant est ouvert de 13h à 17h

... is looking for his / her parents / is waiting at reception
le petit ... / la petite ... cherche ses parents / attend à l'accueil

your children are still too young
vos enfants sont encore trop petits

our hotel offers an excellent children's activity programme
notre hôtel offre un tout un programme d'activités pour les enfants

Voyages d'affaires

La journée de travail commence et termine tôt en Grande-Bretagne : les employés arrivent généralement au bureau entre 8h30 et 9h00 et quittent leur travail à 17h00 ou 18h00, et se retrouvent souvent entre collègues dès la sortie du travail au pub, dans un bar, ou au restaurant. Pour la pause-déjeuner (**lunch break**), de courte durée, beaucoup d'employés mangent un sandwich sur le pouce, sans quitter leur poste de travail.

Kit de survie

à l'attention de …	for the attention of … *for Zi etèncheunnov …*
accusé de réception	acknowledgment of receipt *eukn**o**lidjmeunt ov riss**î**tt*
bagage	luggage *l**eu**guidj*
bagage à main	hand luggage *Hannd l**eu**guidj*
bureau *(lieu de travail)*	office ***o**ffiss*
carte de visite	business card *b**i**zneuss cârd*
classe affaires	business class *b**i**zneuss clâss*
clé USB	memory stick *m**è**meuri stik*
client	client *cl**a**yeunt*
collègue	colleague *c**o**ligue*
conférence (sur)	conference (on) *c**o**nnfreunss (onn)*
contrat	contract *c**o**nntract*
costume	suit *soutt*
courrier	mail *meïl*, post *p**ôw**st*
courrier recommandé	recorded delivery *ric**o**rdeud dil**i**veuri*
coursier	courier *c**ou**rièr*
déjeuner d'affaires	business lunch *b**i**zneuss leuntch*
e-mail	e-mail ***î**-meïl*
entreprise	business *b**i**zneuss*
exposition	exhibition *èksib**i**cheun*
fax	fax *fax*
faxer	to fax *tou fax*
femme d'affaires	businesswoman *b**i**zneusswoumann*

foire commerciale	trade fair *treïde fèr*
homme d'affaires	businessman *bizneussmann*
Internet	Internet *innteunèt*
interprète	interpreter *innteurprèteur*
itinéraire	itinerary *aïtinèreuri*
ordinateur	computer *commpiouteur*
ordinateur portable	laptop *laptop*
photocopie	photocopy *fôwtôwcopi*
photocopier	to photocopy *tou fôwtôwcopi*
portable	mobile *môwbaïle*
recharger	to charge *tou tchârdj*
reçu	receipt *rissîtt*
réunion	meeting *mîtinng*
serviette *(sac)*	briefcase *brifkeïss*
taxi	taxi *taxi*
téléconférence	conference call *connfreunss côwl*
traduire	to translate *tou trannsleïte*
voiture de location	hire car *Hayeur câr*

À vous

où est le salon classe affaires ?
where is the business class lounge?
wèr iz Ze bizneuss clâss laowndje?

je suis ici pour affaires
I'm here on business
aïme Hir onn bizneuss

je viens de la part de …
I'm here on behalf of …
aïme Hir onn biHaf ov …

je suis venu(e) pour une formation en …
I'm here for training in …
aïme Hir for treïninng inn …

je suis ici pour un salon / une foire professionnelle
I'm here for a trade exhibition / a trade fair
aïme Hir for e treïde èksibicheun / e treïde fèr

je travaille dans … / pour …
I work in … / for …
aï weurk inn … / for …

je travaille à mon compte
I'm self-employed
*aïme s**è**lfimmpl**oï**de*

voici ma carte de visite
here's my business card
*Hirz maï b**iz**neuss card*

vous pouvez m'appeler …
please call me …
*plîz c**ow**l mi …*

j'aimerais envoyer un fax en France
I'd like to send a fax to France
aïde laïke tou sènnd e fax tou franss

est-ce que vous savez où je peux photocopier / imprimer quelque chose ?
do you know where I can photocopy / print something?
*dou you n**ôw** wèr aï keun f**ôw**tôwcopi / pr**i**nnt sommTHinng?*

j'en voudrais trois copies
I'd like three copies
*aïde laïke THr**î** c**o**piz*

où est-ce que je peux brancher mon ordinateur portable ?
where can I plug in my laptop?
*wèr keun aï pl**eu**guinn maï l**a**ptop?*

je voudrais parler à Monsieur / Madame / Mademoiselle …
I'd like to speak to Mr / Mrs / Miss …
*aïde laïke tou spîk tou m**i**steur / m**i**ssiz / m**i**ss …*

pouvez-vous me passer le poste 321, s'il vous plaît ?
could you put me through to extension three two one, please?
*coude you poutt mi THrou tou ikst**è**ncheun THrî tou wann, plîz?*

Vous entendrez …

did you have a good journey?
vous avez fait bon voyage ?

which hotel are you staying at?
à quel hôtel êtes-vous ?

his / her extension is …
son numéro de poste est le …

I'll put you through
je vous le / la passe

who's calling?
c'est de la part de qui ?

he's in a meeting, can I take a message?
il est en rendez-vous, je peux prendre un message ?

En réunion

La ponctualité britannique n'est pas un cliché ! Si vous pensez arriver en retard à un rendez-vous (**an appointment**), veillez à toujours prévenir. Si vous avez rendez-vous au **ground floor**, il s'agit du rez-de-chaussée, tandis que le **first floor** est le premier étage. Pour assister à une réunion (**a meeting**), optez pour une tenue classique. Dans certaines entreprises, une tenue plus décontractée est adoptée le vendredi, c'est ce qu'on appelle **dress-down Friday** (sauf en cas de réunion !). Il est courant de donner une poignée de main assez ferme lorsqu'on rencontre quelqu'un pour la première fois, après avoir conclu un accord, ou en prenant congé. Le reste du temps, on ne serre normalement pas la main. De fait, plus on connaît la personne et moins on se serre la main.

Voyages d'affaires

Notez que les rapports professionnels sont généralement moins formels qu'en Europe continentale. On s'appelle très rapidement par le prénom (si vous souhaitez que l'on vous appelle par votre prénom, dites **please call me ...**), et les rapports de hiérarchie sont moins marqués, du moins en apparence. Sans compter que le très pratique **you**, pronom ambigu qui recouvre à la fois le tutoiement et le vouvoiement, vous évitera bien des hésitations...

Pour vous adresser à quelqu'un, non par son prénom, mais par son nom de famille, faites-le précéder de **Mr** (*misteur*) pour un homme et de **Ms** (*miz*) pour une femme. Cette dernière appellation est souvent préférable à **Mrs** (*misiz*) ou **Miss** (*miss*), qui précisent le statut de la personne (respectivement mariée ou célibataire).

Enfin, sachez que les formules de politesse en début et en fin de lettre ou d'e-mail sont nettement plus concises et moins alambiquées qu'en français.

À vous

j'ai rendez-vous avec ... à ... heures
I have a meeting with ... at ... o'clock
aï Hav e mîtinng wiTH ... att ... e-clok

merci d'être venu
thank you for coming
THènnk you for cominng

j'ai besoin d'un interprète qui parle français
I need a French-speaking interpreter
aï nîd e frènntch-spîkinng innteurprèteur

pourriez-vous vous charger du compte rendu ?
could you take the minutes?
coude you teïke Ze mineutss?

nous sommes ici pour parler de ...
we're here to talk about ...
wîr Hir tou tôwk-keubaowt ...

quelle est votre position sur le sujet ?
what's your opinion on this subject?
wâtss your eupigneun onn Ziss seubdjèct?

d'après moi ...
in my opinion ...
inn maï eupigneun ...

à mon avis ...
in my view ...
inn maï viou ...

pourriez-vous m'expliquer ... ?
could you explain ... to me?
coude you èkspleïn ... tou mi?

bien, je pense que c'est tout
OK, I think that's everything
ôw-keï, aï THinnk Zatssèvri THinng

fixons la date de notre prochaine réunion
let's set a date for our next meeting
lètss sètt e deïte for aweur nèkst mîtinng

cela m'a fait très plaisir de vous rencontrer
it's been really nice meeting you
itss binn rîli naïsse mîtinng you

je vous recontacterai dans une semaine / dans un mois
I'll be in touch in a week / in a month
al bi inn teutch inn e wîk / e monnTH

Vous lirez ...

agenda ordre du jour
any other business questions diverses
meeting room salle de réunion

Vous entendrez ...

you managed to find us all right?
vous avez réussi à nous trouver sans difficulté ?

let me take your coat
laissez-moi vous débarrasser de votre manteau

if you'd like to wait, I'll tell him you're here
si vous voulez bien patienter, je vais le prévenir de votre arrivée

can I get you something to drink?
puis-je vous proposer quelque chose à boire ?

Mr / Ms … will see you now
Monsieur / Madame / Mademoiselle … va vous recevoir

the director is waiting for you in his office
le directeur vous attend dans son bureau

it's on the first floor, second door on the left
c'est au premier étage, la deuxième porte à gauche

À l'hôtel

À vous

il y a des messages pour moi ?
are there any messages for me?
*âr Zèr èni m**è**sseudjeuz for mi?*

il y a du courrier pour moi ?
is there any post for me?
*iz Zèr èni p**ow**st for mi?*

pouvez-vous poster cette lettre pour moi ?
could you post this letter for me?
*coude you p**ôw**st Ziss l**è**tteur for m**i**?*

pouvez-vous me passer la chambre 29, s'il vous plaît ?
could you put me through to room twenty-nine, please?
*coude you poutt mi THrou tou roum tw**è**nti-naïne, plîz?*

comment fait-on pour appeler à l'extérieur ?
how do I call an outside line?
*Haow dou aï c**owl** ann **aow**tsaïde laïne?*

à combien s'élève ma note de téléphone ?
how much is my telephone bill?
*Haow meutch iz maï t**è**leufôwn bil?*

y a-t-il une connexion WiFi ?
is there a WiFi connection?
*iz Zèr e waï-faï conn**è**kcheun?*

vous avez un coffre-fort ?
do you have a safe?
*dou you Hav e s**eï**fe?*

vous pourriez me réveiller à … heures ?
could you wake me up at … o'clock?
coude you weïke mi eup att … e-clok?

pouvez-vous m'expliquer comment fonctionne la climatisation ?
could you tell me how the air conditioning works?
coude you tèl mi Haow Zi èr konndicheuninng weurks?

y a-t-il un service de blanchisserie ?
is there a laundry service?
iz Zèr e lowndri seurviss?

je pars demain très tôt
I'm leaving very early tomorrow
aïme lîvinng vèri eurli toumarôw

pouvez-vous m'appeler un taxi ?
could you call me a taxi?
coude you cowl mi e taxi?

Vous entendrez …

do you need a receipt?
avez-vous besoin d'un reçu ?

there's a message / a fax for you
il y a un message / un fax pour vous

Mr / Ms … came to see you this afternoon at three o'clock
Monsieur / Madame / Mademoiselle … est venu vous voir cet après-midi à 15 heures

the taxi will be here in ten minutes
le taxi sera là dans dix minutes

Voyageurs handicapés

Si vous êtes handicapé ou voyagez avec une personne handicapée, vous ne devriez pas rencontrer trop de difficultés pendant votre séjour au Royaume-Uni. Les toilettes pour handicapés (**disabled toilets**), rampes d'accès (**access ramps**) et trottoirs aménagés (**dropped pavements**) sont courants, ainsi que les larges sièges dans les transports publics. La plupart des bus disposent d'une rampe d'accès pour les fauteuils roulants. Si vous prévoyez de voyager en train, n'oubliez pas de prévenir la compagnie ferroviaire 24h à l'avance que vous aurez besoin d'aide. Tous les **black cabs** (taxis noirs) sont accessibles avec un fauteuil roulant (**wheelchair accessible**) et beaucoup sont pourvus de circuits d'induction (**induction loops**) et de poignées d'appui (**grab handles**), et transportent gratuitement les chiens d'aveugle. Les transports en commun londoniens sont gratuits pour les personnes en fauteuil roulant.

Les personnes munies du **European blue badge** n'ont pas à payer la taxe d'embouteillage à Londres et peuvent garer gratuitement leur véhicule là où il y a un parcmètre (**parking meter**) ou un parking avec la mention **pay-and-display**. N'oubliez pas dans ce cas de mettre en évidence sous le pare-brise le badge ainsi que le disque de stationnement (**parking disk**) qui indique votre heure d'arrivée.

Kit de survie

accompagnateur — carer *k**è**reur*, nurse *n**eu**rse*
ambulance — ambulance ***a**mmbiouleunnss*
à mobilité reduite — (with) reduced mobility *(wiTH) rid**you**st môwb**i**leuti*
ascenseur — lift *lift*
aveugle *(adj)* — blind *blaïnnd*
béquille — crutch *creutch*
braille — Braille *breïl*
canne — cane *keïne*
canne blanche — white stick *w**aï**te stik*

chariot à bagages	luggage trolley *leuguidj troli*
chien d'aveugle	guide dog *gaïde dog*
daltonien	colour blind *coleur blaïnnd*
déambulateur	Zimmer® frame *zimmeur freïme*, walking frame *wowkinng freïme*
diabétique	diabetic *dayeubètic*
discrimination	discrimination *discrimeuneïcheun*
docteur	doctor *docteur*
épileptique	epileptic *èpeulèptic*
escalier mécanique	escalator *èskeuleïteur*
fauteuil roulant	wheelchair *wîl-tchèr*
handicap	disability *disseubileuti*
handicapé	*(adj)* disabled *disseïbeuld* ; *(n)* disabled person *disseïbeuld peurseun*
handicapé mental	*(adj)* mentally-disabled *mènnteuli-disseïbeuld* ; *(n)* mentally-disabled person *mènnteuli-disseïbeuld peurseun*
handicapé physique	*(adj)* physically-disabled *fizikli-disseïbeuld* ; *(n)* physically-disabled person *fizikli-disseïbeuld peurseun*
interprète	interpreter *innteurprèteur*
langue des signes	sign language *saïnn lènngweudj*
lire sur les lèvres	to lip read *tou lip rîd*
lunettes	glasses *glâsseuz*
malentendant *(adj)*	hearing-impaired *Hîrinng-immpèrd*
malvoyant *(adj)*	partially sighted *pârcheuli saïteude*
médicaments	medication *mèdikeïcheun*
monte-escaliers	stairlift *stèr-lift*
ordonnance	prescription *prèscripcheun*
personnes âgées	elderly *èldeuli*
prothèse auditive	hearing aid *Hîrinng eïde*
pharmacie	chemist *kèmiste*
rampe	ramp *rammp*
SAMU	paramedics *paramèdikss*, ambulance service *ammbiouleunss seurviss*
soins *(médicaux)*	medical care *mèdikeul ker*
sourd *(adj)*	deaf *dèf*
sourd-muet *(adj)*	deaf-mute *dèf-mioute*

À vous

je suis handicapé(e)
I'm disabled
aïme disseïbeuld

j'ai besoin d'un fauteuil roulant / d'un déambulateur
I need a wheelchair / a Zimmer® frame
aï nîd e wîl-tchèr / e zimmeur freïme

je suis aveugle / malvoyant(e)
I'm blind / partially sighted
aïme blaïnd / pârcheuli saïteud

j'ai un chien d'aveugle / une canne blanche
I have a guide dog / a white stick
aï Hav e gaïde dog / e waïte stik

je suis sourd(e) / malentendant(e)
I'm deaf / hearing-impaired
aïme dèf / Hîrinng-immpèrd

j'utilise une prothèse auditive
I use a hearing aid
aï youz e Hîrinng eïde

j'ai besoin d'un interprète en langue des signes
I need a sign-language interpreter
aï nîd e saïnn-lènngweudj innteurprèteur

pourriez-vous me l'écrire, s'il vous plaît ?
could you write it down for me, please?
coude you raït-titt daown for mi plîz?

parlez plus fort, s'il vous plaît
speak up, please
spîk-keup, plîz

pouvez-vous m'aider ?
can you help me?
keun you Hèlp mi?

qu'est-ce que vous avez comme aménagements pour les handicapés ?
what facilities do you have for disabled people?
wâtt feussilitiz dou you Hav for disseïbeuld pîpeul?

est-ce qu'il y a des toilettes pour handicapés ?
are there disabled toilets?
âr Zèr disseïbeuld toïlètss?

Voyageurs handicapés

Vous lirez ...

access ramp	rampe d'accès
adapted for wheelchairs	adapté aux fauteuils roulants
automatic door	porte automatique
disabled access	accès pour handicapés
disabled parking	place de parking pour handicapés
disabled toilets	toilettes pour handicapés
pedestrian zone	zone piétonne

Vous entendrez ...

can I help you?
est-ce que je peux vous aider ?

Voyager

À vous

est-ce que quelqu'un peut porter mes bagages ?
can someone carry my luggage?
*keun sommwann **kè**ri maï **leu**guidj?*

y aura-t-il quelqu'un pour m'aider à l'arrivée ?
will there be someone to help me when I arrive?
*wil Zèr bi sommwann tou H**è**lp mi wènn aï eur**aï**ve?*

où est l'ascenseur / l'entrée pour les fauteuils roulants ?
where is the lift / the disabled entrance?
*wèr iz Ze **lift** / Ze diss**eï**beuld **è**nntreunss?*

est-ce qu'il y a des rampes d'accès ?
are there disabled-access ramps?
*âr Zèr diss**eï**beuld-euks**è**ss **ra**mmpss?*

il y a des places de parking pour handicapés ?
are there disabled parking spaces?
*âr Zèr diss**eï**beuld p**â**rkinng sp**eï**sseuz?*

j'aurais besoin d'aide pour embarquer
I will need help boarding
*aï wil nîd Hèlp b**ow**rdinng*

Voyageurs handicapés

est-ce que j'aurai droit à un embarquement prioritaire ?
will I have priority boarding?
wil aï Hav prayoriti bowrdinng?

j'ai une prothèse de la jambe / du bras
I have a prosthetic leg / arm
aï Hav e prosTHètik lèg / ârm

je voudrais réserver un siège côté couloir
I'd like to book an aisle seat
aïde laïke tou bouk ann aïle sît

il y a de la place pour un fauteuil roulant ?
is there space for a wheelchair?
iz Zèr speïss for e wîl-tchèr?

y a-t-il un service de vente ambulante dans ce train ?
is there a trolley service on this train?
iz Zèr e troli seurviss onn Ziss treïne?

pourriez-vous m'appeler un taxi pour handicapés ?
could you call me a taxi suitable for disabled people?
coude you cowl mi e taxi soutebeul for disseïbeuld pîpeul?

pouvez-vous m'aider à traverser la rue ?
could you help me cross the road?
coude you Hèlp mi cross Ze rôwd?

Vous lirez ...

seat reserved for disabled passengers siège réservé aux personnes handicapées

Vous entendrez ...

you need to be there one hour before check-in closes
il faut vous présenter une heure avant l'heure limite de l'enregistrement

À l'hôtel

À vous

est-ce que l'hôtel est dans le centre-ville ?
is the hotel in the centre?
*iz Ze H**ôw**tèl inn Ze s**è**nnteur?*

y a-t-il un ascenseur ?
is there a lift?
iz Zèr e lift?

quelle est la largeur des portes ?
how wide are the doors?
*Haow w**aï**de ar Ze d**o**wrz?*

avez-vous des chambres libres au rez-de-chaussée ?
do you have rooms available on the ground floor?
*dou you Hav roumz euv**eï**leubeul onn Ze gr**aow**nd flor?*

avez-vous des chambres spéciales pour handicapés ?
do you have rooms adapted for disabled people?
*dou you Hav roumz eud**a**ptidd for diss**eï**beuld pîpeul?*

avez-vous des chambres communicantes ?
do you have connecting rooms?
*dou you Hav keun**è**ctinng r**ou**mz?*

est-ce que la salle de bains est équipée de barres de maintien ?
does the bathroom have handrails?
*daz Ze b**â**THroum Hav H**a**nndreïlz?*

j'ai des médicaments qui doivent être réfrigérés
I have medication which needs to be refrigerated
*aï Hav mèdik**eï**cheun witch nîdz tou bi rifr**i**djeureïteud*

pouvez-vous venir me chercher ?
can you come to pick me up?
*keun you c**o**mm tou pik mî **eu**p?*

Voyageurs handicapés

Visites

À vous

il y a combien de marches dans le musée / le restaurant / le théâtre ?
how many steps are there in the museum / restaurant / theatre?
*Haow mèni st**è**pss ar Zèr inn Ze myouz**i**-eum / r**è**streunt / TH**i**-ateur?*

la visite est-elle fatigante ?
is the tour tiring?
*iz Ze tour **taï**rinng?*

il y a un tarif réduit pour les handicapés ?
is there a discount for disabled people?
*iz Zèr e disc**aow**nt for diss**eï**beuld pîpeul?*

où est-ce que je peux m'asseoir ?
where I can sit down?
*wèr aï keun sitt d**aow**n?*

est-ce que ce guide est disponible en gros caractères / en braille / en noir et blanc ?
is the guide available in large type / in Braille / in black and white?
*iz Ziss g**aï**de euv**eï**leubeul inn l**â**rdj taïpe / inn br**eï**l / inn blak ènd w**aï**te?*

quelles activités proposez-vous pour les aveugles / les sourds / les handicapés ?
what activities do you offer for the blind / the deaf / the disabled?
*wâtt acti**v**itiz dou you **o**ffeur for Ze bl**aï**nnd / Ze d**è**f / Ze diss**eï**beuld?*

avez-vous un audioguide ?
do you have an audioguide?
*dou you Hav ann **ow**diog**aï**de?*

est-ce qu'il y a des soins médicaux sur place ?
are there any medical provisions on site?
*ar Zèr èni m**è**dikeul preuv**i**jeunz onn s**aï**te?*

Vous lirez …

guide dogs allowed	les chiens d'aveugles sont autorisés
free entry for disabled visitors	entrée gratuite pour les visiteurs handicapés

Vous entendrez …

we have a hearing loop
nous avons une boucle d'induction

may I see your proof of disability?
puis-je voir votre carte d'handicapé ?

Hébergement

L'office du tourisme (**Tourist Information Centre**) local propose souvent, moyennant une commission raisonnable, un service de réservation qui pourra vous épargner bien des efforts. Si le choix vous est offert, précisez si vous souhaitez loger en pension complète (**full board**), demi-pension (**half board**) ou en logement indépendant (**self-catering**). Pour demander une chambre avec salle de bains, précisez **en suite** (option la plus courante dans la plupart des hôtels). N'oubliez pas de vous munir d'un adaptateur pour pouvoir recharger votre portable : le voltage est de 240V mais les prises sont à trois dents (eh oui, tout est décidément différent outre-Manche !).

Kit de survie

accueil reception *risèpcheun*
appartement flat *flât*
auberge de jeunesse youth hostel *youTH Hosteul*
avec cuisine with kitchen *wiTH kitcheun*
avec douche with shower *wiTH chaweur*
baignoire bath *bâTH*
balcon balcony *balkeuni*
camping *(lieu)* campsite *cammpsaïte* ; *(activité)* camping *cammpinng*
caravane caravan *careuvann*
chambre room *roum*
chambre double double room *dabeul roum*
chambre familiale family room *fameuli roum*
chambre pour une personne single room *sinngueul roum*
chauffage heating *Hîtinng*
clé key *kî*
clé magnétique keycard *kîcârd*
climatisation air conditioning *èr konndicheuninng*
climatisé air conditioned *èr konndicheund*

couverture blanket *blannkèt*
demi-pension half board *Hâf bowrd*
dortoir dormitory *dormiteri*
douche shower *chaweur*
draps sheets *chîtss*
gîte holiday cottage *Holideï cottidj*
hôtel hotel *Hôwtèl*
lit bed *bèd*
lit d'enfant cot *cott*
lit double double bed *dabeul bèd*
lit pour une personne single bed *sinngueul bèd*
lits jumeaux twin beds *twinn bèdz*
locataire tenant *tèneunte*
location self-catering *sèlf-keïterinng*
louer to rent *tou rènnt*
maison house *Haowss*
pension complète full board *foul bowrd*
petit déjeuner compris breakfast included *brèkfeust innkloudeud*
prix par nuit price per night *praïss peur naït*
prix par personne price per person *praïss peur peursonn*
propriétaire owner *ôwneur*
réserver to book *tou bouk*
salle de bains bathroom *bâTHroum*
service de chambre room service *roum seurviss*
tente tent *tènnt*
toilettes toilets *toïlètss*
tout compris all inclusive *owl-innklouziv*

Hébergement

À vous

est-ce que vous pouvez m'écrire l'adresse ?
could you write down the address for me?
coude you raïte daown Zi eudrèss for mi?

j'ai fait une réservation
I've made a booking
aïv meïde e boukinng

au nom de ...
in the name of ...
inn Ze neïme ov ...

j'ai réservé une chambre pour deux sur Internet / par téléphone
I booked a room for two online / over the phone
*aï boukt e roum for tou onn-**laï**ne / **ôw**veur Ze **fôw**n*

où peut-on faire les courses dans le coin ?
where can I do some shopping around here?
*wèr keun aï dou somm ch**o**ppinng eur**a**ownd H**i**r?*

est-ce qu'il serait possible de rester une autre nuit ?
would it be possible to stay another night?
*woud ditt bi possibeul tou steï en**o**Zeur naïte?*

vous acceptez les cartes de crédit ?
do you take credit cards?
*dou you teïke kr**è**ditt c**â**rdz?*

y a-t-il une banque par ici ?
is there a bank near here?
*iz Zèr e bannk n**î**r H**i**r?*

Vous lirez …

bathroom salle de bains
cable television télévision par câble
double room chambre double
en-suite room chambre avec salle de bains
no vacancies complet
private privé
reception réception
satellite television télévision par satellite
single room chambre pour une personne
vacancies chambres libres
with kitchen avec cuisine

Vous entendrez …

can I see your passport?
est-ce que je peux voir votre passeport ?

could you fill in this form?
est-ce que vous pouvez remplir cette fiche ?

can I see a credit card, please?
si vous voulez bien me montrer votre carte de crédit, s'il vous plaît

Hôtel et chambre d'hôte

Les hôtels sont chers en Grande-Bretagne. En revanche, vous trouverez un peu partout d'accueillantes chambres d'hôte, appelées **guest house** ou **bed and breakfast** (littéralement « lit et petit déjeuner »), ou plus couramment **B&B** (prononcez *bî ènd bî*). Loger en bed and breakfast est également un moyen de découvrir de l'intérieur les us et coutumes anglo-saxons : propriétaires le plus souvent débordants d'hospitalité, chambres à la fois coquettes et confortables (la définition même de l'adjectif très anglais **cosy** !)... Ces dernières années, un nouveau type de bed and breakfast haut de gamme s'est beaucoup développé, ce sont les **boutique B&Bs**. Modernes, chics, et au design du dernier cri, ils s'adressent à un public aisé qui recherche une alternative chaleureuse aux hôtels de luxe.

Certains B&B affichent complet plusieurs mois à l'avance, cela vaut donc la peine de réserver en ligne (beaucoup disposent d'une page web). Pour les moins prévoyants, une fois sur place, pour savoir s'il reste des chambres disponibles, il vous suffit de repérer la pancarte à l'entrée du B&B : la mention **vacancies** (qui ne veut pas du tout dire « vacances ») indique qu'il reste des chambres libres pour le jour même et **no vacancies** que tout est complet. Les prix pratiqués sont souvent compris par personne et non par chambre, donc en cas de doute, n'hésitez pas à vous le faire préciser. Habituellement, ils comprennent le petit déjeuner. Pour commencer la journée, rien de tel qu'un **English breakfast** (également connu sous le nom de **fry up**, **full English**, **full Scottish** ou **full Irish** en fonction de la région où vous êtes), composé d'œufs brouillés (**scrambled eggs**) accompagnés notamment de saucisses (**sausages**), bacon, champignons, haricots blancs en sauce (**baked beans**) et toasts. Si vous préférez un petit déjeuner plus léger, demandez un **continental breakfast**, qui correspond au petit déjeuner tel qu'il est pratiqué en Europe continentale. Sachez que certains pubs, connus sous le nom de **inns**, proposent également des chambres à l'étage.

À vous

est-ce qu'il vous reste des chambres de libres ?
do you have any rooms available?
dou you Hav èni roumz euveïlebeul?

combien coûte une chambre individuelle / double ?
how much is a single room / double room?
Haow meutch iz e sinngueul roum / dabeul roum?

je voudrais réserver une chambre pour une personne / une chambre double
I'd like to book a room for one person / a double room
aïde laïke tou bouk e roum for wann peursonn / e dabeul roum

je voudrais réserver deux chambres individuelles
I'd like to book two single rooms
aïde laïke tou bouk tou sinngueul roumz

je voudrais une chambre avec des lits jumeaux
I'd like a twin room
aïde laïke e twinn roum

une chambre pas chère pour une personne
a cheap single room
e tchîp sinngueul roum

pour trois nuits
for three nights
for THri naïtss

une chambre familiale pour un couple et deux enfants
a family room for a couple and two children
e fameuli roum for e kapeul ènde tou tchildreun

vous n'avez rien de moins cher ?
do you have anything cheaper?
dou you Hav èniTHinng tchîpeur?

combien coûte une chambre avec salle de bains ?
how much is a room with en-suite bathroom?
Haow meutch iz e roum wiTH en-suite bâTHroum?

nous pensons rester deux nuits
we're planning to stay for two nights
wir planninng tou steï for tou naïtss

pourriez-vous me recommander un autre hôtel ?
could you recommend me another hotel?
coude you rècommènd mi enoZeur Hôwtèl?

est-ce que l'hôtel est près du centre ?
is the hotel near the centre of town?
*iz Ze Hôwt**è**l n**î**r Ze s**è**nteur ov t**a**own?*

est-ce qu'il est possible d'ajouter un lit supplémentaire ?
would it be possible to add an extra bed?
*woud-ditt bi p**o**ssibeul tou ad ann **è**kstra bèd?*

est-ce que je peux voir la chambre ?
can I see the room?
kènaï sî Ze roum?

avez-vous quelque chose de plus calme / grand ?
do you have anything quieter / bigger?
*dou you Hav **è**niTHinng kw**aï**yeteur / b**i**gueur?*

c'est bien, je la prends
it's fine, I'll take it
*itss f**aï**ne, al t**eï**k-kitt*

à quelle heure la chambre sera-t-elle prête ?
what time will the room be ready?
*wâtt t**aï**me wil Ze roum bi r**è**di?*

la clé de la ... , s'il vous plaît
the key for room ..., please
*Ze k**î** for roum ..., pl**î**z*

Hébergement

Services

est-ce que le petit déjeuner est inclus ?
is breakfast included?
*iz br**è**kfeust innkl**ou**deud?*

à quelle heure est servi le petit déjeuner ?
what time is breakfast served?
*wâtt taïme iz br**è**kfeust s**eu**rvd?*

est-ce que je pourrais prendre le petit déjeuner dans ma chambre ?
could I have breakfast in my room?
*coud-daï Hav br**è**kfeust inn maï r**ou**m?*

je ne veux pas de petit déjeuner
I don't want breakfast
*aï donnte wante br**è**kfeust*

est-ce qu'il y a un ascenseur ?
is there a lift?
*iz Zèr e **li**ft?*

est-ce que vous pouvez me téléphoner pour me réveiller demain matin ?
could you give me a wake-up call tomorrow morning?
*coude you giv mi e weïkeup c**o**wl toum**a**rôw m**o**wrninng?*

est-ce que j'ai accès à la salle de gym ?
can I use the gym?
*keun aï **iou**z Ze dj**i**mm?*

est-ce que je pourrais emprunter un fer à repasser ?
could I borrow an iron?
*coud-daï b**â**row ann **aï**yeun?*

je voudrais commander quelque chose à manger
I'd like to order something to eat
*aïde laïke tou **o**rdeur sommTHinng tou **î**tt*

Problèmes

j'aimerais changer de chambre, la mienne est trop bruyante
I'd like another room, mine is too noisy
aïde laïke enoZeur roum, maïne iz tou noïzi

est-ce que je peux avoir une couverture supplémentaire ?
could I have an extra blanket?
*coud-daï Hav ann **è**kstra bl**a**nnkèt?*

y a-t-il une prise pour le rasoir ?
is there a socket for shavers?
*iz Zèr e s**o**kkèt for ch**eï**veurz?*

la climatisation ne marche pas
the air conditioning isn't working
*Zi èr konnd**i**cheuninng **i**zeunte w**eu**rkinng*

il n'y a pas de bonde pour la baignoire
there's no plug for the bath
*Zèrz nôw pl**eu**g for Ze b**â**TH*

je n'arrive pas à faire marcher la douche
I can't get the shower to work
*aï kante guèt Ze ch**a**weur tou w**eu**rk*

Hébergement

pouvez-vous me montrer comment ça marche ?
can you show me how it works?
keun you chôw mi Haow itt weurkss?

nous n'avons pas de serviettes de toilette
we don't have any towels
*wi donnte Hav èni **ta**weulz*

il n'y a plus de papier toilette
there's no toilet paper
*Zèrz nôw **toï**lèt **peï**peur*

Vous entendrez …

there's a hotel near …
il y a un hôtel près de …

what are you looking for?
qu'est-ce que vous cherchez ?

with or without en-suite bathroom?
une chambre avec ou sans salle de bains ?

no, I'm sorry, we're full
non, je regrette, nous sommes complet

I only have one double room left
il ne me reste qu'une chambre double

how many nights is it for?
c'est pour combien de nuits ?

the rooms are available from midday
les chambres sont disponibles à partir de midi

what's your name, please?
quel est votre nom, s'il vous plaît ?

what time do you think you'll be arriving?
à quelle heure pensez-vous arriver ?

this is the key to the front door and the other one is your room key
celle-là est la clé de la porte d'entrée et l'autre celle de votre chambre

check-out time is midday
les chambres doivent être libérées avant midi

yes, breakfast is included
oui, le petit déjeuner est inclus

no, breakfast isn't included
non, le petit déjeuner n'est pas inclus

breakfast is served between half past seven and nine / seven thirty and nine
le petit déjeuner est servi entre 7h30 et 9h

what's the problem?
quel est le problème ?

which room are you in?
vous êtes dans quelle chambre ?

would you like me to call you a taxi?
voulez-vous que je vous appelle un taxi ?

Auberge de jeunesse

Le réseau d'auberges de jeunesse (**youth hostels**) est très développé en Grande-Bretagne. Vous pouvez les repérer à leur logo triangulaire vert et blanc marqué du sigle **YHA**. Elles se trouvent généralement dans les plus beaux endroits (à l'exception de celles de certaines grandes villes !), avec vue imprenable sur la mer ou sur un château. Si vous n'êtes pas déjà membre de YHA, il vous faudra payer une carte de membre temporaire à chacun de vos séjours en auberge de jeunesse, donc si vous pensez loger plusieurs jours en auberge, cela vaut sans doute la peine de devenir membre. Pendant la haute saison, réservez de préférence bien à l'avance car les auberges se remplissent très vite. Les **backpackers hostels** offrent le même type de service. Autre alternative bon marché, ouverte à tous pendant les mois d'été : loger en résidence universitaire (**halls of residence**).

À vous

est-ce qu'il vous reste de la place pour deux personnes pour cette nuit ?
do you have any vacancies for two people for tonight?
*dou you Hav èni v**eï**keunssiz for t**ou** pîpeul for toun**aï**te?*

on a réservé pour deux personnes pour trois nuits
we have a booking for two people for three nights
wi Hav e boukinng for ***tou*** *pîpeul for THr**i** n**aï**tss*

une chambre privée
a private room
*e pr**aï**veut roum*

est-ce que je peux laisser mon sac à dos à la réception ?
can I leave my backpack at reception?
*keun aï l**î**v maï b**a**kpak att ris**è**pcheun?*

est-ce qu'il y a un endroit où on pourrait laisser nos vélos ?
is there somewhere we can leave our bikes?
*iz Zèr s**o**mmwèr wi keun l**î**v aweur b**aï**kss?*

je viendrai le récupérer vers 7 heures
I'll come and get it around seven o'clock
*al comm ènde guèt itt eur**a**ownd s**è**veune e-cl**o**k*

il n'y a pas d'eau chaude
there's no hot water
*Zèrz nôw Hott w**ow**teur*

l'évier est bouché
the sink's blocked
*Ze sinnkss bl**o**kt*

est-ce qu'il y a un couvre-feu ?
do you have a curfew?
*dou you Hav e k**eu**rfiou?*

Hébergement

Vous lirez ...

bunk bed lit superposé
female dormitory dortoir femmes
male dormitory dortoir hommes
mixed dormitory dortoir mixte
private room chambre privée
shared bathroom salle de bains commune

Vous entendrez ...

do you have a membership card?
avez-vous une carte de membre ?

sheets are provided
les draps sont fournis

the hostel is open again from six o'clock
l'auberge rouvre à 6 heures

twenty-four hour reception
réception ouverte 24h/24

Location

Pour connaitre de l'intérieur le mode de vie britannique (rideaux à fleurs et lectures au coin du feu compris), rien de tel que de louer un logement indépendant (**self-catering**). Si vous prévoyez de voyager en famille et/ou pour un long séjour, c'est finalement l'option la plus économique. À vous de choisir ce qui vous convient le mieux entre toutes les possibilités proposées aux touristes : un charmant gîte (**holiday cottage**), un appart-hôtel (**serviced apartment**), ou encore un séjour en **thatched cottage** (maison traditionnelle au toit de chaume) ou dans les dépendances d'un château (**castle**). Les locations se font normalement du samedi au samedi suivant, du moins pendant la haute saison.

À vous

je cherche quelque chose qui soit près du centre
I'm looking for something close to the centre of town
*aïme loukinng for sommTHinng clôwss tou Ze s**è**nteur ov t**a**own*

où dois-je prendre / laisser les clés ?
where do I pick up / leave the keys?
*wèr dou aï pikeup / l**î**v Ze k**î**z?*

l'électricité est-elle comprise dans le prix ?
is electricity included in the price?
*iz ilèctr**i**ssiti innkl**ou**deud inn Ze pr**aï**ss?*

les draps et serviettes sont-ils fournis ?
are sheets and towels provided?
*âr chîtss ènde taweulz prov**aï**did?*

y a-t-il une piscine ?
is there a swimming pool?
iz Zèr e swimminng poul?

faut-il avoir une voiture ?
do you need a car?
dou you nîd e câr?

la location convient-t-elle à des personnes âgées / à des enfants ?
is the accommodation suitable for the elderly / for children?
iz Ze akameudeïcheun soutebeul for Zi èldeuli / for tchildreun?

où est le compteur électrique ?
where is the electricity meter?
wèr iz Zi ilèctrissiti mîteur?

est-ce qu'il y a des … de rechange ?
are there any spare …?
âr Zèr èni spère …?

où dois-je sortir les poubelles ?
where do I take the bins out?
wèr dou aï teïke Ze binnz aowt?

je suis désolé(e), j'ai cassé le / la …
I'm sorry, I've broken the …
aïme sorri, aïve brôwkeun Ze …

je ne trouve pas le / la …
I can't find the …
aï kante faïnde Ze …

j'ai fermé la porte en laissant les clés à l'intérieur
I've locked myself out
aïve lokt maïsèlf aowt

Vous entendrez …

someone will come to clean the house after you leave
il y a quelqu'un qui va passer pour le ménage après votre départ

it's fully furnished
c'est entièrement meublé

the price includes heating, electricity and gas
le prix comprend le chauffage, l'électricité et le gaz

there is an extra charge for bed linen and towels
il faut payer un supplément pour les draps et les serviettes

your reservation is provisional until you pay a deposit of fifty percent
votre réservation est provisoire jusqu'à réception d'une caution de 50 pour cent

it's essential to have a car in this region
il est indispensable d'avoir une voiture dans cette région

Camping

Si vous prévoyez de camper, il est préférable d'avoir une voiture, les campings britanniques étant difficilement accessibles par les transports en commun. Pour ceux qui couchent sous tente, assurez-vous à l'avance que le camping accepte les tentes car de nombreux campings n'acceptent que les caravanes et les camping-cars. Le camping chez l'habitant est largement pratiqué, par exemple sur le terrain d'une ferme.

À vous

y a-t-il un camping près d'ici ?
is there a campsite near here?
iz Zèr e ***camm****psaïte n****î****r H****i****r?*

je voudrais un emplacement pour une tente pour deux jours
I'd like a space for one tent for two days
*aïde laïke e speïss for wann t****è****nnt for tou deïz*

est-ce qu'il y a une cabine téléphonique ?
is there a phone box?
*iz Zèr e f****ôw****n box?*

c'est combien par jour ?
how much is it a day?
*H****a****ow meutch izitt e d****eï****?*

où sont les poubelles / les douches ?
where are the bins / the showers?
wèr âr Ze binnz / Ze chaweurz?

je voudrais régler
I'd like to pay
aïde laïke tou peï

est-ce que vous pourriez nous prêter votre ... ?
could you lend us your ...?
coude you lènndeuss your ...?

Vous entendrez ...

don't hesitate to call me if you have any problems
n'hésitez pas à m'appeler si vous avez un problème

it's ... a day / per person and ... per tent
c'est ... par jour / par personne et ... par tente

you'll need a pound for the showers
vous aurez besoin d'une livre pour les douches

the washing-up area is over there
le coin vaisselle est là-bas

do you need an electric hook-up?
avez-vous besoin d'un branchement ?

Matériel de camping

allumettes	matches *matchiz*
bidon	canteen *canntinn*
boussole	compass *cammpeuss*
branchement	electric hook-up *ilèctric Houk-keup*
briquet	lighter *laïteur*
buanderie	laundry room *lowndri roum*
Camping-Gaz®	camping stove *cammpinng stôwve*
canif	penknife *pèn-naïfe*
chaise pliante	folding chair *fôwldinng tchèr*
corde	rope *rôwpe*
corde de tente	guy rope *gaï rôwpe*
décapsuleur	bottle opener *botteul ôwpeneur*

double toit flysheet *flaï-chîtt*
eau potable drinking water *drinnkinng wowteur*
glacière ice box *aïss box*
hamac hammock *Hammeuk*
lampe de poche torch *tortch*
lit de camp camp bed *cammp bèd*
maillet mallet *maleut*
marteau hammer *Hammeur*
mât de tente tent pole *tènnt pôwle*
matelas pneumatique inflatable mattress *innfleïtebeul mattrèss*
matériel de camping camping equipment *cammpinng ikwipmeunt*
moustiquaire mosquito net *meuskîtôw nètt*
oreiller pillow *pilôw*
ouvre-boîtes tin opener *tinn-ôwpeneur*
papier hygiénique loo roll *lou rôwl*
piquet de tente tent peg *tènnt pèg*
pompe pump *peump*
réchaud portable stove *powrtebeul stôwve*
sac à dos rucksack *reuksak*
sac de couchage sleeping bag *slîpinng bag*
seau bucket *bakeutt*
tapis de sol ground sheet *graownd chîtt*
tente tent *tènnt*
Thermos® flask *flâsk*
trousse de secours first-aid kit *feurst-teïd kit*

Cuisine et loisirs

Pour profiter au maximum de ce que la Grande-Bretagne peut vous offrir

Sortir

Pour vos sorties, cherchez les bons plans dans l'une des cinq éditions régionales de ***The Guide***, supplément gratuit du samedi du journal ***The Guardian***. Si vous êtes en Écosse, vous pouvez également consulter le magazine ***The List***, publié toutes les deux semaines. Pour Londres, vous trouverez une mine d'informations sur ce qu'il y a à faire dans le magazine culturel ***Time Out*** publié chaque semaine : expositions, spectacles, restaurants, boîtes de nuit, etc.

Kit de survie

bar	bar *bâr*
boîte de nuit	(night)club *(n**a**ïte)cleub*
cinéma	cinema *s**i**neuma*
cirque	circus *s**eu**rkseuss*
comédie	comedy *c**o**meudi*
comédie musicale	musical *m**you**zikeul*
concert de rock / jazz / pop	rock / jazz / pop concert *rok / djâz / pop k**o**nnsseurt*
danse classique	ballet *b**a**leï*
danse contemporaine	modern dance *m**o**deurn d**a**nnss*
festival	festival *f**è**stiveul*
film	film *film*
folklorique	folk *f**ô**wk*, traditional *treud**i**cheuneul*
groupe *(de musique)*	group *group*, band *bènnd*
musique classique	classical music *cl**a**ssikeul m**you**zik*
musique traditionnelle	traditional music *treud**i**cheuneul m**you**zik*
réserver (par téléphone)	to book (by phone) *tou b**ou**k (baï f**ô**w**n**)*
soirée *(organisée)*	party *p**â**rti*
sortir	to go out *tou gôw **a**owt*
spectacle	show *chôw*
théâtre	theatre *TH**i**-ateur*
ticket	ticket *t**i**kèt*
VO sous-titrée	subtitled *seubtaïteuld*

Proposer, inviter

À vous

où est-ce qu'on peut aller ?
where can we go?
*wèr keun wi **gôw**?*

qu'est-ce que tu veux faire ?
what do you want to do?
*wâtt dou you wante tou **dou**?*

on va prendre un verre ?
shall we go for a drink?
*chèl wi **gôw** for e dr**i**nnk?*

qu'est-ce que tu fais ce soir ?
what are you doing tonight?
*wâtt âr you **dou**-inng toun**aï**te?*

tu as quelque chose de prévu ?
have you anything planned?
Hav you ènïTHinng plannd?

ça te dit d'aller ... ?
how about going ...?
*Haow eub**a**owt g**o**-inn ...?*

on pensait aller à ...
we were thinking about going to ...
*wi wèr THinnkinng eub**a**owt g**o**-inn tou ...*

c'est une bonne idée, pourquoi pas ?
that's a good idea, why not?
*Zatss e goud aïd**i**-eu, waï nott?*

aujourd'hui je ne peux pas mais un autre jour si tu veux
I can't today but we can make it another day if you like
*aï kante toud**eï** beutt wi keun meïk-kitt en**o**Zeur d**eï** if you laïke*

je ne suis pas sûr(e) de pouvoir
I'm not sure I can make it
*aïme nott ch**ou**re aï keun m**eï**k-kitt*

avec plaisir
that would be good
*Zat woud bi g**ou**d*

Se donner rendez-vous

À vous

est-ce qu'on ne pourrait pas se retrouver un peu plus tard ?
could we meet a bit later?
*coude wi mîtt e bitt **leï**teur?*

je dois rejoindre … à 9 heures
I have to meet … at nine o'clock
*aï Hav tou mîtt … att **naï**ne e-cl**o**k*

à demain soir
see you tomorrow night
*sî you toum**a**rôw **naï**te*

on se retrouve où ?
where shall we meet?
*wèr chèl wi m**î**tt?*

on se retrouve à quelle heure ?
what time shall we meet?
*wâtt taïme chèl wi m**î**tt?*

je ne sais pas où c'est mais je trouverai sur la carte
I don't know where it is but I'll find it on the map
*aï donnte nôw wèr izitt beute al f**aï**nd-ditt onn Ze m**a**p*

je vous rejoindrai plus tard
I'll meet you later
*al mîtt you **leï**teur*

tu auras mangé avant ?
will you have already eaten?
*wil you Hav owlr**è**di **î**teun?*

désolé(e) d'être en retard
sorry I'm late
*s**o**rri, aïme l**eï**te*

Vous entendrez …

is that OK with you?
est-ce que ça te va ?

we'll meet in front of …
on se retrouve devant …

I'll come and pick you up around eight o'clock
je passerai te chercher vers 8 heures

we'll just meet there
on se rejoint directement là-bas

I'll give you my number, just call me tomorrow
je vais te donner mon numéro, tu n'as qu'à m'appeler demain

Cinéma, spectacles, concerts

Ne quittez pas Londres sans avoir vu un **West End show** : Londres ne manque pas de théâtres et il y en a vraiment pour tous les goûts ! Peu importe si votre anglais est encore approximatif : vous ne regretterez pas d'avoir assisté à un **musical** (comédie musicale), comme par exemple *Mamma Mia* ou *The Lion King* (*Le Roi lion*). On peut obtenir 50 pour cent de réduction le jour même de la représentation, auprès des **tkts ticket booths** de Leicester Square. La liste des spectacles représentés et des places disponibles y est actualisée chaque jour.

Le cinéma est plutôt cher en Grande-Bretagne, surtout à Londres. Si vous êtes cinéphile, laissez-vous donc tenter par les cinémas d'art et d'essai (**arthouse cinemas**), qui pratiquent des tarifs plus raisonnables et présentent des films non commerciaux de grande qualité, dont beaucoup de films français en VO sous-titrée.

À vous

est-ce qu'il y a un guide des spectacles ?
is there a listings magazine?
iz Zèr e listinngz mâgueuzine?

deux tickets, s'il vous plaît
two tickets, please
tou tikeutss, plîz

je voudrais trois places pour …
I'd like three tickets for …
aïde laïke THri tikeutss for …

ça s'appelle …
it's called …
itss cowld …

je l'ai déjà vu(e) en France, c'est pas mal
I already saw it in France, it's not bad
aï owlrèdi sow itt inn franss, itss nott badd

j'en ai entendu parler, il paraît que c'est …
I've heard of it, it's apparently …
aïve Heurd euvitt, itss eupareuntli …

j'ai vu la bande-annonce, ça a l'air …
I've seen the trailer, it looks …
aïve sînn Ze treïleur, itt loukss …

à quelle heure est la séance ? et le film ?
what time does the programme start? what about the film?
wâtt taïme daz Ze prôwgramm start? wâtt eubaowt Ze film?

j'aimerais bien aller voir un spectacle
I'd like to go to a show
aïde laïke tou gôw tou e chôw

je vais passer voir s'il reste des places
I'll call in and see if there are any tickets left
al cowlinn ènde sî if Zèr âr èni tikeutss lèft

est-ce qu'il faut réserver à l'avance ?
do you have to book in advance?
dou you Hav tou bouk inn eudvanss?

est-ce qu'il y a des places dans les loges / au balcon / à l'orchestre ?
are there any places in the dress circle / gallery / stalls?
âr Zèr èni pleïsseuz inn Ze drèss seurkeul / galeuri / stowlz?

à quelle heure commence / finit la représentation ?
what time does the show start / end?
wâtt taïme dâz Ze chôw stârt / ènd?

ça joue jusqu'à quand ?
how long is it on for?
*Haow longue izitt onn f**o**r?*

c'est quel genre de musique ?
what kind of music is it?
*wâtt kaïnde ov m**you**zik izitt?*

est-ce qu'il reste des places un autre jour ?
are there any tickets left for a different day?
*âr Zèr **è**ni t**i**keutss lèft for e d**i**ffreunt deï?*

j'aimerais bien aller à un concert
I'd like to go and see some live music
*aïde laïke tou gôw ènde s**î** somm l**aï**ve m**you**zik*

est-ce qu'il y a des concerts gratuits ?
are there any free concerts?
*âr Zèr èni frî k**o**nnsseurtss?*

je n'aime pas beaucoup ce type de musique
I don't like that type of music much
*aï donnte laïke Zat taïpe ov m**you**zik meutch*

Vous lirez …

arthouse cinema	cinéma d'art et d'essai
blockbuster	grosse production, film commercial
matinee	matinée *(au théâtre)*
on general release from …	sortie le …
please switch off your mobile phone	prière d'éteindre votre portable
reservations	réservations
restricted view	place sans visibilité
ticket office	billetterie

Vous entendrez …

there's a classical music concert in the church
il y a un concert de musique classique dans l'église

it's an open-air concert
c'est un concert en plein air

it's out next week
ça sort la semaine prochaine

it's had some very good reviews
il y a de très bonnes critiques

it's on at eight o'clock at the Odeon
ça joue à 20h à l'Odeon

this showing is sold out
il n'y a plus de places pour cette séance

it's fully booked until ...
c'est complet jusqu'au ...

it's best to get there a quarter of an hour early
il est conseillé de venir un quart d'heure avant

the tickets are on sale at the door
les places sont vendues à l'entrée

it's not worth booking in advance
ce n'est pas la peine de réserver à l'avance

the play lasts for an hour and a half, including the interval
la pièce dure une heure et demie avec entracte

Fêtes, soirées, discothèques

Tous les vendredis et samedis soir, place au divertissement : la vie nocturne prend le dessus et les rues se remplissent de fêtards. Les Britanniques sortent en boîte beaucoup plus tôt que leurs voisins européens, en général vers 22h ou 23h, et ont tendance à s'habiller pour l'occasion : mini-jupes et talons pour les filles, chemises et chaussures élégantes pour les garçons.

De fait, la plupart des boîtes de nuit (**clubs**) britanniques observent un code vestimentaire et vous ne serez donc pas admis si vous portez tee-shirt et tennis. Les queues pour entrer sont parfois interminables, mais le froid et la pluie ne semble pas décourager les **clubbers** (ceux qui vont en boîte) souvent légèrement vêtus ...

Au pub, pour signaler qu'on va fermer, le barman fait sonner une cloche et crie **last orders!** (« vos dernières commandes ! ») ou **time at the bar!** Il ne vous reste alors plus que 20 minutes pour terminer votre verre (**to drink up**). Dans les boîtes, on fait souvent clignoter les lumières pour indiquer que la fête est finie et qu'il faut gagner la sortie ...

Si vous êtes invités à une soirée, ne soyez pas étonnés qu'on vous demande d'apporter la boisson, ce qui correspond à la mention **BYO** (c'est-à-dire **bring your own**) sur le message d'invitation, c'est une pratique tout à fait courante.

À vous

j'organise une petite soirée pour mon départ
I'm planning a little leaving party
*aïme pl**a**nninng e liteul l**î**vinng p**â**rti*

est-ce qu'il faut apporter quelque chose à boire ?
do we need to take something to drink?
dou wi nîdd tou teïke sommTHinng tou drinnk?

on pourrait aller en boîte après
we can go to a club afterwards
*wi keun gôw tou e cleub **â**fteuweurdz*

qu'est-ce qu'il y a à faire le soir ici ?
what is there to do in the evenings here?
*wâtt iz Zèr tou dou inn Zi **i**vninngz H**i**r?*

où sont les meilleurs bars ?
where are the best bars?
wèr âr Ze bèst bârz?

quels sont les bars que fréquentent les gens du coin ?
which bars do the locals go to?
*witch b**â**rz dou Ze l**ô**wkeulz gôw tou?*

à quelle heure ferment les bars / les boîtes ?
what time do the bars / clubs close?
wâtt taïme dou Ze bârz / cleubz clôwze?

est-ce qu'il y a des boîtes gay ?
are there any gay clubs?
*âr Zèr èni gu**eï** cleubz?*

est-ce qu'il y a un quartier gay ?
is there a gay district?
*iz Zèr e gu**eï** d**i**strict?*

est-ce qu'il y a un code vestimentaire ?
is there a dress code?
iz Zèr e drèss cowde?

ils passent quel genre de musique ?
what sort of music do they play?
*wâtt sorte ov m**you**zik dou THeï pl**eï**?*

je dois retrouver quelqu'un à l'intérieur
I need to meet someone inside
*aï nîdd tou mîtt sommwann inns**aï**de*

vous me laisserez entrer quand je reviendrai ?
will you let me in when I come back?
wil you lèt mi inn wèn aï comm bak?

merci, mais je suis avec mon copain / ma copine
thanks, but I'm with my boyfriend / girlfriend
THènks, beute aïme wiTH maï boïfrènd / gueurlfrènd

l'entrée est payante ?
do you have to pay to get in?
dou you Hav tou peï tou guèt inn?

où est le vestiaire ?
where's the cloakroom?
*wèrz Ze cl**ôw**kroum?*

tu viens souvent ici ?
do you come here often?
*dou you comm H**ir** **o**ffeun?*

ça te dérange si je fume ?
do you mind if I smoke?
*dou you m**aï**nd if aï sm**ôw**ke?*

non merci, je ne fume pas
no thanks, I don't smoke
*nôw TH**è**nks, aï donnte sm**ôw**ke*

Sortir

Vous lirez …

cloakroom	vestiaire
funfair	fête foraine
open air	en plein air
parade	défilé

Vous entendrez ...

the admission fee includes a drink
l'entrée donne droit à une boisson gratuite

can I see some ID, please?
pouvez-vous me présenter une pièce d'identité, s'il vous plaît ?

you can't come in with trainers / a football shirt on
vous ne pouvez pas rentrer en baskets / avec un maillot de foot

do you want to dance?
tu veux danser ?

can I buy you a drink?
je t'offre quelque chose à boire ?

do you have a light?
est-ce que tu aurais du feu ?

could I have a cigarette?
est-ce que tu aurais une cigarette ?

you're gorgeous
tu es très belle

can I see you home?
je peux vous raccompagner ?

could we see each other again?
on peut se revoir ?

cheers!
santé !

Quelques expressions familières

fancy a bite to eat? tu veux aller manger un bout ?
we went on a pub crawl on a fait la tournée des bars
I've had one too many j'ai bu un coup de trop
she's a real party animal c'est une grande fêtarde

Ne ratez pas ... !

La Grande-Bretagne reste une référence en matière de musique et l'offre est infinie : pendant les mois d'été, vous aurez le choix entre plus de 200 festivals, sans compter la multitude de petits festivals et célébrations qui ont lieu dans les petits villages. Du Bestival de l'île de Wight au festival de Glastonbury en passant par T in the Park en Écosse, il y en a vraiment pour tous les goûts, y compris à Glyndebourne pour les amoureux de l'opéra ! Une règle à retenir cependant : soyez toujours équipé d'un imperméable ou K-Way® et de chaussures étanches ou bottes de pluie : le temps est particulièrement changeant en été...

Visites touristiques

Les offices du tourisme britanniques (**Tourist Information Centres**) offrent de nombreux services : conseils, cartes (gratuites et payantes), réservations, etc. Sur les routes, la plupart des sites touristiques d'intérêt sont signalés par un panneau marron avec le nom du site en blanc. Si vous êtes étudiant, la carte d'étudiant de votre université peut ne pas être reconnue à l'étranger : pour bénéficier du tarif étudiant, le mieux est d'avoir la carte internationale d'étudiant (**ISIC**).

Kit de survie

abbaye	abbey ***a**bi*
ancien	ancient ***è**nncheunt*
antique	antique ***a**nntik*
aquarium	sea-life centre *s**î**-laïfe s**è**nteur*
architecture	architecture ***â**rkeutèktcheur*
art contemporain	contemporary art *konnt**è**mporeuri ârt*
art moderne	modern art *m**o**deurn ârt*
bus panoramique	open-top bus ***ow**peun-top beuss*
carte postale	postcard *p**ôw**stcârd*
catacombes	catacombs *c**a**teukommbz*
catalogue d'exposition	exhibition catalogue *èksib**i**cheun c**a**teulog*
cathédrale	cathedral *keuTH**i**dreul*
centre culturel	arts centre ***â**rtss s**è**nteur*
centre-ville	town centre *t**a**own s**è**nteur*
château	castle *k**â**sseul*
cimetière	cemetery *s**è**meutri*
circuit touristique	organized tour ***ow**rgueunaïzd tour*
découverte à pied	walking tour *w**ow**kinng tour*
église	church *tcheurtch*
exposition	exhibition *èksib**i**cheun*
forteresse	fortress *f**o**rtreuss*
galerie	gallery *g**a**leuri*
guide	*(personne)* guide *g**a**ïde* ; *(livre)* guidebook *g**a**ïdbouk*

jardin	garden *g**â**rdeun*
jardin botanique	botanic gardens *bot**a**nic g**â**rdeunz*
monastère	monastery *m**a**neustri*
musée	museum *myouz**i**-eum*
office du tourisme	tourist office *t**ou**rist **o**ffiss*
palais	palace *p**a**leuss*
parc	park *pârk*
parc d'attractions	amusement park *eum**iou**zmeunt pârk*
parc national	national park *n**a**cheuneul pârk*
parcours pédestre	walking route *w**ow**kinng route*
peinture	painting *p**eï**nntinng*
quartier	area ***è**ri-eu*
ruines	ruins *rounz*
siècle	century *s**è**ntcheuri*
site touristique	tourist attraction *t**ou**rist eutr**a**kcheun*
tableau	painting *p**eï**nntinng*
tombe	tomb *toum*
tour	tour *tour*
touristique	tourist *tourist*
vol en hélicoptère	helicopter flight *Hèlic**o**pteur fluïte*
zoo	zoo *zou*

À vous

je voudrais avoir des renseignements sur …
I'd like some information on …
*aïde laïke somm innfeurm**eï**cheun onn …*

où est-ce que je peux trouver des informations sur … ?
where can I find information on …?
*wèr keun aï faïnde innfeurm**eï**cheun onn …?*

Ne ratez pas … !

Pour découvrir l'histoire des villes britanniques, rien de mieux qu'un walking tour (visite organisée à pied) : que ce soit le long des remparts de la ville de York, sur les traces du Londres de Dickens ou encore le fameux tour des fantômes (Ghost Tour) à Édimbourg, il y en a pour tous les goûts !

Visites touristiques

est-ce que vous auriez un plan de Londres ?
do you have a street map of London?
*dou you Hav e str**î**tt map ov l**o**nndeun?*

on m'a dit qu'il y a une ancienne abbaye qu'on peut visiter
I've heard there's an old abbey that you can visit
*aïve H**eu**rd Zèrz ann ôwld **a**bi Zat you keun v**i**zitt*

vous pouvez me montrer où c'est sur le plan ?
can you show me where it is on the map?
*keun you chôw mi wèr ittiz onn Ze m**a**p?*

comment on y va ?
how do I / we get there?
*H**a**ow dou aï / wi guèt Z**è**r?*

c'est gratuit ?
is it free?
*izitt fr**î**?*

où est la billetterie ?
where is the ticket office?
*wèr iz Ze t**i**keut **o**ffiss?*

est-ce que le guide parle français ?
does the guide speak French?
*daz Ze g**aï**de spîk fr**è**ntch?*

peut-on avoir une visite guidée en français ?
can we have a guided tour in French?
*keun wi Hav e g**aï**deud t**ou**r inn fr**è**ntch?*

quand est-ce que ça a été construit ?
when was it built?
wèn wâzitt bilt?

Vous lirez ...

bronze age	âge du bronze
English Heritage	organisme anglais de protection du patrimoine historique
Gothic	gothique
Hadrian's wall	le mur d'Hadrien
heritage museum	musée du patrimoine
invasion	invasion
iron age	âge du fer
medieval	médiéval
National Trust	organisme britannique assurant la conservation de certains paysages et monuments historiques
natural history museum	musée d'histoire naturelle
museum of childhood	musée de l'enfance
old town	vieille ville
renovation / restoration work	travaux de rénovation / restauration
Roman	romanesque
science museum	musée de la science
stone age	âge de pierre
transport museum	musée des transports
war	guerre

Vous entendrez ...

you'll have to ask when you're there
il faut vous renseigner sur place

you can sign up here
vous pouvez vous inscrire ici

the chapel dates from the thirteenth century
la chapelle date du XIIIe siècle

several houses go as far back as the Middle Ages
plusieurs maisons remontent au Moyen-Âge

Musées, expositions et monuments

Les musées nationaux sont gratuits. Cependant, tout comme pour les cathédrales, les dons sont bienvenus. L'entrée est souvent payante pour les nombreux monuments et sites gérés par l'organisme public **English Heritage** et celui, privé, de la **National Trust**, mais vous pouvez vous procurez un **Great British Heritage pass** si vous prévoyez de visiter plusieurs monuments. Ce pass peut être de 4, 7, 15 ou 30 jours et vous permettra de surcroît de ne pas faire la queue ! Les musées sont généralement ouverts de 10h à 17h30.

Riche de son histoire, la Grande-Bretagne concentre pas moins de 28 sites classés « héritage mondial » par l'UNESCO, dont Stonehenge, le Mur d'Hadrien, la Tour de Londres, mais aussi la vieille ville d'Édimbourg. Le pays regorge également de **stately homes** (châteaux ou manoirs de campagne) et autres **historic houses** (demeures historiques). Ces bâtisses, qui étaient à l'origine habitées par l'aristocratie, sont désormais souvent ouvertes au public. Ne manquez pas de visiter leurs jardins merveilleusement bucoliques, dont les Anglais ont le secret !

À vous

il paraît qu'il y a une très bonne expo sur … en ce moment
apparently there's a very good … exhibition on at the moment
eupareuntli Zèrz e vèri goud … èksibicheun onn att Ze môwmeunt

combien coûte l'entrée ?
how much does it cost to get in?
Haow meutch dâzitt cost tou guèt inn?

le ticket est valable aussi pour l'exposition ?
is this ticket valid for the exhibition too?
iz Ziss tikeut vâlidd for Zi èksibicheun tou?

est-ce qu'il y a des réductions pour les enfants / les personnes âgées / les handicapés ?
are there any discounts for children / the elderly / the disabled?
âr Zèr èni discaowntss for tchildreun / Zi èldeuli / Ze disseïbeuld?

quelles sont les heures d'ouverture ?
what are the opening times?
*wâtt âr Zi **o**peuninng taïmz?*

vous fermez à quelle heure ?
what time do you close?
wâtt taïme dou you clôwze?

combien dure la visite ?
how long does the tour last?
*Haow longue dâz Ze t**ou**r lâst?*

est-ce que c'est ouvert le dimanche ?
is it open on Sundays?
*izitt ôwpeun onn s**eu**nndeïz?*

deux tarifs réduits et un plein tarif
two concessions and one full price
*tou konnss**è**cheunz ènde wann foul praïss*

j'ai cette carte de mon université
I have this student card
*aï Hav Ziss st**you**deunt cârd*

à quelle heure est la prochaine visite guidée ?
when is the next guided tour?
*wèn iz Ze nèkst g**aï**deud t**ou**r?*

est-ce qu'on peut prendre des photos ?
can we take photos?
kèn wi teïke fôwtôwz?

avez-vous le catalogue de l'exposition (en français) ?
do you have the exhibition catalogue (in French)?
*dou you Hav Ze èksib**i**cheun c**a**teulog (inn frèntch)?*

Vous lirez ...

admission free	entrée libre
audioguide	audioguide
closed	fermé
concession	tarif réduit
guided tour	visite guidée
no flash photography	flash interdit
no photography	photos interdites
open	ouvert
permanent exhibition	exposition permanente
silence, please	silence, s'il vous plaît
temporary exhibition	exposition temporaire

this way sens de la visite
ticket office billetterie
you are here vous êtes ici *(sur un plan)*

Vous entendrez …

entry to the museum costs …
l'entrée du musée coûte …

follow me, please
suivez-moi s'il vous plaît

this ticket also entitles you to see the exhibition
avec ce ticket, vous avez aussi accès à l'exposition

the tickets are already all sold out
les billets sont déjà tous vendus

do you have your student card with you?
vous avez votre carte d'étudiant ?

there is a guided tour in French which starts in five minutes
il y a une visite guidée en français qui commence dans cinq minutes

come a bit closer
approchez-vous un peu

don't push!
ne poussez pas !

Impressions

À vous

c'est magnifique
it's magnificent
*itss mag-n**i**fisseunt*

c'était magnifique
it was magnificent
*itt wâz mag-n**i**fisseunt*

ça ne m'a pas tellement plu
I didn't like it that much
*aï dideunt laïke itt Zat m**eu**tch*

je ne suis pas fana d'art contemporain
I'm not a fan of modern art
*aïme nott e f**a**nn ov m**o**deurn ârt*

c'est cher pour ce que c'est
it's expensive for what it is
*itss èksp**è**nsiv for wâtt itt**iz***

c'est très touristique
it's very popular with tourists
itss vèri popiouleur wiTH touristss

il y avait énormément de monde
it was extremely crowded
itt wâz èkstrîmli craowdid

finalement on n'y a pas été, il y avait trop de queue
we didn't go in the end, the queues were too long
wi dindeunt gôw inn Zi ènd, Ze kiouz wèr tou longue

on n'a pas eu le temps de tout voir
we didn't have enough time to see everything
wi dideunt Hav inof taïme tou sî èvriTHinng

Vous lirez ...

famous	célèbre
picturesque	pittoresque
typical	typique

Vous entendrez ...

you absolutely have to go and see ...
il faut absolument que vous alliez voir ...

I recommend that you go to ...
je vous recommande d'aller à ...

Ne ratez pas ... !

Si vous voyagez jusqu'en Irlande du Nord, un détour par le comté d'Antrim vaut le déplacement : baies et falaises de toute beauté, et surtout le paysage lunaire de la Chaussée des Géants (Giants' Causeway), impressionnante formation rocheuse souvent désignée comme la huitième merveille du monde. Selon la légende, elle aurait été construite par un géant. En fait, il s'agit de colonnes basaltiques formées au cours d'une éruption volcanique.

there's a wonderful view
il y a une vue superbe

it has become very popular with tourists
c'est devenu très touristique

the coast has been totally ruined
la côte a été complètement défigurée

Quelques expressions familières

it was packed c'était plein à craquer
it's a bit of a dodgy area c'est un peu craignos comme quartier
I was bored stiff in the museum je me suis ennuyé(e) à mourir au musée

Sports et jeux

Comme leur nom l'indique, de nombreux sports sont nés outre-Manche : **cricket**, **football**, **golf**, **tennis**, **rugby**, qu'il est inutile de traduire en français ! Bien que le sport national soit officiellement le cricket, le football, parfois appelé **the beautiful game** (le beau jeu) est sans aucun doute le plus populaire. La saison footballistique s'étend de août à mai et culmine avec la **FA Cup** au stade de Wembley de Londres. Comme ailleurs sinon plus, les matchs de football soulèvent les passions : l'ambiance dans les gradins, bruyante et gouailleuse à souhait, reste cependant, en règle générale, bon enfant. Obtenir des entrées pour un « grand » match relève souvent de l'impossible si vous n'êtes pas membre du club, mais beaucoup de pubs diffusent les matchs importants sur des écrans du dernier cri. Là encore, l'ambiance est garantie. Le **rugby** est surtout pratiqué dans le pays de Galles, tandis que l'Écosse abrite quelques fantastiques terrains de golf (**golf courses**) comme ceux de St Andrews, Carnoustie et Gleneagles. Et, si vous voyagez en Écosse, pourquoi ne pas assister aux **highland games**, jeux traditionnels hauts en couleur tels que le **caber tossing** (concours de lancement de tronc d'arbre), **tug o' war** (lutte à la corde) et **throwing the hammer** (lancer de marteau) ? Le dépaysement est assuré ! Autre sport exclusivement écossais, le **shinty** est une sorte de hockey sur gazon. En Irlande, un sport assez semblable est connu sous le nom de **hurling**.

Kit de survie

arbitre referee *rèfeurî*
balle ball *bôwl*
ballon ball *bôwl*
basket-ball basketball *baskeutbowl*
cartes cards *cârdz*
coup d'envoi kick off *kikoff*
coupe cup *keup*
dé dice *daïsse*

échecs	chess *tchèss*
équipe	team *tîm*
équitation	horse riding *H**ow**rss r**aï**dinng*
escalade	climbing *cl**aï**minng*
excursion	trip *trip*
faire de la randonnée	to go hiking *tou gôw H**aï**kinng*
faire du roller	to rollerblade *tou r**ôw**leurbleïd*
faire du skateboard	to skateboard *tou sk**eï**tbowrd*
faire une partie de …	to have a game of … *tou Hav e gu**eï**me ov …*
football	soccer *s**o**kkeur*, football *f**ou**tbowl*
gagnant	winner *w**i**nneur*
golf	golf *golf*
jeu de société	parlour game *p**â**rleur gueïme* ; *(Monopoly® etc)* board game *b**ow**rd gueïme*
jouer à …	to play … *tou pleï …*
jouer au basket-ball	to play basketball *tou pleï b**a**skeutbowl*
match	match *match*
match nul	draw *drow*
mi-temps	half-time *Hâf-taïme*
moniteur	instructor *innstr**eu**cteur*
natation	swimming *sw**i**minng*
patinage	ice-skating *aïs-sk**eï**tinng*
perdant	loser *l**ou**zeur*

piscine	swimming pool *swiminng poul*
planche à voile	windsurfing *winnd-seurfinng*
raquette	racket *rakeut*
rugby	rugby *reugbi*
saut à l'élastique	bungee jumping *beundji djeumpinng*
sentier de randonnée	hiking path *Haïkinng paTH*
ski (alpin)	(downhill) skiing *(daownHil) skî-inng*
ski de fond	cross-country skiing *cross-keunntri skî-inng*
ski nautique	waterskiing *wowteur-skî-inng*
skier	to ski *tou skî*
sport	sport *sportt*
sports d'hiver	winter sports *winnteur sportss*
tennis	tennis *tènniss*
vélo	bike *baïke*
volleyball	volleyball *valibowl*
VTC	hybrid *Haïbridd*
VTT	mountain bike *maownteun baïke*

À vous

je suis débutant(e)
I'm a beginner
aïme e biguineur

je joue à l'avant / à l'arrière
I play in attack / defence
aï pleï inn euttak / difènss

je suis d'un niveau intermédiaire / avancé
I'm intermediate / advanced
aïme innteurmidieute / eudvanst

je ne suis pas très sportif / sportive
I'm not very sporty
aïme nott vèri sporti

j'aime les sports extrêmes
I like extreme sports
aï laïke ikstrîme sportss

j'aime jouer à / au …
I like playing …
aï laïke pleï-yinng …

je n'en ai jamais fait
I've never done it before
aïve nèveur donne itt bifowre

je suis nul(le) en …
I'm useless at
aïme iouzlèss att …

j'en ai fait une ou deux fois, il y a longtemps
I've done it once or twice, a long time ago
aïve donne itt wannss owr twaïss, e longue taïme eugôw

quel est le score ?
what's the score?
*wâtss Ze sc**o**re?*

je n'en peux plus
I'm exhausted
aïme igszowsteud

un point pour moi / toi !
a point to me / you!
*e po**ï**ntt tou mi / you!*

on a joué à / au ...
we played ...
wi pleïd ...

Vous entendrez ...

well played!
bien joué !

do you have any experience or are you a complete beginner?
est-ce que vous avez des notions ou vous êtes complètement débutant(e) ?

Randonnée

La Grande-Bretagne compte pas moins de 14 parcs nationaux (**national parks**), dont le Lake District et les Yorkshire Dales, qui feront les délices des randonneurs à pied. La randonnée pédestre (**hiking**) et la randonnée en montagne (**hill walking**) compte de nombreux aficionados en Grande-Bretagne, et ce par tous les temps quoique, il faut bien le rappeler, toujours équipés de vêtements imperméables (**waterproof**) au cas où... Pour les randonneurs à pied, les meilleures cartes sont celles éditées par **Ordnance Survey**. Les sentiers sont généralement très bien signalés. Repérez les flèches jaunes ou les panneaux avec la mention **public footpath** (sentier public) ou **bridleway** (piste cavalière) écrite en blanc sur fond vert. Le vélo (**cycling**) et le VTT (**moutain biking**) sont également très populaires, mais le réseau de pistes cyclables reste peu développé en dehors des villes.

À vous

est-ce qu'il y a des sentiers de randonnée ?
are there any hiking paths?
*âr Zèr èni H**aï**kinng paTHss?*

qu'est-ce que vous nous conseillez comme marche dans les environs ?
what walks would you recommend to us in the area?
*wâtt w**ow**kss woud you rècomm**è**nd tou euss inn Zi **è**ri-eu?*

est-ce qu'il faut avoir des chaussures de randonnée ?
do you need hiking boots?
*dou you nîdd H**aï**kinng boutss?*

c'est une randonnée de combien d'heures ?
how many hours does the hike take?
*Haow mèni **a**weurz daz Ze H**aï**ke teïke?*

est-ce que ça monte beaucoup ?
is it very steep?
*izitt v**è**ri st**î**p?*

où est-ce que le sentier démarre ?
where's the start of the path?
*wèrz Ze st**â**rt ov Ze paTH?*

est-ce que le sentier est balisé ?
is the path waymarked?
*iz Ze paTH w**eï**-mârkt?*

est-ce que c'est un chemin circulaire ?
is it a circular walk?
*iz Ziss e s**i**rkiouleur wowk?*

Ne ratez pas ... !

Avec tellement de musées et de monuments à visiter, on oublie souvent que Londres est l'une des grandes villes les plus « vertes ». Alors pourquoi ne pas explorer les nombreux et immenses espaces verts de la capitale ? Certains parcs (parks) sont réputés pour leurs arbres et fleurs, d'autres pour leurs lacs et autres pièces d'eau, et d'autres enfin sont le lieu de rendez-vous de tous les amateurs de sport de la ville. Laissez-vous aller à déambuler et vous tomberez peut-être sur un kiosque à musique et un concert en plein air !

Sports et jeux

Vous entendrez …

the walk takes approximately two hours
la randonnée dure environ deux heures

it's a three-hour walk including breaks
c'est une marche d'environ trois heures en comptant les pauses

bring a waterproof jacket and walking boots
prévoyez un K-Way® et des chaussures de marche étanches

Assister à un match

À vous

où est-ce que je peux acheter une place pour le match ?
where can I buy a ticket for the match?
*wèr keun aï baï e **ti**keut for Ze m**a**tch?*

je voudrais une place dans la tribune nord / sud
I'd like a seat in the north / south stand
*aïde laïke e sît inn Ze n**o**rTH / s**aow**TH stannd*

est-ce qu'il y a un parking à côté du stade ?
is there a car park at the stadium?
*iz Zèr e c**â**r pârk at Ze st**eï**dyeum?*

où sont les guichets ?
where's the ticket office?
*wèrz Ze t**i**keut offiss?*

où est l'entrée numéro 8 ?
where's entrance eight?
*wèrz **è**ntreunss **eï**te?*

combien coûtent les places numérotées ?
how much are numbered seats?
*Haow meutch âr n**o**mmbeurd sîtss?*

combien de temps avant le début du match faut-il arriver ?
how long before kick-off do we need to arrive?
*Haow l**o**ngue bifowre k**i**koff dou wi nîdd tou eur**aï**ve?*

vous êtes pour quelle équipe ?
which team are you supporting?
*witch t**î**m âr you seup**o**rtinng?*

je suis pour …
I'm supporting …
*aïme seup**o**rtinng …*

il reste combien de temps ?
how much time is left?
Haow meutch taïme iz lèft?

qui joue ?
who's playing?
*Houz pl**eï**-yinng?*

qui gagne ?
who's winning?
*Houz w**i**nninng?*

quel est le score ?
what's the score?
*wâtss Ze sc**o**re?*

À la plage

Le littoral britannique comprend des coins de toute beauté, notamment dans le Devon, la Cornouailles et le comté de Suffolk. Repérez les plages les plus propres, qui arborent le drapeau bleu européen (**blue flag**). Il est parfois dangereux de se baigner. Un drapeau rouge et jaune indique que la plage est surveillée et que la baignade ne présente pas de dangers. Un drapeau rouge signale que la baignade est interdite.

La côte n'étant jamais bien loin, les sports nautiques sont très populaires, notamment le surf (**surfing**), très en vogue notamment à Newquay, en Cornouailles. Ceux d'entre vous qui préfèrent les sports plus paisibles peuvent se laisser tenter par le **punting**, longue barque plate manœuvrée à la perche le long d'une rivière (sport traditionnel des villes universitaires de Oxford et Cambridge).

À vous

on va à la plage ?
shall we go to the beach?
*chèl wi gôw tou Ze b**î**tch?*

où est la plage ?
where's the beach?
*wèrz Ze b**î**tch?*

je vais me baigner
I'm going for a swim
aïme go-inng for e swimm

tu viens te baigner ?
are you coming for a swim?
âr you cominng for e swimm?

est-ce que vous pourriez surveiller mes affaires un moment ?
could you watch my things for a minute?
*coude you watch maï THinngz for e m**i**neute?*

elle est bonne ?
is the water nice?
*iz Ze w**ow**teur naïsse?*

est-ce qu'elle est profonde ?
is it deep?
*izitt d**î**p?*

je ne sais pas nager
I can't swim
aï kante swimm

elle est bonne / froide / glaciale
the water's nice / cold / freezing
*Ze w**ow**teurz naïsse / côwld / fr**î**zinng*

je voudrais louer un pédalo
I'd like to hire a pedalo
*aïde laïke tou Haïyeu e p**è**deulôw*

la baignade est-elle surveillée ?
is there a lifeguard?
*iz Zèr e l**aï**fgardd?*

combien coûte une chaise longue / un parasol / une cabine de bain ?
how much is a deck chair / a parasol / a beach hut?
*Haow meutch iz e **dè**k tchèr / e p**a**reusowl / e bîtch Heutt?*

j'aimerais faire du ski nautique / de la planche à voile
I'd like to go waterskiing / windsurfing
*aïde laïke tou gôw w**o**wteur-skî-inng / w**i**nnd-s**eu**rfinng*

à quelle heure est la marée haute / basse ?
what time is high / low tide?
wâtt taïme iz Haï / lôw taïde?

peut-on se baigner sans danger ici ?
can you swim safely here?
*keun you swimm s**eï**fli Hir?*

Vous lirez ...

high tide	marée haute
lifeguard on duty	baignade surveillée
low tide	marée basse
no swimming	baignade interdite
private beach	plage privée
public beach	plage publique
warning, strong current	attention aux courants

Autres sports

À vous

où peut-on louer des vélos / des raquettes ?
where can we hire bikes / rackets?
*wèr keun wi H**aï**yeu baïkss / r**a**kètss?*

y a-t-il des pistes cyclables / des courts de tennis près d'ici ?
are there any cycle tracks / tennis courts near here?
*âr Zèr èni s**aï**keul trakss / t**è**nniss c**o**wrtss nîr Hir?*

est-ce qu'on peut prendre des cours de ... pour débutants ?
can you take beginner's lessons in ...?
*kèn you teïke bigu**i**neurz l**è**sseunz inn ...?*

combien ça coûte par heure et par personne ?
how much does it cost per hour and per person?
Haow meutch daz it coste peur ***a****weur ènde peur p****eu****rseun?*

est-ce que quelqu'un aurait un ballon de foot ?
does anyone have a football?
daz ***è****niwann Hav e f****ou****tbowl?*

on joue dehors ou dedans ?
shall we play outside or inside?
*chèl wi pl****eï aow****tsaïde owr* ***i****nnsaïde?*

y a-t-il une piscine en plein air ?
is there an open-air swimming pool?
*iz Zèr ann ôwpeun-n****è****r sw****i****minng p****ou****l?*

je n'ai jamais fait de canoë avant
I've never been canoeing before
*aïve nèveur binn keun****ou****-inng bif****ow****re*

y a-t-il un centre équestre près d'ici ?
is there a riding centre near here?
*iz Zèr e r****aï****dinng sènteur nîr Hir?*

Vous lirez ...

... for hire	location de ...

Vous entendrez ...

you need to pay a deposit of ...
il faut verser un acompte de ...

Ne ratez pas ... !

Saviez-vous que vous pouviez faire du surf (surfing) outre-Manche ? Depuis plus de 40 ans, la Cornouailles, et Newquay en particulier, d'où sortent la plupart des champions nationaux et internationaux, est devenue le berceau du surf britannique. Les vagues qui battent sans répit les rochers de la côte cornouaillaise, provoquées par les basses pressions venues des profondeurs de l'océan Atlantique, créent en effet des conditions optimum pour le surf !

the insurance costs … and it's obligatory
l'assurance coûte … et est obligatoire

is this the first time you've been horse-riding?
c'est la première fois que vous montez à cheval ?

the tennis court's already taken
le court de tennis est déjà occupé

can you swim?
vous savez nager ?

do you play basketball?
tu joues au basket ?

Salle de sport

À vous

faut-il être membre pour avoir accès aux installations ?
do you have to be a member to use the gym?
dou you Hav tou bi e mèmmbeur tou youz Ze djimm?

pouvez-vous m'expliquer comment fonctionne cette machine ?
can you show me how this machine works?
keun you chôw mi Haow Ziss meuchine weurkss?

où est le vestiaire ?
where are the changing rooms?
wèr âr Ze tchèndjinng roumz?

je n'ai pas de monnaie pour le casier
I don't have any change for the locker
aï donnte Hav èni tchèndje for Ze lokeur

je veux faire du cardio-training / de la musculation
I want to do some cardio / weight training
aï wante tou dou somm cârdyo / weïtt treïninng

j'aimerais faire une séance de pilates / de yoga / de step
I'd like to do a pilates / yoga / step class
aïde laïke tou dou e pilatiz / yowga / stèp class

il y a une séance réservée aux femmes ?
is there a session for women only?
iz Zèr e sècheun for wimèn onnli?

Jeux de société

À vous

on se fait une partie de cartes ?
shall we have a game of cards?
chèl wi Hav e gueïme ov cârdz?

c'est à toi de distribuer
it's your turn to deal
itss your teurn tou dîl

à toi de commencer
it's you to start
itss you tou stârt

c'est à qui de jouer ?
whose turn is it?
Houz teurn izitt?

c'est à ton tour de jouer
it's your turn
itss your teurn

tu veux prendre ta revanche ?
do you want to get your revenge?
dou you wante tou guèt your rivèndje?

on s'arrête où on joue la belle ?
shall we stop there or play a decider?
chèl wi stop Zèr owr pleï e dissaïdeur?

tu triches !
you're cheating!
your tchîtinng!

Vous entendrez

can you play chess?
vous savez jouer aux échecs ?

do you have a pack of cards?
est-ce que tu as un jeu de cartes ?

Quelques expressions familières

he's got a great six-pack il a des abdos en béton
I'm knackered je suis rétamé(e)
he absolutely thrashed me! il m'a littéralement écrasé(e) !

Courses et shopping

Les commerces sont généralement ouverts du lundi au samedi inclus, de 9h à 17h30 (mais ferment souvent plus tôt dans les petites villes). Le jeudi, certains magasins restent ouverts plus tard : c'est la **late-opening night**. De plus en plus, les grandes surfaces et autres chaînes restent ouvertes plus tard (jusqu'à 20h, 21h voire 22h) ainsi que le dimanche. À Londres, les magasins ne ferment souvent qu'à 18h30 et les épiceries de quartier (**corner shops**) à 22h. Vous trouverez du tabac auprès du marchand de journaux (**newsagent's**) ou à l'entrée des supermarchés.

Et si vous êtes fatigués de musées et monuments, pourquoi ne pas allier tourisme et shopping, en vous adonnant à l'une des passions des Britanniques, qui méritent sans aucun doute le titre de rois de la récup' ? Même la plus petite ville compte plusieurs **charity shops** (magasins de charité), tenus par des organisations caritatives, et les **second-hand shops** (magasins qui vendent des articles d'occasion) sont légion, sans compter quelques **flea markets** (marchés aux puces), qui feront le bonheur des chineurs de tout poil. Les samedis et dimanches matin, des **car-boot sales** (vide-grenier) sont organisés un peu partout par des particuliers qui vendent un peu tout et n'importe quoi : jetez un œil dans leur coffre de voiture (**car boot**) en quête de bonnes affaires (**bargains**). Ambiance bon enfant au rendez-vous !

Dans les commerces, les vendeurs et caissières sont habituellement très aimables, et s'adressent souvent aux clients en utilisant des petits noms affectueux : ne vous étonnez donc pas si, au moment de régler à la caisse du supermarché, vous vous entendez dire, en fonction de la région où vous trouvez, **love** (amour), **mate** (pote), **flower** (fleur) ou même **duck** (canard) !

Kit de survie

acheter	to buy *tou baï*
alimentation	food *foud*
ascenseur	lift *lift*
bon marché	cheap *tchîp*
boulangerie	baker's *beïkeurz*
boutique	shop *chope*
caddie®	trolley *troli*
cadeau	present *prèzeunt*
caisse	cash desk *cache dèsk ; (d'un supermarché)* checkout *tchèk-kaowt*
centre commercial	shopping centre *choppinng sènteur*
cher	expensive *ekspènsiv*
couleur	colour *coleur*
coûter	to cost *tou coste*
escalier mécanique	escalator *èskeuleïteur*
grand magasin	department store *dipârtmeunt store*
kilo	kilo *kilo*
magasin	shop *chope*
marché	market *mârkèt*
pain	bread *brèd*
panier	basket *baskitt*
payer	to pay *tou peï*
prix	price *praïsse*
rembourser	to refund *tou rifeund*
soldes	sales *seïlz*
souvenir *(objet)*	souvenir *souvenir*
supermarché	supermarket *soupeumârkèt*
tabac *(lieu de vente)*	tobacconist's *tobakeunistss*
ticket de caisse	receipt *rissîtt*
vendeur	(shop) assistant *(chope) eussisteunt*
vendre	to sell *tou sèl*
vêtements	clothes *clôwZz*

À vous

est-ce qu'il y a un supermarché dans le quartier ?
is there a supermarket nearby?
iz Zèr e soupeumârkèt nîrbaï?

où est-ce que je peux acheter des cigarettes ?
where can I buy cigarettes?
*wèr keun aï baï **si**gueurètss?*

je voudrais …
I'd like …
aïde laïke …

je cherche …
I'm looking for …
*aïme **lou**kinng f**o**r …*

est-ce que vous avez …?
do you have …?
dou you Hav …?

est-ce que vous savez où je peux en trouver ?
do you know where I can find one / them?
*dou you nôw wèr aï keun f**aï**nde w**a**nn / Z**è**m?*

est-ce que vous pouvez me le / la commander ?
can you order it for me?
*keun you **o**rdeur-ritt for mi?*

combien coûte ce / cette … ?
how much is this …?
Haow meutch iz Ziss …?

c'est bon, je le / la prends
that's fine, I'll take it
*Zatss f**aï**ne, al teïk-kitt*

vous ne pouvez pas me faire un petit rabais ?
could you give me something off it?
*coude you guive mi s**om**mTHinng offitt?*

je n'ai pas beaucoup d'argent
I don't have much money
*aï donnte Hav meutch m**o**ni*

je n'ai pas assez d'argent
I don't have enough money
*aï donnte Hav inof m**o**ni*

ça sera tout, merci
that's everything, thanks
*Zatss **è**vriTHinng, THènks*

est-ce que je peux avoir un sac (plastique) ?
could I have a (plastic) bag?
*coud-d**aï** Hav e (pl**a**stik) b**a**g?*

vous avez fait une erreur en me rendant la monnaie
you've made a mistake with my change
youv meïde e missteïke wiTH maï tchèndj

Vous lirez ...

buy one get one free	un article offert pour un acheté
closed 1pm to 3pm	fermé de 13h à 15h
closed Sundays	fermé le dimanche
open from ... to ...	ouvert de ... à ...
sale	soldes
self-service	libre-service
special offer	promotion

Vous entendrez ...

is there anything else?
et avec ceci ?

would you like a bag?
est-ce que vous voulez un sac ?

Commerces

agence de voyages	travel agent's *tr**a**veul **eï**djeuntss*
agence immobilière	estate agent's *ist**eï**te **eï**djeuntss*
banque	bank *bènnk*
bijouterie	jeweller's *dj**ou**-euleurz*
boucherie	butcher's *b**ou**tcheurz*
boulangerie	bakery *b**eï**keuri*
bureau de poste	post office *p**ô**wst **o**ffiss*

Courses et shopping

bureau de tabac	tobacconist *teub**a**keunistt*
charcuterie	delicatessen *dèlicat**è**sseun*
coiffeur	hairdresser's *H**è**r-dr**è**sseurz*
confiserie	sweet shop *sw**î**t chope*
cordonnerie	shoe repair shop *chou rip**è**r chope*
épicerie	grocer's *gr**ô**sseurz*
fleuriste	florist *fl**eu**ristt*
garage	garage *g**a**ridj*
kiosque à journaux	newspaper stand *n**iou**zpeïpeur stannd*
laverie automatique	launderette *lowndeur**è**t*, laundrette *l**ow**ndrèt*
librairie	bookshop *b**ou**kchope*
magasin d'alimentation	food shop *f**ou**d chope*
magasin de chaussures	shoe shop *ch**ou** chope*
magasin de disques	music shop *m**you**zik chope*
magasin de jouets	toy shop *t**oï** chope*
magasin de souvenirs	souvenir shop *s**ou**veunir chope*
marchand de fruits et légumes	fruit and veg shop *froutt ènde v**è**dj chope*
marché	market *m**â**rkèt*
marché couvert	indoor market ***i**nndowr m**â**rkèt*
mercerie	haberdasher's *H**a**beurd**a**cheurz*
nettoyage à sec	dry cleaner's *draï kl**î**neurz*
opticien	optician's *apt**i**cheunz*
papeterie	stationer's *st**eï**cheuneurz*
parfumerie	perfume shop *p**eu**rfioum chope*
pâtisserie	cake shop *k**eï**ke chope*
pharmacie	chemist *k**è**mistt*
poissonnerie	fishmonger's *f**i**chmonngueurz*
quincaillerie	hardware shop *H**â**rdwèr chope*
station-service	petrol station *p**è**trol st**eï**cheun*
supermarché	supermarket *s**ou**peumârkèt*
tabac	tobacconist's *teub**a**keunistt*
vétérinaire	vet *vèt*

Payer

Détail bien pratique quand vous vous trouvez à court de monnaie : vous pouvez payer par carte bancaire à peu près partout, même pour des petites sommes (à partir de 5 livres dans les petits commerces). Le **chip-and-pin system**, qui consiste à insérer votre carte et composer votre code confidentiel, est désormais en vigueur à peu près partout. Et si vous êtes à court de liquide, sachez qu'à la caisse des grandes surfaces vous pouvez demander qu'on vous donne du liquide en précisant **I'd like cash back** : il vous suffit alors de payer par carte bancaire un montant supérieur à celui de vos achats pour qu'on vous donne en échange la somme dont vous avez besoin en espèces.

À vous

où est-ce qu'on paye ?
where can I pay?
wère keun aï peï?

combien je vous dois ?
how much do I owe you?
Haow meutch dou aï ***ôw*** *you?*

pourriez-vous me l'écrire, s'il vous plaît ?
could you write it down, please?
coude you raït-titt daown, plîz?

est-ce que je peux payer par carte Visa® ?
can I pay by Visa®?
keun aï peï baï vîzeu?

je vais payer en liquide
I'll pay cash
âl peï cache

désolé, je n'ai pas de monnaie
sorry, I don't have change
sorri, aï donnte Hav tchènj

est-ce vous pouvez me faire de la monnaie ?
could you give me change, please?
coude you give mi tchènj, plîz?

est-ce que je peux avoir un reçu ?
could I have a receipt?
coud-daï Hav e rissîtt?

Vous entendrez …

pay at the cash desk
payez à la caisse

how would you like to pay?
vous réglez comment ?

are you paying by cash or by card?
vous payez en liquide ou par carte ?

we don't take credit cards
nous n'acceptons pas les cartes de crédit

do you not have any change?
vous n'avez pas du tout de monnaie ?

could you sign here?
je vais vous demander de signer là

enter your PIN number
composez votre code confidentiel

remove your card
retirez votre carte

Alimentation

Pour les grosses courses, les Britanniques vont habituellement dans les hypermarchés situés en périphérie et autres chaînes de supermarchés (**Sainsbury**, **Tesco** et **Asda** sont les plus répandues). Certaines grandes surfaces ouvrent désormais 24h/24 et ont parfois une pharmacie (**chemist's**) à l'entrée. Les Britanniques sont sensibles aux problèmes de l'environnement et de plus en plus souvent, il vous faudra payer les sacs plastiques dans les supermarchés, ou apporter un sac réutilisable.

Pour les légumes et fruits frais, l'alternative aux grandes surfaces est le **corner shop** évoqué précédemment, équivalent de « l'épicerie du coin » continentale. Sachez également que la plupart des grandes villes ont un marché couvert permanent (**indoor market**). Les marchés en plein air (**outdoor markets**) sont rares mais le week-end beaucoup de villes proposent un **farmers' market** : c'est le lieu idéal où acheter des produits frais et des produits locaux (viande, œufs, miel etc). Enfin, dans les **delis** (épiceries fines), vous trouverez toute une sélection de fromages, jambons et conserves de qualité, et même de délicieux sandwichs. L'alcool est au moins deux fois plus cher qu'en France et sa vente étant strictement contrôlée, certains magasins ne sont pas habilités à en vendre après une certaine heure. Vous pourrez en acheter jusqu'à 22 heures dans l'un des nombreux magasins **off-licence**.

Sachez que bien qu'officiellement toutes les mesures de poids doivent désormais être données en système métrique, le système impérial reste en usage, particulièrement sur les marchés. Le système métrique est normalement utilisé, mais il se peut que vous voyiez la double inscription, et à l'oral il est encore courant d'entendre les gens s'exprimer en onces (**ounces**) et en livres (**pounds**). Pour vous y retrouver entre système métrique et système impérial, reportez-vous aux tables de conversion de la page 243.

À vous

où est-ce qu'on peut acheter à manger à cette heure-ci ?
where can I / we buy something to eat at this time of night / day?
*wèr keun aï / wi baï sommTHinng tou **î**tt att Ziss taïme ov naïte / deï?*

je voudrais cinq tranches de jambon
I'd like five slices of ham
*aïde laïke faïve sl**aï**sseuz ov Hamm*

je vais prendre un petit morceau de ce fromage
I'd like a little piece of that cheese
*aïde laïke e liteul pîss ov Zat tch**î**z*

500 grammes de bœuf haché
five hundred grams of minced beef
*faïve Heunndreud gr**a**mmz ov m**i**nnsd b**î**f*

y a-t-il une boulangerie dans le coin ?
is there a baker's nearby?
*iz Zèr e b**eï**keurz n**î**r-baï?*

y a-t-il un marché ?
is there a market?
*iz Zèr e m**â**rkèt?*

non, pas celui-ci, celui-là
no, not this one, that one
nôw, nott Ziss wann, Zat wann

plus à droite, oui c'est ça
more to the right, yes, that's the one
*more tou Ze raïtt, yèss, Z**a**tss Ze wann*

c'est pour quatre personnes
it's for four people
*itss for fowr p**î**peul*

environ 300 grammes
around three hundred grams
*eur**a**ownd THri H**eu**ndreud gr**a**mmz*

Courses et shopping

un kilo de …, s'il vous plaît
a kilo of …, please
e kilo ov …, plîz

c'est possible de goûter ?
could I taste it?
coud-daï teïsst-titt?

un peu plus
a little more
e liteul more

un peu moins
a little less
e liteul lèss

ça se conserve bien ?
does it keep well?
daz-zitt kîp wèl?

on peut voyager avec ?
will it travel?
wil-itt traveul?

Vous lirez …

best before … à consommer avant le …
dairy products produits laitiers
delicatessen épicerie fine
keep cold à conserver au froid
local specialities spécialités de la région
off-licence magasin où l'on vend de l'alcool
organic biologique
serve cold servir froid

Vous entendrez …

there's a market every day until one o'clock
il y a marché tous les jours jusqu'à 13h

there's a grocer's just on the corner that stays open late
il y a un épicier juste au coin de la rue qui reste ouvert tard le soir

plastic bags cost five pence each
les sacs plastiques coûtent cinq pence

do you need help packing your bags?
voulez-vous que je vous aide à tout mettre dans les sacs ?

Habillement

Destination privilégiée des amateurs de shopping, Londres concentre parmi les plus célèbres magasins de vêtements du monde. De quoi satisfaire les **shopping addicts** (« drogués du shopping ») qui peuvent se livrer à ce que les Britanniques appellent **retail therapy** (« thérapie par le shopping »). À cet égard, la rue la plus célèbre de la capitale anglaise reste sans aucun doute Oxford Street. Dans les autres villes de l'île, il vous suffira de demander le chemin de la **high street**, la rue principale où sont concentrées toutes les grandes enseignes. Pour un choix plus étendu, vous pouvez faire vos achats dans d'énormes centres commerciaux (**shopping centres** et **retail parks**) situés en périphérie des grandes villes. Celui de MetroCentre à Gateshead se targue d'être le plus grand d'Europe ! Les grands magasins (**department stores**) sont également très répandus : Debenhams, John Lewis, House of Fraser etc. Si vous êtes en quête de bonnes affaires (**bargains**), profitez des soldes d'hiver (**January sales**), qui commencent dès le 26 décembre, ou des soldes d'été (**summer sales**). Tous les articles en solde peuvent être échangés ou remboursés. Les **vintage shops**, spécialisés dans les articles rétro d'occasion (vêtements, bijoux, accessoires, y compris de grandes marques) sont également très courus. À vous de découvrir la perle rare !

Pour les correspondances entres tailles européennes et britanniques, reportez-vous aux tables de conversion des pages 244-245. Si vous voulez essayer un vêtement, dirigez-vous vers les **fitting rooms** ou **changing rooms** (cabines d'essayage).

À vous

je cherche le rayon hommes / femmes
I'm looking for the men's / ladies' department
*aïme loukinng for Ze mènnz / leïdiz dip**â**rtmeunt*

Courses et shopping

non, merci, je regarde seulement
no, thanks, I'm just looking
nôw, THènks, aïme djeust loukinng

je peux l'essayer ?
can I try it on?
keun aï traï-yitt onn?

je chausse du 39
I take a 39
aï teïke e THeurti-naïne

je voudrais essayer celui-là / celle-là qui est en vitrine
I'd like to try the one in the window
aïde laïke tou traï Ze wann inn Ze winndôw

où sont les cabines d'essayage ?
where are the fitting rooms?
wèr âr Ze fittinng roumz?

vous ne l'avez pas dans une autre couleur ?
do you have it in another colour?
dou you Hav itt inn enoZeur coleur?

est-ce que vous l'avez dans une plus petite / grande taille ?
do you have it in a smaller / bigger size?
dou you Hav itt inn e smowleur / bigueur saïze?

est-ce que vous les avez en rouge ?
do you have them in red?
dou you Hav Zèm inn rèd?

c'est trop large / petit
it's too big / small
itss tou big / smowl

oui, ça va, je les prends
yes, that's fine, I'll take them
yèss, Zatss faïne, al teïke Zèm

non, je n'aime pas
no, I don't like it
nôw, aï donnte laïk itt

je vais réfléchir
I'll think about it
al THinnk eubaowt itt

pouvez-vous me mettre ceci de côté jusqu'à demain ?
could you put this to one side for me until tomorrow?
coude you poutt Ziss tou wann saïde for mi euntil toumarôw?

je voudrais rendre ceci, ce n'est pas la bonne taille
I'd like to return this, it doesn't fit
aïde laïke tou riteurn Ziss, itt dazeunt fitt

est-ce que je peux me faire rembourser ?
can I get a refund?
keun aï guèt e ritonnd?

Vous lirez …

changing rooms	cabines d'essayage
children's wear	vêtements pour enfants
fitting rooms	cabines d'essayage
ladies' wear	vêtements pour femmes
late-night opening Thursdays	nocturne les jeudis
menswear	vêtements pour hommes
open this Sunday	ouverture exceptionnelle le dimanche

Vous entendrez …

hello, can I help you?
bonjour, je peux vous aider ?

can I help you?
vous désirez ?

are you looking for something in particular?
vous cherchez quelque chose ?

we only have it in blue or black
il ne nous en reste que en bleu ou en noir

we don't have any left in this size
il ne nous en reste plus dans cette taille

we may have one in our other store, I'll call them
il est possible qu'il y en ait un(e) dans notre autre magasin, je vais les appeler

it really suits you
ça vous va bien

so, what do you think?
alors ? qu'est-ce que vous en pensez ?

you can return it if it doesn't fit
vous pouvez le / la rendre si ce n'est pas la bonne taille

have you tried it on?
vous l'avez essayé(e) ?

Vêtements

anorak	anorak *aneurak*
baskets	trainers *treïneurz*
bikini	bikini *bikîni*
blouson	bomber jacket *bommbeur djakeut*
bottes	boots *boutss*
caleçon	*(court, d'homme)* boxer shorts *boxeur chowrtss* ; *(long, de femme)* leggings *lèguinngz*
casquette	cap *cap*
ceinture	belt *bèlt*
chapeau	hat *Hat*
chaussettes	socks *sokss*
chaussures	shoes *chouz*
chemise	shirt *cheurt*
chemise de nuit	nightdress *naïtdrèss*
chemisier	blouse *blaowz*
collants	tights *taïtss*
costume	suit *soutt*
cravate	tie *taï*
culotte	pants *pants*
débardeur	vest top *vèst top*
écharpe	scarf *scarf*
gants	gloves *glovz*
gilet	waistcoat *weïstcôwt*
haut	top *top*
imperméable	waterproof *wowteurprouf*
jean	jeans *djînz*
jogging	tracksuit *traksoutt*
jupe	skirt *skeurt*
maillot de bain	swimming costume *swiminng costioum*
manteau	coat *côwt*
mini-jupe	mini-skirt *mini-skeurt*
peignoir de bain	bathrobe *baTHrôwb*
polaire	fleece *flîss*
pull	jumper *djeumpeur*
pyjama	pyjamas *peudjâmaz*

robe	dress *drèss*
salopette	dungarees *deungueurîz*
short	shorts *chowrtss*
slip *(d'homme)*	underpants ***eu**ndeupannts*
soutien-gorge	bra *brâ*
string	thong *THonng*
sweat	sweater *sw**è**teur*
tongs	flip-flops *flip-flopss*
T-shirt	T-shirt *t**î**-cheurt*
veste	jacket *dj**a**keut*

Souvenirs et cadeaux

À vous

je cherche un cadeau à ramener
I'm looking for a present to take back
aïme loukinng for e prèzeunt tou teïke bak

je voudrais quelque chose de facile à transporter
I'd like something easy to transport
*aïde laïke sommTHinng **î**zi tou tr**a**nnspowrt*

c'est pour une petite fille de quatre ans
it's for a little girl of four
*itss for e **li**teul gueurl ov f**ow**r*

est-ce que vous pouvez me faire un paquet-cadeau ?
can you gift-wrap it for me?
*kèn you g**i**ft-rap-pitt for mi?*

Vous lirez …

crafts	artisanat
crystalware	objets en verre
handmade	fait main
leather	cuir
made of wood / silver / gold	en bois / argent / or
porcelain	porcelaine
pottery	poterie

silverware	argenterie
traditionally-made product	produit artisanal

Vous entendrez ...

how much would you like to spend?
combien êtes-vous prêt à dépenser ?

is it a present?
c'est pour offrir ?

would you like it gift-wrapped?
voulez-vous un paquet-cadeau ?

Couleurs

argenté	silver *s**i**lveur*
beige	beige *beïj*
blanc	white *waïte*
bleu	blue *blou*
bordeaux	burgundy ***beu**rgueundi*
brun	brown *br**a**own*
doré	golden ***gô**wldeun*
gris	grey *greï*
jaune	yellow ***yè**lôw*
marron	brown *br**a**own*
mauve	mauve *môwv*
noir	black *blak*
or	gold *gôwld*
orange	orange ***o**reundj*
rose	pink *pinnk*
rouge	red *rèd*
turquoise	turquoise ***teu**rkwoïz*
vert	green *grîn*
violet	purple ***peu**rpeul*

Papeterie

agrafeuse	stapler *st**eï**pleur*
Bic®	biro *b**aï**ro*
cahier	notebook *n**ôw**tebouk*
calculatrice	calculator *kalkieul**eï**teur*
calendrier	calendar *k**a**lèndeur*
colle	glue *glou*
crayon	pencil *p**è**nseul*
crayon de couleur	pencil crayon *p**è**nseul cr**eï**yann*
dictionnaire	dictionary *d**i**kcheuneuri*
élastiques	elastic bands *il**a**stik banndz*
enveloppe	envelope ***è**nveulop*
feutre	felt-tip pen *fèlt-tip pèn*
ficelle	string *strinng*
gomme	rubber *r**a**beur*
livre	book *bouk*
papier	paper *p**eï**peur*
perforatrice	hole punch *H**o**le peuntch*
portemine	propelling pencil *pr**o**peulinng p**è**nseul*
punaises	drawing pins *dr**o**winng pinz*
règle	ruler *r**ou**leur*
stylo	pen *pèn*
surligneur	highlighter *H**aï**-l**aï**teur*
taille-crayon	pencil sharpener *p**è**nseul ch**â**rpneur*
Tipp-Ex®	Tipp-Ex® ***t**ippèks*
trombones	paper clips *p**eï**peur klipss*
trousse	pencil case *p**è**nseul keïss*

Quelques expressions familières

what a rip-off! c'est de l'arnaque !, c'est hors de prix !
I'm completely broke je n'ai pas un rond
it costs an arm and a leg ça coûte les yeux de la tête
it's a steal c'est donné

Photo

Si vous brûlez d'impatience de voir vos photos avant la fin de votre séjour, sachez que le développement de photos est disponible chez les photographes traditionnels mais aussi dans les supermarchés, ainsi que dans les chaînes de magasins comme **Boots** et **Superdrug**. Ces chaînes disposent pour la plupart de bornes de développement en self-service, où il vous suffit d'insérer votre carte mémoire pour développer vos photos instantanément. Le paiement se fait en caisse. Vous pourrez également graver vos photos sur un CD. Si vous avez pris tellement de photos inoubliables que votre carte mémoire est pleine… pas de panique, vous pourrez acheter une nouvelle carte mémoire. L'équivalent des gigaoctets (Go) est **gigabytes**, ce qui donne en abrégé **GB**, mais attention en anglais parlé, on prononce souvent *guig*. Par exemple, pour demander une carte mémoire de 4GB, il vous faudra dire **I'd like a four-gig memory card**.

Kit de survie

agrandir	to enlarge *tou innl**â**rdj*
album photo	photo album *f**ô**wtôw **a**lbeum*
appareil jetable	disposable camera *disp**ôw**zebeul c**a**meura*
appareil numérique	digital camera *d**i**djiteul c**a**meura*
appareil photo	camera *c**a**meura*
appareil photo waterproof	waterproof camera *w**ow**teurprouf c**a**meura*
bouchon d'objectif	lens cap *l**è**nnz cap*
brillant	glossy *gl**o**ssi*
caméra vidéo	video camera *v**i**di-o c**a**meura*
caméscope®	camcorder *c**a**mkordeur*
carte mémoire	memory card *m**è**mori cârd*
couleur	colour *c**o**leur*
diapositive	slide *slaïde*
exemplaire	copy *c**o**ppi*

faire développer des photos to have photos developed *tou Hav fôwtôwz divèlopt*
flou blurry *bleuri*
format size *saïze*
graver *(CD)* to burn *tou beurn*
imprimer to print *tou prinnt*
mat matt *mâtt*
négatif negative *nègueutiv*
noir et blanc black and white *blak ènde waïte*
objectif lens *lènnz*
pellicule film *film*
photogénique photogenic *fôwtôwdjènik*
photographe photo *fôwtôw*
pile battery *bateuri*
prendre une photo / des photos to take a photo / photos *tou teïk e fôwtôw / fôwtôwz*
trépied tripod *traïpod*

À vous

est-ce que vous pourriez nous prendre une photo ?
could you take a photo of us?
coude you teïk e fôwtôw ov euss?

voulez-vous que je vous prenne en photo ?
would you like me to take a photo of you?
woude you laïke mi tou teïk e fôwtôw ov you?

vous pouvez zoomer
you can zoom in
you kèn zoum-minn beuteun

recule un peu !
move back a bit!
mouve bak e bitt!

approche-toi !
come forward!
comm fowrweurd!

il suffit d'appuyer sur ce bouton
you just have to press this button
you djeust Hav tou prèss Ziss

je vais t'envoyer la photo par e-mail, quelle est ton adresse ?
I'll email you the photo, what's your address?
al î-meïl you Ze fôwtôw, wâtss your eudrèss?

je mettrai les photos sur Internet, tu pourras ensuite les télécharger
I'll put the photos on the Internet, then you can download them
al poutt Ze ***fô****wtôwz onn Zi* ***i****nnteurnèt, Zènn you keun* ***daow****nlôwd Zèm*

je voudrais imprimer mes photos numériques
I'd like to print my digital photos
*aïde laïke tou pr****i****nnt maï d****i****djiteul* ***fô****wtôwz*

je voudrais graver mes photos sur un CD
I'd like to burn my photos to a CD
aïde laïke tou beurn maï ***fô****wtôwz tou e s****î****-dî*

je cherche une carte mémoire de 4Go
I'm looking for a four GB memory card
*aïme loukinng for e f****o****r-guig m****è****meuri c****â****rd*

je voudrais faire développer cette pellicule
I'd like to have this film developed
*aïde laïke tou Hav Ziss f****i****lm div****è****lopt*

je voudrais faire des doubles de certaines photos
I'd like copies of some photos
*aïde laïke c****o****ppiz ov somm* ***fô****wtôwz*

quand seront-elles prêtes ?
when will they be ready?
*wèn wil Zeï bi r****è****di?*

je viens chercher mes photos
I've come to collect my photos
aïve comm tou colèct maï ***fô****wtôwz*

la pile est morte
the battery's dead
*Ze b****a****teuriz dèd*

je dois recharger l'appareil photo
I need to charge the camera
*aï nîdd tou tch****â****rdj Ze c****a****meura*

j'ai un problème avec mon appareil photo
I have a problem with my camera
*aï Hav e pr****o****bleum wiTH maï c****a****meura*

je ne sais pas ce que c'est
I don't know what it is
*aï donnte n****ôw*** *wâtt itt* ***i****z*

Photo

le flash ne marche pas
the flash isn't working
*Ze flach izeunt w**eu**rkinng*

je n'ai pas pris beaucoup de photos
I haven't taken many photos
*aï Haveunt teïkeun mèni f**ô**wtôwz*

où est-ce que je peux faire faire des photos d'identité ?
where can I get passport photos taken?
*wèr keun aï guèt p**a**ssportt fôwtôwz t**eï**keun?*

Vous lirez ...

express service	service express
no photos	photos interdites
one-hour developing	développement en une heure
standard format	format standard

Vous entendrez ...

the flash didn't go off
le flash n'a pas marché

maybe the battery's dead
c'est peut-être la pile qui est morte

smile!
souriez !

what's the name?
c'est à quel nom ?

when would you like them for?
vous les voulez pour quand ?

we can develop them in an hour
on peut vous les développer en une heure

your photos will be ready after midday on Thursday
vos photos seront prêtes à partir de jeudi midi

Quelques expressions familières

he takes a good photo il est photogénique
I took a lot of pics j'ai pris beaucoup de photos
would you like to see my holiday snaps? est-ce que tu veux voir mes photos de vacances ?

Boire et manger

Pour éviter de vous retrouver le ventre vide devant une porte fermée, mieux vaut adopter le rythme anglo-saxon : les restaurants ne servent plus après 14h pour le déjeuner, et plus après 20h (dans beaucoup de petites villes) ou 22h (dans la plupart des grandes villes) pour le dîner. Au moment de commander, on vous demandera si vous voulez de l'eau : précisez si vous voulez de l'eau en carafe (**tap water**, c'est-à-dire de l'eau du robinet), sans ça on vous apportera (et ajoutera à la note) de l'eau en bouteille. On commande habituellement les boissons avant les plats. Remarquez qu'il n'y a pas véritablement d'équivalent anglais à notre « bon appétit ! », bien qu'on vous dira parfois au restaurant **enjoy your meal!** Sachez par ailleurs que dans les restaurants, à moins que le service ne soit compris sur la note, on laisse généralement l'équivalent de 10% de pourboire.

La cuisine internationale est très répandue, et en premier lieu la cuisine indienne, au point que le **tikka masala** (poulet ou agneau mariné aux épices et cuit au four) est réputé être le plat favori des Britanniques ! Vous n'aurez que l'embarras du choix entre les innombrables restaurants indiens, pakistanais, chinois, coréens, etc., qui ont le double avantage d'être pas chers et exotiques.

Pour découvrir la cuisine traditionnelle, la meilleure option est de manger dans un pub. N'attendez pas qu'on vienne vous servir : comme pour les boissons, c'est à vous d'aller passer votre commande au bar (et payer par la même occasion). Le dimanche, suivant la tradition britannique, vous pourrez déguster un **Sunday lunch** ou **Sunday roast** (viande rôtie servie avec des pommes de terre et des légumes). Beaucoup de pubs en proposent. Le plus typique est le **roast beef** accompagné de **Yorkshire pudding** (qui n'est pas du tout un dessert, mais une sorte de crêpe épaisse salée servie en garniture du rosbif). Ces dernières années, les **gastropubs** (pubs gastronomiques) ont développé une cuisine « haut de gamme » servie dans un cadre typique de pub.

Les végétariens sont nombreux au Royaume-Uni : ne manquez pas l'occasion de goûter des plats végétariens (signalés par un **V** sur les menus), proposés à peu près partout et souvent très inventifs.

Pour manger sur le pouce, là encore vous pouvez varier les plaisirs : sandwichs de toutes sortes, **jacket potatoes** (pommes de terre en robe des champs fourrées) et bien sûr les incontournables **fish and chips** (du poisson pané servi avec des frites).

Depuis 2007, l'interdiction de fumer (**smoking ban**) s'applique à l'ensemble des espaces intérieurs publics du Royaume-Uni, restaurants et pubs compris. Qu'il pleuve ou non, les fumeurs sont donc obligés de sortir (des terrasses chauffées sont parfois prévues à cet effet).

Kit de survie

addition bill *bil*
apéritif aperitif *eupèreutif*
bière beer *bîr*
boire to drink *tou drinnk*
bouteille bottle *botteul*
café *(boisson)* coffee *coffi* ; *(lieu)* café *cafeï*
carafe jug *djeug*
carte menu *mèniou*
carte des vins wine list *waïne list*
Coca-Cola® Coke® *côwke*
commander to order *tou ordeur*
déjeuner *(n)* lunch *leuntch* ; *(v)* to have lunch *tou Hav leuntch*
dessert dessert *dizeurt*
dîner *(n)* dinner *dineur* ; *(v)* to have dinner *tou Hav dineur*
eau water *wowteur*
eau gazeuse sparkling water *spârkling wowteur*
eau minérale mineral water *mineureul wowteur*
eau plate still water *stil wowteur*
entrée starter *stârteur*

expresso	expresso *èksprèsso*, espresso *èsprèsso*
fromage	cheese *tchîz*
jus de fruit	fruit juice *froutt djiouss*
manger	to eat *tou **î**tt*
menu	*(carte)* menu *m**è**niou* ; *(formule à prix fixe)* set menu *sèt m**è**niou*
petit déjeuner	breakfast *br**è**kfeust*
plat	dish *dich*
plat de résistance	main course *meïnn kowrss*
pourboire	tip *tip*
prendre le petit déjeuner	to have breakfast *tou Hav br**è**kfeust*
pression	half-pint of lager *Hâf-païnte ov l**â**gueu*
salade	salad *s**a**leud*
sandwich	sandwich *s**a**nnwitch*
service	service ***seu**rviss*
thé	tea *tî*
verre	glass *glass*
vin	wine *waïne*
vin rouge / blanc / rosé	red / white / rosé wine *rèd / waïte / r**ô**wzeï waïne*

À vous

on va manger un bout ?
shall we go and get something to eat?
chèl wi gôw ènde guèt sommTHinng tou ìtt?

on va boire un verre ?
shall we go for a drink?
chèl wi gôw for e drinnk?

on va prendre un café ?
shall we go for a coffee?
*chèl wi gôw for e **co**ffi?*

est-ce que vous pouvez nous recommander un restaurant ?
could you recommend a restaurant?
*coude you rècommènd e r**è**streuntt?*

je n'ai pas très faim
I'm not very hungry
*aïme nott **vè**ri **Heu**ngri*

j'ai super faim
I'm starving
*aïme st**â**rvinng*

s'il vous plaît ! *(pour appeler le serveur)*
excuse me, please!
*èkski**ou**z mi, pl**î**z!*

j'en reprendrai un autre
I'll have the same again
*al Hav Ze s**eï**mm eugu**eï**nn*

bon appétit !
enjoy your meal!
*èndj**oï** your m**î**l!*

à la tienne / vôtre !
cheers!
tchîrz!

tchin-tchin !
cheers!
tchîrz!

où sont les toilettes, s'il vous plaît ?
where are the toilets, please?
*wèr âr Ze t**oï**lètss, pl**î**z?*

c'est délicieux
it's delicious
*itss dè**li**cheuss*

c'était délicieux
it was delicious
*itt wâz dè**li**cheuss*

c'est très gras
it's very greasy
*itss tou sp**aï**ssi*

c'est trop épicé
it's too spicy *itss **vè**ri grîzi*

ce n'est pas assez salé
it doesn't have enough salt
*itt dazeunt Hav inof s**ow**lt*

ça a un drôle de goût
it tastes funny
*itt teïssts f**eu**nni*

c'est froid
it's cold
itss côwld

c'est trop chaud
it's too hot
itss tou Hott

Vous lirez …

eating in	sur place
home-made	fait maison
house specialities	spécialités de la maison
takeaway	à emporter
today's special	plat du jour

Vous entendrez …

sorry, we stop serving at ten o'clock
désolé, nous ne servons plus après 22h

Réserver une table

À vous

je voudrais réserver une table pour demain soir / pour ce soir
I'd like to reserve a table for tomorrow night / for tonight
*aïde laïke tou rizeurv **teï**beul for toum**a**rôw naïte / for tounaïte*

vers huit heures
around eight o'clock
*eur**a**ownd **eï**t-teu-clok*

vous n'avez pas de table libre plus tôt ?
you don't have a table available before that?
*you donnte Hav e **teï**beul euv**eï**lebeul bif**ow**re Zatt?*

une table pour quatre, s'il vous plaît
a table for four, please
*e **teï**beul for f**ow**r, plîz*

pour deux personnes
for two people
for tou pîpeul

est-ce qu'il y a un code vestimentaire ?
do you have a dress code?
dou you Hav e drèss côwd?

j'ai réservé une table au nom de …
I've reserved a table – the name's …
*aïve rizeurvd e **teï**beul – Ze neïmz …*

Vous lirez …

reserved réservé

Vous entendrez …

for what time?
pour quelle heure ?

what's the name?
c'est à quel nom ?

for how many people?
vous êtes combien ?

would eight thirty / half past eight suit you?
20h30, ça vous va ?

do you have a contact telephone number?
vous avez un numéro où on peut vous joindre ?

hello, will you be eating?
bonjour, c'est pour manger ?

have you reserved a table?
est-ce que vous avez réservé ?

is this table OK for you?
est-ce que cette table vous convient ?

we're full at the moment
nous sommes complets pour le moment

would you like to wait at the bar until we have a table?
voulez-vous vous asseoir au bar en attendant que se libère une table ?

Commander à manger

À vous

oui, je crois qu'on a choisi
yes, I think we're ready to order
*yèss, aï THinnk wir **rè**di tou **o**rdeur*

non, pas encore
no, not just yet
nôw, nott djeust yèt

qu'est-ce que vous nous recommandez ?
what do you recommend?
*wâtt dou you rècomm**è**nd?*

je voudrais …
I'd like …
aïde laïke …

est-ce que je pourrais avoir … ?
could I have …?
*coud-d**aï** Hav …?*

pour moi, ça sera …
I'll have …
al Hav …

est-ce que vous avez un menu ?
do you have a set menu?
*dou you Hav e s**è**t m**è**niou?*

on va prendre deux menus
we'll both have the set menu
*wil bôTH Hav Ze sèt m**è**niou*

moi, je ne sais pas, c'est quoi « shepherd's pie » ?
I'm not sure, what's shepherd's pie?
*aïme nott ch**ou**re, wâtss ch**è**peurdss paï?*

je vais prendre ça alors
I'll take that, then
al teïke Zatt, Zènn

quel est le plat du jour ?
what's today's special?
*wâtss toud**eï**z sp**è**cheul?*

est-ce que c'est servi avec des légumes ?
does it come with vegetables?
*daz itt come wiTH v**è**djtebeulz?*

avec de la salade
with a side salad
*wiTH e saïde s**a**leud*

qu'est-ce que vous avez comme desserts ?
what desserts do you have?
*wâtt diz**eu**rtss dou you Hav?*

juste de l'eau (plate), s'il vous plaît
just some (still) water, please
*djeust somm (stil) w**ow**teur, plîz*

une grande carafe d'eau
a large jug of water
*e l**a**rdj djeug ov w**ow**teur*

une bouteille de vin rouge / blanc maison
a bottle of house red / white
*e b**o**tteul ov H**a**owss rèd / waïte*

on va partager – est-ce que vous pouvez nous apporter deux assiettes ?
we're going to share it – could you bring us two plates?
*wir g**o**-inn tou chèr-ritt – coude you brinngueuss tou pl**aï**tss?*

ce n'est pas ce que j'ai commandé, j'avais demandé …
this isn't what I ordered, I asked for …
*Ziss **i**zeunt wâtt aï **o**rdeurd, aï askt f**o**r …*

est-ce qu'on peut avoir encore du pain ?
could we have some more bread?
*coude wi Hav somm m**o**re br**è**d?*

est-ce que vous pourriez nous apporter une autre carafe d'eau ?
could you bring us another jug of water?
*coude you brinngueuss en**o**Zeur djeug ov w**ow**teur?*

Boire et manger

Vous entendrez …

are you ready to order?
vous avez choisi ?

I'll come back in a moment
je vous laisse choisir et je reviens

it's a type of …
c'est une sorte de …

was everything OK?
ça a été ?

sorry, we don't have any more …
désolé(e), nous n'avons plus de …

and what would you like to drink?
et comme boisson ?

would you like a dessert?
désirez-vous un dessert ?

Régimes spéciaux

À vous

je suis végétarien(ne) / végétalien(ne) / diabétique
I'm vegetarian / vegan / diabetic
aïme vèdjetèrieun / vîgueun / daïyeubètik

je suis un régime alimentaire spécial
I have special dietary requirements
aï Hav spècheul dayeutèri rikwayeurmeunts

je suis un régime alimentaire faible en gras / sel / cholestérol
I'm on a low-fat / low-salt / low-cholesterol diet
aïme onn a lôw-fatt / lôw-sôwlt / lôw-keulèsteurôwl dayeut

je ne mange pas …
I don't eat …
aï dunte îtt …

je ne bois pas d'alcool
I don't drink
aï dante drinnk

je suis allergique aux noix / au lactose / aux fruits de mer
I'm allergic to nuts / dairy products / seafood
aïme euleurdjik tou neutss / dèri prodeuctss / sîfoudd

j'ai une intolérance au gluten
I'm gluten intolerant
aïme glouteun inntalèreunt

je vais prendre …, mais sans beurre / crème / sucre
I'll have …, but without butter / cream / sugar
al Hav …, beutt wiTHâowt beuteur / crîm / chougueur

est-ce que c'est kasher / halal ?
is it kosher / halal?
*izitt **kô**cheur / hâl**â**l?*

je ne mange que des produits bios
I only eat organic food
*aï onnli îtt org**a**nik f**ou**dd*

est-ce que ce sont des œufs de poules élevées en plein air ?
are these free-range eggs?
*âr Zîz fr**î**-rèndje **è**gz?*

avez-vous du lait de soja ?
do you have soya milk?
*dou you Hav s**o**yeu milk?*

Vous entendrez ...

can you eat ...?
pouvez-vous manger ... ?

I'll ask the chef
je vais demander au chef

Au café

Pour une pause « sucrée », pourquoi ne pas rentrer dans un salon de thé (**tearoom**) pour y déguster des pâtisseries traditionnelles (**cakes**) ? Goûtez notamment les incontournables **cream tea** (thé servi avec des scones recouvert de confiture et de crème fouettée) ou **afternoon tea** (thé servi avec des sandwiches et des pâtisseries).

Moins traditionnels, les chaînes de cafés à l'américaine (**coffee houses**) sont légion dans les rues principales de toutes les villes. Vous y trouverez toutes sortes de cafés mais aussi des snacks et des pâtisseries.

À vous

qu'est-ce que tu prends ?
what are you having?
wâtt âr you Havinng?

je t'offre un verre
I'll buy you a drink
al baï you e drinnk

non, cette fois c'est pour moi
no, I'll pay this time
nôw, al peï Ziss taïme

je vais prendre …
I'll have …
al Hav …

un Coca-Cola®
a Coke®
e côwke

un Coca light®
a Diet Coke®
e dayeut côwke

un thé
a cup of tea
e keup ov tî

un chocolat chaud
a hot chocolate
e Hott tchoklèt

un café et un croissant
a coffee and a croissant
e coffi ènde e croâssann

un sandwich au jambon, s'il vous plaît
a ham sandwich, please
e Hamm sannwitch, plîz

la soupe du jour, s'il vous plaît
the soup of the day, please
Ze soup ov Ze deï, plîz

un croque-monsieur
a cheese and ham toastie
e tchîz èn Hamm tôwsti

une portion de frites
a portion of chips
e powrcheun ov tchipss

une tranche de gâteau au chocolat
a slice of chocolate cake
*e slaïss ov tch**o**klèt k**eï**ke*

la même chose pour moi
I'll have the same
*al Hav Ze s**eï**me*

j'en reprendrai un autre
I'll have another
*al Hav en**o**veur*

et un verre d'eau, s'il vous plaît
and a glass of water, please
*ènde e glass ov w**ow**teur, plîz*

un autre Coca®, s'il vous plaît
another Coke®, please
*en**o**Zeur côwke, plîz*

Vous entendrez ...

what would you like?
qu'est-ce que vous prenez ?

you're not allowed to smoke here
il est interdit de fumer ici

can I get you anything else?
désirez-vous autre chose ?

we're closing in ten minutes
on ferme dans dix minutes

Au pub

Pas de séjour au Royaume-Uni sans entrer dans un **pub**, lieu de vie et de rencontre incontournable. Véritable institution, les pubs ne sont pas seulement un lieu pour boire et manger, mais aussi un espace où jouer notamment aux fléchettes (**darts**) et au billard (**pool**). Traditionnellement, les pubs ouvraient de 11h à 23h (22h30 le dimanche, minuit en Écosse), mais depuis la loi de 2005 qui a mis fin à ces horaires si stricts, de nombreux établissements ferment plus tard. Comme vous le savez sans doute, on commande directement au bar, où l'on paye par la même occasion. Au bar, on ne fait pas la queue mais essayez tout de même de repérer qui était là avant vous et d'attendre votre tour… qu'il faut saisir au vol car dans le brouhaha d'un pub bondé, l'art de se faire une place collé au bar, puis de se faire entendre et comprendre requiert une certaine pratique ! Moins traditionnels, mais plus chics, les **wine bars** (bars) proposent une carte très variée de vins et cocktails.

Pour ne pas vous tromper en commandant votre bière, voici un petit récapitulatif : si vous voulez une bière en bouteille, demandez **a bottle of…** Si vous la voulez à la pression (**draught beer**), l'équivalent d'un demi se dit **half a pint** ou simplement **a half**, et le double **a pint**. Une **lager** correspond à une bière blonde, une **bitter** plus ou moins à une bière rousse, une **brown ale** à une bière brune et une **stout** à une bière brune avec de la mousse (la **Guinness** est la plus connue).

Les Britanniques étant très liants, vous aurez sans doute l'occasion de boire un verre avec des **locals** (des gens du coin) : sachez qu'il est d'usage de payer la tournée (**to pay a round**) à tour de rôle.

Désormais, la plupart des pubs servent également des boissons chaudes, toujours bienvenues par mauvais temps : **tea** (thé), **coffee** (café) et **hot chocolate** (chocolat chaud). Les jours de beau temps, les **beer gardens** (terrasses avec des tables en bois du type de celles qu'on trouve sur les aires de pique-nique) sont particulièrement prisés.

À vous

c'est ma tournée
it's my round
*itss maï **ra**ownd*

un verre de vin blanc / rouge
a glass of white / red wine
*e glass ov **waï**te / **rè**d waïne*

une pression
a half-pint of lager
*e Hâf-païnte ov **lâ**gueu*

un gin-tonic
a gin and tonic
*e djinn èn **to**nic*

un rhum-coca
a rum and Coke®
e reum èn côwke

est-ce que vous faites des cocktails ?
do you do cocktails?
dou you dou cokteïlz?

la même chose, s'il vous plaît
the same again, please
Ze seïme egueïne, plîz

Vous lirez ...

(non) alcoholic (non) alcoolisé
please order at the bar merci de passer votre commande au bar

Vous entendrez ...

last orders, please
vos dernières commandes, s'il vous plaît !

would you like the same again?
voulez-vous la même chose ?

Quelques expressions familières

I'm starving! je meurs de faim !
I'm stuffed! je suis plein(e) comme un œuf !
he was completely plastered il était complètement bourré
I have a hangover j'ai la gueule de bois
bring your own booze apporte(z) à boire

L'addition

À vous

l'addition, s'il vous plaît
could I have the bill, please?
coud-daï Hav Ze bil, plîz?

est-ce que je peux payer avec ma carte Visa® ?
can I pay by Visa®?
keun aï peï baï vîzeu?

je crois qu'il y a une erreur dans l'addition
I think there's a mistake in the bill
aï THinnk Zèrz e misteïk inn Ze bil

je vous dois combien ?
how much do I owe you?
Haow meutch dou aï ôw you?

le service est-il compris ?
is the service included?
iz Ze seurviss innkloudeud?

Vous entendrez ...

yes, service is included
oui, le service est compris

are you all paying together?
vous réglez tout ensemble ?

can you enter your PIN number, please?
tapez votre code confidentiel, s'il vous plaît

can you sign here, please?
je vais vous demander de signer là

Ne ratez pas ... !

L'Écosse compte plus de cent distilleries de whisky, et l'île de Islay en concentre dix à elle seule ! La plupart des distilleries sont ouvertes au public et proposent des visites et dégustations, au cours desquelles vous pourrez goûter le whisky dans un dram (petit verre à liqueur). Pour en savoir plus sur l'élaboration du whisky, vous pouvez également visiter le Scotch Whisky Visitor Centre d'Édimbourg.

Boire et manger

Cuisine

Modes de préparation
Cooking methods

baked cuit au four
barbecued grillé au charbon de bois
boiled cuit à l'eau, bouilli
braised braisé, à l'étuvée
breadcrumbs: in breadcrumbs pané
breaded pané
browned doré
caramelized caramélisé
chargrilled grillé au charbon de bois
chopped en morceaux
cold frais ; froid
creamed à la crème
deep-fried frit
diced coupé en morceaux
dried séché
farmed élevé
fried frit
glazed glacé
grilled cuit au grill, grillé
hot chaud ; épicé
line-caught de ligne, péché à la ligne
marinated mariné
mashed en purée
medium à point
melted fondu
oven-baked cuit au four
over easy cuit sur les deux côtés
pan-fried sauté
pickled au vinaigre
poached poché
puréed en purée
rare saignant
roast, roasted rôti
sautéd sauté

seared saisi
sliced en tranches
slow-cooked mijoté
smoked fumé
spicy épicé
steamed à la vapeur
stir-fried sauté
stuffed farci
sun-dried séché au soleil
sunny side up sur le plat
toasted grillé
well done bien cuit
wild sauvage

Accompagnements
Accompaniments

bubble and squeak plat chaud fait à partir de restes, à base de pommes de terre et de chou
cauliflower cheese chou-fleur au gratin
champ plat à base de purée de pommes de terre et de ciboule ou de poireaux
clapshot plat à base de purée de pommes de terre, ciboule et rutabaga
colcannon plat à base de purée de pommes de terre et de chou
crackling couenne rôtie
creamed potatoes purée (de pommes de terre)
dumplings boulettes de pâte
game chips frites fines
garlic bread pain chaud au beurre d'ail
jacket potato pomme de terre en robe des champs fourrée
mash, mashed potatoes purée (de pommes de terre)
mushy peas purée de petits pois
onion rings rondelles d'oignon frites
potato wedges pommes de terre au four
roast potatoes pommes de terre rôties au four
sage and onion stuffing farce à la sauge et à l'oignon
seasonal vegetables légumes de saison
Yorkshire pudding crêpe épaisse salée traditionnellement servie avec du rôti de bœuf

Petit déjeuner Breakfast

Belgian waffles gaufres de Liège
black pudding boudin noir
boiled egg with soldiers œuf dur avec mouillettes
buttermilk pancakes petites crêpes épaisses au babeurre
continental breakfast petit déjeuner à la française
Danish pastry sorte de pâtisserie fourrée
eggs benedict œufs pochés servis sur des muffins, accompagnés d'une tranche de jambon et d'une sauce hollandaise
eggs florentine œufs pochés servis sur des muffins, accompagnés d'épinards et d'une sauce hollandaise
French toast pain perdu
fruit compote compôte de fruits
full English / Scottish / Irish breakfast bacon, saucisses, tomates etc cuits à la poêle
hash browns pommes de terre râpées et sautées
kedgeree riz pilaf au poisson fumé et aux œufs durs
kippers harengs fumés
muesli with fresh fruit and yoghurt petit déjeuner composé de muesli, fruits frais et yaourt
omelette Arnold Bennett omelette soufflée au haddock fumé
pancakes and maple syrup petites crêpes épaisses nappées de sirop d'érable
porridge porridge
potato scone sorte de galette de pomme de terre
smoked salmon and scrambled eggs saumon fumé avec des œufs brouillés
soda bread pain irlandais à la levure chimique
toasted bagels bagels (petites couronnes de pain) grillés

Gâteaux, biscuits et confiseries Cakes, biscuits and confectionery

apple turnover chausson aux pommes
blueberry muffin muffin aux myrtilles
brandy snap cigarette russe au gingembre
brownie brownie

carrot cake gâteau aux carottes
Chelsea bun petit pain rond aux raisins secs
chocolate cake gâteau au chocolat
chocolate chip cookie cookie aux pépites de chocolat
chorley cake feuilleté rond aux fruits secs
crumpet galette épaisse qui se déguste chaude avec du beurre
dundee cake cake épicé aux fruits secs, décoré avec des amandes
Eccles cake feuilleté rond aux fruits secs
fudge doughnut beignet au caramel
gingerbread pain d'épice
hot cross bun petit pain brioché aux raisins secs et marqué d'une croix, que l'on vend traditionnellement à Pâques
jam doughnut beignet à la confiture
mince pie tartelette fourrée avec un mélange de fruits secs et d'épices, que l'on sert à Noël
parkin sorte de pain d'épice à la mélasse
scone with jam and cream scone servi avec de la confiture et de la crème
scotch pancake crêpe épaisse
shortbread sablé
simnel cake gâteau aux fruits confits, recouvert de pâte d'amandes ou fourré à la pâte d'amandes
teacake petite brioche
Victoria sponge gâteau de Savoie

Desserts Desserts

apple strudel strudel aux pommes
apple tart tarte aux pommes
Baked Alaska omelette norvégienne
Bakewell tart fond de tarte fourré au biscuit de Savoie, à la confiture et à la pâte d'amandes
banoffee pie gâteau à la banane et au caramel
bread and butter pudding pudding (à base de pain)
butterscotch sauce caramel liquide
cheesecake gâteau au fromage blanc
chocolate mousse mousse au chocolat
chocolate tart tarte au chocolat
Christmas pudding plum-pudding
cobbler dessert composé de fruits recouverts d'une couche de pâte

cranachan dessert d'origine écossaise à base d'avoine grillée, de whisky, de crème fouettée et de framboises
crumble crumble (dessert composé de fruits recouverts d'une couche de pâte émiettée)
custard crème anglaise épaisse
Eton mess fraises servies avec des morceaux de meringue et de la crème Chantilly
fruit salad salade de fruits
knickerbocker glory coupe de glace avec fruits et crème Chantilly
lemon meringue pie tarte au citron meringuée
lemon posset sorte de crème au citron
lemon tart tarte au citron
pancake sorte de petite galette épaisse
pavlova vacherin
pecan pie tarte aux noix de pécan
pumpkin pie tarte au potiron
queen of puddings dessert à base de mie de pain, œufs, confiture et lait, recouvert de meringue
rice pudding riz au lait
sponge pudding sorte de gâteau de Savoie servi chaud
spotted dick pudding aux raisins secs, servi chaud
steamed pudding pudding cuit à la vapeur (peut être aux fruits, au chocolat etc)
sticky toffee pudding pudding au caramel, cuit à la vapeur
summer pudding pudding à base de compote de fruits rouges et de pain
sundae coupe de glace aux fruits et à la crème chantilly
treacle tart tarte à la mélasse
trifle dessert où alternent une couche de génoise imbibée d'alcool et de fruits en gelée et une couche de crème anglaise, le tout recouvert de chantilly

Plats de résistance Main courses

bangers and mash saucisses-purée
beef olives chair à saucisse enrobée de fines tranches de bœuf, cuite à la cocotte
beef stroganoff bœuf stroganoff
beef wellington bœuf en croûte
Cornish pasty chausson à la viande et aux légumes

coronation chicken morceaux de poulet froid à la mayonnaise parfumée au curry
cottage pie hachis Parmentier
Cumberland sausage type de saucisse épicée
faggots boulettes de viande
fish and chips poisson frit servi avec des frites
fish pie mélange de poissons à la sauce blanche recouvert de purée de pommes de terre
fishcakes croquettes de poisson
game pie sorte de tourte au gibier
haggis plat typique écossais fait d'une panse de brebis farcie
Lancashire hotpot ragoût d'agneau et de pommes de terre
meatballs boulettes de viande
meatloaf pain de viande
mixed grill assortiment de grillades
pork pie paté en croûte à la viande de porc
pot pie tourte à la viande et aux légumes
pot roast rôti de viande à la cocotte
roast beef / pork / lamb / chicken bœuf / porc / agneau / poulet rôti
saddle of venison selle de chevreuil
scampi scampis
shepherd's pie hachis Parmentier au mouton
steak and kidney pudding tourte à la viande et aux rognons cuite à la vapeur
toad in the hole plat composé de saucisses cuites au four dans une sorte de pâte à crêpes

Salades et assaisonnements
Salads and dressings

blue cheese dressing sauce au bleu
Caesar salad salade romaine agrémentée de croûtons et de parmesan, assaisonnée d'une vinaigrette à l'œuf et aux anchois
coleslaw salade de carottes et de chou crus à la mayonnaise
French dressing vinaigrette
green salad salade verte
honey and mustard dressing vinaigrette au miel et à la moutarde
mixed salad salade composée

mixed-leaf salad salade verte
potato salad salade de pommes de terre
Thousand Island dressing sauce à base de mayonnaise, de ketchup et de cornichons hachés
Waldorf salad salade de pommes, céleri et noix, assaisonnée avec de la mayonnaise

Sandwiches Sandwiches

bacon buttie sandwich au bacon
BLT sandwich avec du bacon, de la laitue et de la tomate
club sandwich sandwich mixte composé de trois couches de pain de mie
ploughman's lunch assiette de fromage, de pain et de pickles
sub(marine) gros sandwich mixte de forme allongée
toasted sandwich, toastie sandwich grillé
tuna melt sandwich au thon recouvert de fromage fondu
Welsh rarebit sorte de toast au fromage

Sauces et condiments Sauces and condiments

apple sauce compote de pommes, traditionnellement servie avec de la viande de porc
bread sauce sauce à la mie de pain, traditionnellement servie avec la dinde de Noël
brown sauce sauce épicée
chutney chutney
cranberry sauce sauce aux airelles, traditionnellement servie avec la dinde de Noël
horseradish sauce sauce au raifort
mayonnaise mayonnaise
mint sauce sauce à la menthe, traditionnellement servie avec de la viande d'agneau
onion gravy sauce à l'oignon
redcurrant jelly gelée de groseilles
salad cream sorte de mayonnaise
tartare sauce sauce tartare
tomato ketchup ketchup

white sauce sauce blanche
Worcestershire sauce sauce épicée au soja et au vinaigre

Soupes Soups

broccoli and Stilton soup soupe au brocoli et au Stilton (fromage anglais)
chowder potage épais contenant du poisson ou des fruits de mer, souvent des palourdes
cock-a-leekie soup soupe de poulet et poireaux
cullen skink potage au haddock fumé, pommes de terre et crème
lobster bisque bisque de homard
oxtail soup soupe de queue de bœuf
Scotch broth soupe à base de légumes et d'orge perlé

Friandises Sweet things

boiled sweets bonbons à sucer
candyfloss barbe à papa
fudge caramel
ice lolly glace à l'eau
liquorice réglisse
lollipop sucette
marshmallows chamallows®
marzipan pâte d'amandes
rock bâton de sucre d'orge parfumé à la menthe
toffee caramel
toffee apple pomme d'amour
Turkish delight loukoum

Ne ratez pas ... !
Le Royaume-Uni n'est certes pas précisément célèbre pour sa gastronomie, mais c'est pourtant là que vous pourrez déguster le meilleur curry d'Europe ! Les villes de Bradford et Leicester, ainsi que la Brick Lane du East End londonien, sont réputés pour leur curry houses. Attention, la plupart des ces restaurants ne servant pas d'alcool, c'est à vous d'apporter votre bouteille.

Glossaire de l'alimentation

alcopop prémix
allspice poivre de la Jamaïque
almonds amandes
anchovies anchois
apple pomme
apricot abricot
artichoke artichaut
asparagus asperge(s)
aubergine aubergine
avocado avocat
bacon bacon
bagel petit pain en forme de couronne
baked beans haricots blancs en sauce
baked potato pomme de terre en robe des champs
balsamic vinegar vinaigre balsamique
banana banane
barley orge
barley water sirop à base d'orge généralement parfumé au citron ou à l'orange
basil basilic
bay leaves feuilles de laurier
beansprouts germes de soja
beef bœuf
beer bière
beetroot betterave
biscuit biscuit
bitter lemon Schweppes® au citron
blackberry mûre
blackcurrant cassis
black coffee café noir, expresso
black pepper poivre noir
black pudding boudin noir
blood orange orange sanguine
blueberry myrtille
blue cheese bleu
boar sanglier
boiled egg œuf à la coque
Bombay mix mélange apéritif épicé composé de cacahouètes et de lentilles
bourbon bourbon
brandy cognac
Brazil nuts noix du Brésil
bread pain
breadstick gressin
breakfast petit déjeuner
brisket poitrine
broad beans fèves
broccoli brocoli
brown sugar sucre roux
Brussels sprouts choux de Bruxelles
Buck's fizz cocktail composé de champagne et de jus d'orange
buckwheat sarrasin
buffalo mozzarella mozzarella au lait de bufflonne
bulgur wheat boulghour
burger hamburger
butter beurre
butter beans haricots beurre
butternut squash courge musquée
button mushroom champignon de Paris
cabbage chou
cantaloupe (melon) cantaloup
capers câpres
caramel caramel

carrot carotte
cashew nuts noix de cajou
cauliflower chou-fleur
cayenne pepper poivre de Cayenne
celeriac céleri-rave
celery céleri
cereal céréales
chard blette
cheese fromage
cheese spread fromage à tartiner
cherry cerise
chervil cerfeuil
chestnut marron
chestnut mushrooms champignons bruns de Paris
chicken poulet
chicken breast blanc de poulet
chicken leg cuisse de poulet
chicken livers foie de volaille
chicken thigh cuisse de poulet
chicken wings ailes de poulet
chickpeas pois chiches
chicory endive
chilli *(légume)* piment ; *(plat)* chili con carne
chips frites
chives ciboulette
chocolate chocolat
chocolate bar barre chocolatée
chop côtelette
chutney chutney
cider cidre
cinnamon cannelle
clams palourdes
clementine clémentine
clotted cream crème fraîche très épaisse
cloves clous de girofle
cockles coques
cocoa cacao
coconut noix de coco
cod morue
coffee café
cognac cognac
Coke® Coca®
coriander coriandre
corn maïs
cornbread pain à la farine de maïs
cornflour fécule de maïs
corn on the cob épi de maïs
corn salad mâche
cos lettuce romaine
cottage cheese fromage blanc égoutté
courgette courgette
crab crabe
crackers biscuits salés
cranberry canneberge (baie rouge au goût acidulé)
cranberry juice jus de canneberge
crayfish écrevisse
cream crème
crème fraîche crème fraîche
cress variété de cresson
crisps chips
crumpet galette épaisse qu'on déguste chaude avec du beurre
cucumber concombre
Cumberland sauce sauce à base de gelée de groseilles, porto et jus d'orange
Cumberland sausage type de saucisse en forme de spirale
cumin cumin
cupcake petit gâteau dans une caissette en papier
currants raisins de Corinthe
cutlet côtelette

dark chocolate chocolat noir
date datte
decaf déca
demerara sugar cassonade
dessert wine vin doux
Diet Coke® Coca Light®
digestive biscuit biscuit sablé
dill aneth
dip sauce dans laquelle on trempe crudités, chips etc
double cream sorte de crème fraîche épaisse
doughnut beignet
Dover sole sole
drink boisson
Dublin Bay prawn langoustine
duck canard
eel anguille
egg œuf
eggnog lait de poule alcoolisé
egg white blanc d'œuf
endive frisée ; endive
espresso expresso
extra-virgin olive oil huile d'olive extra vierge
fennel fenouil
fig figue
fillet filet
fillet steak filet de bœuf
fishcake croquette de poisson
flaky pastry pâte feuilletée
flapjack biscuit à l'avoine
flour farine
foam mousse
frankfurter saucisse de Francfort
French fries frites
French toast pain perdu
fried egg œuf sur le plat
fries frites
fritter beignet
frozen yoghurt yaourt glacé
fruit fruit
fruit juice jus de fruit
fudge caramel
full-fat milk lait entier
game gibier
gammon jambon fumé
garlic ail
gherkin cornichon
gin gin
ginger gingembre
ginger ale boisson gazeuse aux extraits de gingembre pouvant servir à couper un alcool
ginger beer limonade au gingembre
gingerbread pain d'épice
ginger nut, ginger snap biscuit au gingembre
goat's cheese fromage de chèvre
goose oie
gooseberry groseille à maquereau
grain mustard moutarde à l'ancienne
grape raisin
grapefruit pamplemousse
grapefruit juice jus de pamplemousse
gravadlax, gravlax saumon fumé mariné dans un mélange d'épices, de sel et de sucre
gravy sauce au jus de viande
Greek yoghurt yaourt grec
green beans haricots verts
green pepper poivron vert
grey mullet mulet
grouse grouse (coq de bruyère d'Écosse)
guava goyave

guinea fowl pintade
gurnard grondin
haddock églefin
hake merlu
halibut flétan
ham jambon
hamburger hamburger
ham hock jarret de porc
hard-boiled egg œuf dur
hare lièvre
hazelnuts noisettes
herbal tea tisane
herbs fines herbes
herring hareng
honey miel
honeycomb gâteau au miel
honeydew melon melon d'Espagne
horseradish raifort
hot chocolate chocolat chaud
ice cream glace
icing glaçage
icing sugar sucre glace
jam confiture
jelly gelée
Jerusalem artichoke topinambour
John Dory saint-pierre
kale chou frisé
kebab brochette, kebab
kidney beans haricots rouges
kidneys rognons
king prawn grosse crevette
kipper hareng fumé
kiwi fruit kiwi
Kobe beef bœuf de Kobé
lager bière blonde
lamb agneau
lamb shanks jarrets d'agneau
latte café crème
leek poireau
lemon citron
lemonade limonade
lemon curd crème au citron
lemongrass citronnelle
lemon sole limande-sole
lentils lentilles
lettuce laitue, salade
lime citron vert
lime cordial sirop de citron vert
liver foie
lobster homard
lunch déjeuner
lychees litchis
macadamia nuts noix de macadamia
macaroon macaron
mackerel maquereau
mangetout mange-tout
mango mangue
maple syrup sirop d'érable
margarine margarine
marjoram marjolaine
marmalade marmelade d'oranges
marrow courge
mash purée de pommes de terre
mashed potatoes purée de pommes de terre
meat viande
melon melon
milk lait
milk chocolate chocolat au lait
milkshake milk-shake
mince steak haché
mincemeat *(garniture)* mélange de fruits secs et d'épices qui sert de garniture à des tartelettes ; *(viande)* steak haché
mineral water eau minérale
mint menthe

monkfish lotte
morello cherry griotte
mulled wine vin chaud épicé
mushroom champignon
mussels moules
mustard moutarde
mutton mouton
noodles nouilles chinoises
nutmeg noix de muscade
nuts terme générique pour désigner les fruits secs tels que noix, noisettes, pistaches, amandes, etc
octopus poulpe
offal abats
oil huile
okra gombo
olive olive
olive oil huile d'olive
onion oignon
orange orange
orange juice jus d'orange
oregano origan
oxtail queue de bœuf
oyster huître
pancake *(mince)* crêpe ; *(épais)* sorte de petite galette épaisse
papaya papaye
Parma ham jambon de Parme
parsley persil
parsnip panais (légume en forme de carotte et de couleur blanche, très courant au Royaume-Uni)
partridge perdrix
passion fruit fruit de la passion
pasta pâtes
pâté pâté
peach pêche
peanut butter beurre de cacahouète
peanuts cacahouètes
pear poire
peas petits pois
pecan noix de pécan
pepper *(épice)* poivre ; *(légume)* poivron
pesto pistou
pheasant faisan
pickles petits morceaux de légumes (oignons grelots, cornichons, chou-fleur, etc) macérés dans du vinaigre
pie tourte
pigeon pigeon
pineapple ananas
pistachios pistaches
plaice carrelet
plain chocolate chocolat noir
plum prune
poached egg œuf poché
pollack lieu jaune
pork porc
pork belly poitrine de porc
port porto
prawn crevette
prawn cocktail entrée de crevettes à la mayonnaise
pretzel bretzel
prune pruneau
pudding dessert ; *(gâteau)* pudding
puff pastry pâte feuilletée
pulses légumineuses
pumpkin potiron
pumpkin seeds graines de potiron
purple sprouting broccoli brocoli violet
puy lentils lentilles vertes du Puy
quail caille
quail's egg œuf de caille

quince coing
rabbit lapin
rack of lamb carré d'agneau
radish radis
rainbow trout truite arc-en-ciel
raisins raisins secs
raspberry framboise
razor clams couteaux
red cabbage chou rouge
redcurrant groseille
red mullet rouget barbet
red pepper poivron rouge
red snapper vivanneau
rhubarb rhubarbe
rib-eye steak faux-filet
rice riz
roast beef rosbif
roast chicken poulet rôti
roast lamb rôti d'agneau
roast pork rôti de porc
roast potatoes pommes de terre rôties au four
rocket roquette
roll petit pain rond
rosemary romarin
rum rhum
rump steak romsteck
runner beans haricots d'Espagne
saffron safran
sage sauge
salad salade
salmon saumon
salt sel
salt beef bœuf salé
sardine sardine
satsuma type de mandarine
sauerkraut choucroute
sausage saucisse ; saucisson
Savoy cabbage chou frisé de Milan
scallop coquille Saint-Jacques
scone sorte de pain au lait rond qu'on mange avec du beurre ou de la clotted cream, et de la confiture
scotch whisky, Scotch
scrambled eggs œufs brouillés
sea bass bar, loup
sea bream daurade
seafood fruits de mer
sea salt sel de mer
sea urchin oursin
semi-skimmed milk lait demi-écrémé
semolina semoule
sesame seeds graines de sésame
shallot échalote
shandy panaché
shellfish crustacés
shooter cocktail servi dans un petit verre
shortbread, shortcake sablé au beurre
shortcrust pastry pâte brisée
shoulder of lamb / pork épaule d'agneau / de porc
shrimp crevette
single cream crème liquide
sirloin steak bifteck dans l'aloyau
skate raie
skimmed milk lait écrémé
smoked salmon saumon fumé
smoothie boisson à base de jus de fruit mélangé avec du yaourt ou du lait
soda water eau de Seltz
soft drink boisson non-alcoolisée
sole sole
sorbet sorbet

sourdough bread pain au levain
soured cream crème aigre
soya soja
soya beans soja
soy sauce sauce de soja
spare ribs travers de porc
sparkling pétillant, mousseux
spice épice
spinach épinards
spring onion oignon blanc
squash *(légume)* courge ; *(boisson)* sirop
squid calamar(s)
star anise anis étoilé
steak steak
stew ragoût
stir-fry sauté
stock bouillon
strawberry fraise
streaky bacon bacon entrelardé
string beans haricots verts
stuffing farce
suet graisse de rognon
sugar sucre
sugar peas haricots mange-tout
sultanas raisins de Smyrne
swede rutabaga
sweetbreads ris
sweetcorn maïs
sweet potato patate douce
Swiss chard bette
swordfish espadon
tangerine mandarine
tapioca tapioca
tarragon estragon
T-bone steak steak dans l'aloyau
tea thé
tenderloin filet
thyme thym
tiger prawn crevette tigrée
toffee caramel
tofu tofu
tomato tomate
tomato juice jus de tomate
tongue langue
tonic (water) Schweppes®
tripe tripes
trotter pied de porc
trout truite
truffle truffe
tuna thon
turbot turbot
turkey dinde
Turkish delight loukoum
turmeric curcuma
turnip navet
vanilla vanille
vanilla pod gousse de vanille
veal veau
vegetable légume
venison venaison, chevreuil
vinegar vinaigre
wafer gaufrette
waffle gaufre
walnut noix
water eau
watercress cresson
watermelon pastèque
whipping cream crème pour faire de la crème fouettée
whisky whisky
whitebait petite friture
white pepper poivre blanc
wild boar sanglier
wild mushroom champignon
wine vin
wood pigeon ramier
wrap tortilla fourrée
yellow pepper poivron jaune
yoghurt yaourt

Infos pratiques

La réponse à toutes vos questions pratiques

Argent et banque

Les banques britanniques ouvrent de 9h à 16h30 en semaine, et le samedi matin dans le cas des grandes banques. Avec votre carte de crédit internationale, vous pourrez payer dans la majorité des commerces, hôtels et restaurants, et retirer de l'argent des nombreux distributeurs (**cashpoints**).

Et puisque les Britanniques restent farouchement opposés à entrer dans la zone euro, vous n'aurez pas d'autre recours que d'adopter les billets et pièces de monnaie à l'effigie de la reine d'Angleterre ! L'unité monétaire du Royaume-Uni (Grande-Bretagne et Irlande du Nord) est le **pound** (symbole **£** indiqué AVANT le montant), lequel vaut cent **pence** (abrégé en **p** et prononcé *pî*). On trouve des pièces de 1p, 2p, 5p, 10p, 20p, 50p, £1 et £2, et des billets de £5, £10, £20 et £50. Dans la conversation courante, un **pound** est souvent appelé **quid**. Attention, le pluriel de **quid** est aussi **quid**, donc **one quid, two quid** etc. L'Écosse et l'Irlande du Nord émettent leurs propres billets, mais pas de souci, en principe ils devraient être acceptés dans l'ensemble du Royaume-Uni. Si vous prévoyez de voyager en Irlande (**Republic of Ireland**), plus de problèmes de change puisque la monnaie est l'euro !

Quelques expressions familières

I only have a fiver je n'ai qu'un billet de cinq livres
it cost me ten quid ça m'a couté dix livres
can you lend me a tenner? est-ce que tu peux me prêter dix livres ?
it's rather pricey c'est plutôt chérot

Kit de survie

banque	bank *bannk*
billet *(de banque)*	(bank)note *(bannk)nôwt*
bureau de change	bureau de change *biourôw de chanj*
Carte Bleue®	debit card *dèbitt cârd*
carte de crédit	credit card *krèditt cârd*
changer de l'argent	to change money *tou tchèndj moni*
chèque	cheque *tchèk*
chèque de voyage	traveller's cheque *traveuleurz tchèk*
code confidentiel	PIN (number) *pinn nommbeur*
commission	commission *kommicheun*
compte (bancaire)	(bank) account *(bannk) eukaownt*
devise	currency *keureunssi*
distributeur (automatique)	cashpoint *cach-poïntt*, cash machine *cach meuchîne*
euro	euro *yourôw*
guichet	counter *kaownteur*
livre *(anglaise)*	pound *paownd*
pence	pence *pènss*
penny	penny *pènni*
pièce (de monnaie)	coin *koïnn*
retirer de l'argent	to withdraw money *tou wiTHdrow moni*
retrait	withdrawal *wiTHdroweul*
solde	balance *baleunss*
TPE	pinpad *pinnpad*
virement	transfer *trannsfeur*

À vous

à quelle heure ouvrent les banques ?
what time do the banks open?
wâtt taïme dou Ze bannkss ôwpeun?

les banques sont-elles ouvertes le samedi ?
are banks open on Saturdays?
âr bannkss ôwpeun onn sateurdeïz?

je cherche un distributeur automatique
I'm looking for a cashpoint
aïme loukinng for e cach-poïntt

je voudrais faire un virement
I'd like to transfer some money
*aïde laïke tou tr**a**nnsfeur somm m**o**ni*

je voudrais retirer de l'argent
I'd like to withdraw some money
*aïde laïke tou w**i**THdrow somm m**o**ni*

je voudrais trois billets de 50 livres, deux de 10 livres et le reste en monnaie
I'd like three fifty-pound notes, two ten-pound notes and the rest in change
*aïde laïke THrî **fi**fti-p**a**ownd n**ôw**tss, tou t**è**nn-p**a**ownd n**ôw**tss ènde Ze rèst inn tch**è**nj*

ça va prendre combien de temps ?
how long will it take?
*Haow longue wil-litt t**eï**ke?*

j'attends un mandat
I'm waiting for a money order
*aïme **weï**tinng for e m**o**ni **ow**rdeur*

je voudrais signaler la perte de mes cartes de crédit
I'd like to report the loss of my credit cards
*aïde laïke tou rip**ow**rt Ze loss ov maï kr**è**ditt cârdz*

je voudrais faire opposition à un chèque
I'd like to cancel a cheque
*aïde laïke tou k**a**nnseul e tchèk*

le distributeur de billets a avalé ma carte
the cash machine has swallowed my card
*Ze c**a**ch meuch**î**ne Haz sw**a**lôwd maï c**â**rd*

j'ai oublié mon code confidentiel
I've forgotten my PIN number
*aïve forgotteun maï p**i**nn neumbeur*

Vous lirez ...

please insert your card	insérez votre carte
select your language	choisissez votre langue

please enter your PIN number	tapez votre code confidentiel
cash with receipt	retrait avec reçu
cash without receipt	retrait sans reçu
please remove your card	veuillez retirer votre carte
please take your cash	veuillez retirer votre argent
this machine is temporarily out of service	appareil (momentanément) hors service

Au bureau de change

Vous pourrez changer de l'argent dans la plupart des bureaux de poste, banques et agences de voyages et dans les bureaux de change de certains grands magasins. Pour ceux d'entre vous qui utilisent des chèques de voyage, sachez que les banques prélèvent une commission sur chaque opération, donc il est plus avantageux de changer une grosse somme.

À vous

où est-ce qu'il y a un bureau de change ?
where can I change money?
*wèr keun aï tch**è**ndj m**o**ni?*

je voudrais changer 200 € / 500 € en livres, s'il vous plaît
I'd like to change two hundred euros / five hundred euros into pounds sterling, please
*aïde laïke tou tch**è**ndj tou Heunndreud **you**rôwz / faïve Heunndreud **you**rôwz inntou p**a**owndz steurlinng, plîz*

quel est le taux de change ?
what is the exchange rate?
*wâtt iz Zi èkstch**è**ndj r**eï**te?*

est-ce qu'il y a une commission ?
is there any commission?
Iz Zèr èni kommichcun?

Argent et banque

à combien s'élève le taux de commission ?
how much is the commission?
Haow meutch iz Ze kommicheun?

je voudrais échanger des chèques de voyage
I'd like to change some traveller's cheques
aïde laïke tou tchèndj somm traveuleurz tchèkss

est-ce que je peux payer par carte bancaire ?
can I pay by card?
keun aï peï baï cârd?

pourrais-je avoir de plus petites coupures ?
could I have smaller notes?
coud-daï Hav smowleur nôwtss?

Vous lirez ...

no commission sans commission
we buy nous achetons
we sell nous vendons

Poste et courrier

Les bureaux de poste en Grande-Bretagne sont ouverts de 9h à 17h30 en semaine et, souvent, également le samedi de 9h à 13h. Dans les endroits isolés, un petit commerce fait office de bureau de poste aux mêmes horaires qu'un bureau de poste traditionnel. Repérez la mention **Post Office** inscrite dans une enseigne ovale rouge, de la même couleur que les traditionnelles boîtes aux lettres.

Les tarifs varient en fonction de la taille, de l'épaisseur et du poids de votre envoi. La plupart des lettres et cartes postales sont classées comme **Letter** (lettre), mais si votre pli est trop grand, épais ou lourd, on vous appliquera le tarif plus élevé correspondant à une **Large Letter** (grande lettre) ou un **Packet** (paquet). Pour un envoi en Grande-Bretagne, vous avez aussi le choix entre un tarif rapide (**first class**) ou normal (**second class**). Les timbres pour ces deux tarifs sont disponibles dans différents commerces, notamment chez certains **newsagents**, en lot de quatre, six ou douze timbres, ou en ligne sur www.royalmail.com. Pour vos envois à l'étranger, les **newsagents** vendent également des carnets de quatre timbres valables pour des plis de moins de 40g à destination de l'Europe (**European**) ou du reste du monde (**Worldwide**). Pour des envois plus lourds, vous devrez aller dans un bureau de poste, où vous pourrez également acheter enveloppes et papier à lettres.

Les normes anglaises pour adresser un pli sont les suivantes : sur la première ligne, on indique le titre (**Mr**, **Mrs**, **Ms** ou **Miss**) suivi du prénom ou de l'initiale du prénom puis du nom de famille. Sur la deuxième ligne, le numéro et le nom de la rue, sur la troisième ligne, la ville, sur la quatrième, le comté, et sur la cinquième, le code postal.

Kit de survie

balance	scales *skeïlz*
boîte aux lettres	postbox *pôwstbox*
carte postale	postcard *pôwstcârd*
code postal	postcode *pôwstcôwd*
colis	package *pakidj*, parcel *pârseul*
courrier	mail *meïl*, post *pôwst*
écrire	to write *tou raïte*
en recommandé	by recorded delivery *baï rikordeud diliveuri*
enveloppe	envelope *ènveulop*
envoi normal	second-class *sèkeund-clâss*
envoi prioritaire	first-class *feurst-clâss*
envoyer	to send *tou sènnd*
lettre	letter *lètteur*
par avion	airmail *èr-meïl*
peser	to weigh *tou weï*
poste	post office *pôwst offiss*
recevoir	to receive *tou rissîv*
timbre	stamp *stèmp*

À vous

où est-ce que je peux trouver un bureau de poste ?
where can I find a post office?
wèr keun aï faïnd e pôwst offiss?

y a-t-il une boîte aux lettres par ici ?
is there a postbox near here?
iz Zèr e pôwstbox nîr Hir?

est-ce que la poste est ouverte le samedi ?
is the post office open on Saturdays?
iz Ze pôwst offiss ôwpeun onn sateudeïz?

à quelle heure ferme la poste ?
what time does the post office close?
wâtt taïme daz Ze pôwst offiss clôwz?

je voudrais cinq timbres pour la France
I'd like five stamps for France
aïde laïke faïve stèmpss for franss

combien coûte un timbre pour la Suisse ?
how much is a stamp for Switzerland?
Haow meutch iz e stèmp for switdzeuleund?

y a-t-il un tarif lent ?
is there a second-class post?
iz Zèr e sèkeund-clâss pôwst?

je voudrais envoyer ce colis à Lyon par avion
I'd like to send this package to Lyons by airmail
aïde laïke tou sènnd Ziss pakidj tou liyon baï èr-meïl

il contient ...
it contains ...
itt keunteïnz ...

combien de temps ça met pour arriver ?
how long will it take to get there?
Haow longue wilitt teïk tou guèt Zèr?

où est-ce que je peux acheter des enveloppes ?
where can I buy envelopes?
wèr keun aï baï ènveulops?

y a-t-il du courrier pour moi ?
is there any post for me?
iz Zèr èni pôwst for mi?

si je reçois du courrier, est-ce que vous pourriez me le faire suivre en France ?
if I get any mail, could you forward it to me in France?
if aï guèt èni meïl, coude you fowrweurd-ditt tou mi inn franss?

Vous lirez ...

addressee	destinataire
customs declaration	déclaration en douane
first collection	première levée
fragile	fragile
last collection	dernière levée
sender	expéditeur

Vous entendrez ...

it takes between two and five days
ça met entre deux et cinq jours

I need to weigh it
il faut que je le pèse

put it on the scales, please
mettez-le sur la balance s'il vous plaît

what's in the parcel?
que contient le colis ?

Déchiffrer les adresses

Quelques abréviations courantes sont **Rd** pour Road, **St** pour Street, **Ave** pour Avenue, **Terr** pour Terrace, **Sq** pour Square.

22**A** correspond au n°22, 22**B** au 22bis et 22**C** au 22ter.

En Grande-Bretagne, le code postal s'écrit après le nom de la ville.

Internet et e-mails

Pour ceux qui ne peuvent jamais se « déconnecter » même en vacances, pas de souci, les cybercafés ne manquent pas. Les lignes ADSL (**broadband**) sont désormais courantes dans la plupart des régions du Royaume-Uni, et de nombreux cafés et pubs ont une connection Wi-Fi (prononcez *waï-faï*). Vous pourrez également vous connecter pendant le trajet dans les trains équipés d'une connection Wi-Fi.

Si vous tapez à partir d'un clavier anglais, vous serez un peu ralentis : il s'agit du clavier international (QWERTY), différent du français (AZERTY), donc gare aux fautes de frappe !

L'arobase se dit **at** (*âtt*), le point **dot** (*dott*) et le trait de soulignement **underscore** (*eundeurscôre*). On précise **all in one word** quand une partie de l'adresse s'écrit en un seul mot. Par exemple l'adresse ceciliagooding@hotmail.com se lira : « cecilia gooding (all in one word) at hotmail dot com » *(sésîliagoudinng ôl inn wann weurd âtt Hottmeïl dott comm)*.

Kit de survie

adresse e-mail	e-mail address *î-meïl eudrèss*
ADSL	broadband *browdbannd*
arobase	at sign *att saïnn*
chatter	to chat *tou tchatt*
clavier	keyboard *kîbowrd*
clé USB	memory stick *mèmeuri stik*
coller	to paste *tou peïsst*
copier	to copy *tou copi*
couper	to cut *tou keut*
cybercafé	Internet café *innteurnèt cafeï*
effacer	to delete *tou dilîte*
e-mail	e-mail *î-meïl*
envoyer un e-mail	to send an e-mail *tou sènd ann î-meïl*
forum	forum *foreum*

imprimante printer *prinnteur*
imprimer to print *tou prinnt*
messagerie instantanée instant messaging *innsteunt mèsseudjinng*
mot de passe password *passweurd*
recevoir to receive *tou rissîve*
sauvegarder to save *tou seïve*
scanner to scan *tou scann*
scanneur scanner *scanneur*
site Web website *wèbsaïte*
Skype® Skype® *skaïpe*
télécharger to download *tou daownlôwd*
touche key *kî*

À vous

y a-t-il un cybercafé près d'ici ?
is there an Internet café near here?
iz Zèr ann innteurnèt cafeï nîr Hir?

je dois aller au cybercafé pour vérifier mon mail
I need to go to the Internet café to check my mail
aï nîdd tou gôw tou Zi innteurnèt cafeï tou tchèk maï meïl

est-ce que vous avez une adresse e-mail ?
do you have an e-mail address?
dou you Hav ann î-meïl eudrèss?

je voudrais m'ouvrir une adresse e-mail
I'd like to open an e-mail account
aïde laïke tou ôwpeun ann î-meïl eukaownt

je voudrais un ticket pour …
I'd like a ticket for …
aïde laïke e tikeut for …

comment est-ce que je me connecte ?
how do I get online?
Haow dou aï guèt onnlaïne?

y a-t-il une connexion WiFi ici ?
is there a WiFi connection here?
iz Zèr e waïfaï keunèkcheun Hir?

est-ce que vous pouvez m'aider, je ne sais pas comment ça marche
could you help me, I don't know how this works
*coude you **Hè**lp mi, aï donnte nôw Haow Ziss **weu**rkss*

je ne trouve pas la touche pour l'euro sur le clavier
I can't find the euro sign on the keyboard
*aï kante faïnd Zi **you**rôw saïnn onn Ze **kî**bowrd*

comment obtenir l'arobase sur ce clavier ?
how do I get the at sign on this keyboard?
*Haow dou aï guèt Zi att saïnn onn Ziss **kî**bowrd?*

ça ne marche pas
it's not working
*itss nott **weu**rkinng*

il y a un problème, c'est bloqué
there's something wrong with it, it's frozen
*Zèrz sommTHinng **ron**gue wiTH-TH**i**tt, itss fr**ôw**zeun*

il a planté
it's crashed
*itss cr**a**cht*

le son ne marche pas
the sound isn't working
*Ze s**aow**nd izeunt **weu**rkinng*

je voudrais imprimer / scanner quelque chose
I'd like to print / scan something
aïde laïke tou prinnt / scann sommTHinng

je peux graver un CD ?
can I burn a CD?
keun aï beurn e sî-dî?

est-ce qu'on peut téléphoner par Internet ici ?
can I use the Internet to telephone here?
*keun aï youz Zi **i**nnteurnèt tou **tè**lefôwn H**i**r?*

avez-vous une webcam / un micro / un casque ?
do you have a webcam / a microphone / earphones?
*dou you Hav e **wè**bkamm / e m**aï**kreufôwn / **î**rfôwnz?*

Vous lirez …

inbox	boîte de réception
no downloading	téléchargement interdit
outbox	boîte d'envoi

Vous entendrez …

you'll have to wait for around twenty minutes
il y a environ vingt minutes d'attente

I can put your name on the list
je peux vous inscrire sur la liste

Téléphone

Les numéros de téléphone s'énoncent selon le cas par centaine, dizaine ou unité. Pour dire zéro, vous entendrez souvent dire O (comme la lettre de l'alphabet). Par exemple 0207 233 0500 se lira « O two O seven two double three O five hundred » ou « zero two zero »…

En Grande-Bretagne, les numéros de téléphones sont composés de 11 chiffres, qu'il s'agisse de téléphones fixes ou de portables.

Pour appeler la France, composez le 00 33 suivi du numéro à 9 chiffres (c'est-à-dire sans le 0 initial). L'indicatif de la Belgique est le 00 32, et celui de la Suisse le 00 41. Pour appeler la Grande-Bretagne depuis l'étranger, composez le 00 44 suivi du numéro à 10 chiffres (c'est-à-dire sans le 0 initial).

Souvenez-vous qu'il y a une heure de moins au Royaume-Uni : ça vous évitera d'appeler votre collègue juste au moment où il est parti déjeuner ou a terminé sa journée de travail !

Comme tout le monde ou presque a désormais un portable, les cabines téléphoniques se font rares et il devient de plus en plus difficile d'en trouver une. Les cabines fonctionnent avec des pièces (**coins**) et, de plus en plus souvent, par carte téléphonique (**phone card**) et par carte bancaire (**credit card**), et offrent parfois la possibilité de se connecter à Internet et d'accéder à vos mails. Vous pourrez acheter une carte de téléphone dans la plupart des bureaux de poste et chez les marchands de journaux (**newsagents**). Plus pratiques dans la mesure où on peut les utiliser depuis n'importe quel téléphone (cabine, téléphone privé, etc) en composant un code, les cartes pré-payées (**prepaid phonecards**) sont vendues chez les **newsagents** et dans bon nombre de commerces de proximité.

Globalement, la couverture du réseau de téléphonie mobile est bonne sur l'ensemble du territoire britannique (à l'exception de certaines zones rurales), quoique celui puisse varier en fonction de votre opérateur. Si vous séjournez au Royaume-Uni pour un certain temps, l'option la moins chère est probablement de faire débloquer votre téléphone portable et d'acheter une carte SIM **pay-as-you-go**, que vous pourrez recharger en crédit au fur et à mesure de vos besoins, dans un distributeur automatique ou dans n'importe quel **newsagent** ou supermarché affichant l'enseigne **top-up**. Les opérateurs les plus importants sont **Orange**, **Vodafone**, **T-mobile** et **O2**.

Pour ceux qui recherchent un peu de silence, sachez que la plupart des trains comprennent un **quiet carriage** (« voiture sans bruit ») dans lequel il est interdit d'utiliser son téléphone portable.

Kit de survie

adaptateur	adaptor *eud**a**pteur*
allô	hello *Hèl**ôw***
annuaire	(tele)phone book *(t**è**leu)fôwn bouk*
appel	call *c**ow**l*
appel international / national / local	international / national / local call *innteurn**a**cheneul / n**a**cheneul / l**ôw**keul cowl*
appeler quelqu'un	to call someone *tou c**ow**l sommwann*
cabine téléphonique	phone booth *f**ôw**n bouTH*, phone box *f**ôw**n box*
carte de téléphone	phonecard *f**ôw**ncârd*
carte SIM	SIM card *simm c**â**rd*
chargeur	charger *tch**â**rdjeur*
itinérance	roaming *r**ôw**minng*
kit mains libres	hands-free *Hanndz-frî*
message	message *m**è**sseudj*
MMS	picture message *p**i**ktcheur m**è**sseudj*
numéro de téléphone	phone number *f**ôw**n n**o**mmbeur*
Pages Jaunes®	Yellow Pages® *y**è**lôw p**eï**djeuz*
portable	mobile *m**ôw**baïl*
recharge	top-up *t**o**ppeup*
renseignements	directory enquiries *dir**è**kteuri innkw**a**yeuriz*
répondeur	answering machine ***a**nnseurinng meuch**i**ne*

SMS	text message *tèxt mèsseudj*
sonnerie	ringtone *rinng tôwn*
téléphone	(tele)phone *(tèleu)fôwn*
téléphone fixe	landline *landlaïn*
téléphoner	to (tele)phone *tou (tèleu)fôwn*

Abréviations courantes

wk = work numéro au travail
hm = home numéro du domicile
mob. = mobile numéro de portable

À vous

est-ce que vous pouvez répéter plus lentement ?
could you say that again more slowly?
coude you seï Zat eugueïnn môwre slôwli?

est-ce que vous pouvez parler plus fort ?
could you speak up?
coude you spîk-keup?

est-ce que vous parlez français ?
do you speak French?
dou you spîk frèntch?

est-ce qu'il y a une prise pour que je recharge mon portable ?
is there a socket so that I can recharge my mobile?
iz Zèr e sokèt sôw Zat aï keun ritchârdj maï môwbaïl?

tu as un numéro de portable ?
do you have a mobile number?
dou you Hav e môwbaïl nommbeur?

où est-ce que je peux vous joindre pendant la journée ?
where can I reach you during the day?
wèr keun aï rîtch you diourinng Ze deï?

tu as eu mon message ?
did you get my message?
did you guèt maï mèsseudj?

tu es chez quel opérateur ?
which network are you on?
witch nètweurk âr you onn?

je t'ai envoyé un SMS / un MMS
I sent you a text / a picture message
ai sènnt you e tèxt / e piktcheur mèsseudj

je n'ai plus de crédit
I've run out of credit
aïv reun-naowt ov krèditt

je voudrais une recharge de cinq livres, s'il vous plaît
I'd like a five-pound top-up, please
aïde laïke e faïve-paownd toppeup, plîz

je voudrais débloquer mon portable
I'd like to unlock my phone
aïde laïke tou eunlok maï fôwn

je voudrais activer l'itinérance
I'd like to activate roaming
aïde laïke tou activeïte rôwminng

où est-ce que je peux acheter une carte de téléphone ?
where can I buy a phonecard?
wèr keun aï baï e fôwncârd?

une carte de téléphone de cinq livres, s'il vous plaît
a five-pound phonecard, please
e faïve paownd fôwncârd, plîz

est-ce que vous savez s'il y a une cabine téléphonique près d'ici ?
do you know if there's a phone box near here?
dou you nôw if Zèrz e fôwn box nîr Hir?

pourriez-vous me faire la monnaie de ..., c'est pour téléphoner ?
could you give me change for ... to make a phone call?
coude you giv mi tchèndj for ... tou meïke e fôwn cowl?

je voudrais appeler en PCV
I'd like to make a reverse-charge call
aïde laïke tou meïke e riveurss-tchârdj cowl

quel est l'indicatif pour la France / la Suisse / la Belgique ?
what's the dialling code for France / Switzerland / Belgium?
wâtss Ze daïlinng côwd for franss / switzeurlannd / bèldjieum?

Vous entendrez ...

the number you have dialled has not been recognized
le numéro que vous avez demandé n'est pas attribué

press the hash / star key
appuyez sur la touche dièse / étoile

Formules usuelles

À vous

allô, est-ce que je suis bien chez ... ?
hello, is this ...?
Hèlôw, iz Ziss ...?

allô, c'est moi / Pierre *(quand on appelle)*
hello, it's me / Pierre
Hèlôw, itss mi / Pierre

allô, David ?
hello, David?
Hèlôw, deïvid?

allô, bonjour, je voudrais parler à M. ..., de la part de ...
hello, I'd like to speak to Mr ..., this is ...
Hèlôw, aïde laïke tou spîk tou missteur ..., Ziss iz ...

pouvez-vous lui dire que j'ai appelé ?
could you tell him / her I called?
coude you tèl Himm / Heur aï cowld?

vous avez de quoi écrire ?
do you have a pen?
dou you Hav e pèn?

mon nom est ... et mon numéro le ...
my name is ... and my number is ...
maï neïme iz ... ènde maï nommbeur iz ...

est-ce que vous pouvez lui demander de me rappeler ?
could you ask him / her to call me back?
coude you ask Himm / Heur tou cowl mi bak?

est-ce que vous savez quand je peux le / la joindre ?
do you know when I'll be able to reach him / her?
dou you nôw wèn al bi eïbeul tou rîtch Himm / Heur?

je vous remercie, au revoir
thank you, goodbye
THènkiou, goudbaï

je rappellerai (plus tard)
I'll call back (later)
al côwl bak (leïteur)

il / elle peut me joindre au …
he / she can reach me at …
Hî / chî keun rîtch mi att …

on s'appelle bientôt ?
we'll talk soon, OK?
wil towk soun, ôwkeï?

on se rappelle, ok ?
we'll talk again, OK?
wil towk eugueïnn, ôwkeï?

Vous entendrez …

he's gone out
il est sorti

he'll be back in half an hour
il sera de retour dans une demi-heure

you've got the wrong number
vous vous êtes trompé de numéro

hold on
ne quittez pas

one moment, I'll hand you over to him
un instant, je vous le passe

speaking / John speaking
c'est moi / c'est John

he's not in, would you like to leave a message?
il n'est pas là, est-ce que vous voulez laisser un message ?

I'll tell him you called
je lui dirai que vous avez appelé

please leave a message after the tone
veuillez laisser un message après le bip

Problèmes

À vous

je ne connais pas l'indicatif
I don't know the dialling code
aï donnte nôw Ze daïlinng côwd

ça ne répond pas
there's no answer
*Zèrz nôw **a**nnsseur*

ça sonne occupé
it's engaged
*itss eungu**eï**dj*

je n'ai pas réussi à le / la joindre
I couldn't reach him / her
*aï coudeunt r**î**tch Himm / Heur*

il ne me reste plus beaucoup d'unités sur ma carte
I don't have many units left on my card
*aï donnte Hav mèni **you**nitss **lè**ft onn maï c**â**rd*

il y a une très mauvaise réception
the signal's very bad
*Ze s**i**g-neulz vèri b**a**dd*

il n'y a pas de réception ici
I can't get a signal here
*aï kante guèt e s**i**g-neul H**i**r*

vous savez où je peux trouver une recharge pour mon téléphone portable ?
do you know where I can get a top-up card for my mobile?
*dou you nöw wèr aï keun guèt e t**o**ppeup c**â**rd for maï m**ôw**baïl?*

attends, ça va couper, il faut que je rajoute de la monnaie
hold on, we're going to be cut off, I need to put some more change in
*H**ô**ld-donn, wir g**o**-inn tou bi keut-t**o**ff, aï nîd tou poutt somm môwr tch**è**ndj inn*

Vous entendrez ...

I can barely hear you
je vous entends très mal

we got cut off
on a été coupés

you must have the wrong number
vous avez dû vous tromper de numéro

Quelques expressions familières

I'll give you a ring when I get there je te passerai un coup de téléphone quand j'arrive
give me a buzz, ok? passe-moi un coup de fil, d'accord ?

Santé

Les soins délivrés par le **NHS** (**National Health Service**, le service public de santé britannique) sont gratuits en Grande-Bretagne pour les ressortissants de l'Union européenne si les soins sont jugés urgents ou nécessaires pendant la durée de votre séjour. Il vous faudra cependant payer de votre poche un montant minimum pour les médicaments. N'oubliez pas de vous munir de votre passeport ou de votre carte européenne d'assurance-maladie (CEAM, en anglais **EHIC** – prononcez *î-Hik*).

Pour obtenir une consultation avec un généraliste (couramment appelé **GP** – prononcez *djî-pî*), l'attente est souvent longue dans les centres médicaux (**medical centre** ou **surgery**). En dehors des horaires d'ouverture des centres de soins, vous pouvez appeler le service de permanence téléphonique **NHS Direct** (0845 4647), disponible 24h/24 : des infirmières pourront vous conseiller. Pour une urgence, allez directement au service des urgences des hôpitaux (**casualty department** ou **A&E**, abréviation de **Accident and Emergency**) ou composez le 999.

Kit de survie

alcool à 90°	surgical spirit *s**eu**rdjikeul sp**i**ritt*
allergie	allergy ***a**leurdji*
ambulance	ambulance ***a**mmbiouleunss*
aspirine	aspirin ***a**sprinn*
avoir ses règles	to have one's period *tou Hav wannz p**i**ryeud*
blessé(e)	injured ***i**nndjeurd*
blessure	injury ***i**nndjeuri*
bouton	spot *spott*
cassé	broken *br**ô**wkeun*
comprimé	tablet *t**a**bleutt*
dentiste	dentist *d**è**ntist*
désinfecter	to disinfect *tou dissinnf**è**kt*
fièvre	fever *f**î**veur*

généraliste GP *djî-pî*
gynécologue gynaecologist *guaïnik**a**leudjist*
hôpital hospital *H**a**spiteul*
intoxication alimentaire food poisoning *foudd p**oï**zeuninng*
médecin doctor *d**o**cteur*
médicament medicine *m**è**dissine*
opticien optician *apt**i**cheun*
ordonnance prescription *priscr**i**pcheun*
pansement Elastoplast® *il**a**stoplast*
pharmacie chemist's *k**è**mist*
pommade ointment ***oï**ntmeunt*
radio *(rayons X)* X-ray ***è**ks-reï*
sang blood *bleud*
spécialiste specialist *sp**è**cheulist*
tousser to cough *tou c**o**wf*
urgences accident and emergency ***a**ksideunt ènde im**eu**rdjeunssi*
vaccin vaccination *vaksin**eï**cheun*
vomir to vomit *tou v**o**mitt*

À vous

est-ce que quelqu'un aurait une aspirine par hasard ?
would anyone have an aspirin by any chance?
*woude **è**niwann Hav ann **a**sprinn baï èni tchanss?*

j'ai besoin d'aller voir un docteur
I need to see a doctor
*aï n**î**d tou sî e d**o**cteur*

où est-ce que je peux trouver un médecin un dimanche ?
where can I find a doctor on a Sunday?
*wèr keun aï faïnd e d**o**cteur onn e s**eu**ndeï?*

je voudrais prendre un rendez-vous pour aujourd'hui
I'd like to make an appointment for today
*aïde laïke tou meïke ann eup**oï**ntmeunt for toud**eï***

le plus tôt possible
as soon as possible
*az soun az p**o**ssibeul*

non, ce n'est pas grave
no, it's not serious
*nôw, itss not s**i**ryeuss*

Santé

pouvez-vous faire venir une ambulance au …?
could you send an ambulance to …?
*coude you sènnd ann **a**mmbiouleunss tou …?*

je voudrais une solution de rinçage pour lentilles souples
I'd like some rinsing solution for soft lenses
*aïde laïke somm rinnsinng seul**ou**cheun for soft l**è**nnzeuz*

j'ai cassé mes lunettes
I've broken my glasses
*aïve br**ôw**keun maï gl**â**ssiz*

Vous lirez …

accident and emergency	urgences
doctor's surgery	cabinet médical
prescription	ordonnance

Vous entendrez …

there are no available appointments until Thursday
il n'y a rien de libre avant jeudi

does Friday at two o'clock suit you?
vendredi à 14h, ça vous convient ?

Problèmes de santé

angine	sore throat *sowr THrôwt*
aphte	mouth ulcer *maowTH **eu**lsseur*
asthme	asthma ***a**smeu*
constipation	constipation *kannsteupe**ï**cheun*
coup de soleil	sunburn *s**eu**nbeurn*
crise d'appendicite	appendicitis *eupèndis**aï**tiss*
crise de foie	indigestion *inndeudj**è**stcheun*
cystite	cystitis *sist**aï**teuss*
démangeaison	itch *itch*
diarrhée	diarrhoea *dayeur**i**-a*
fièvre	fever *f**î**veur*
grippe	flu *flou*
gueule de bois	hangover *H**a**nngôwveur*

Santé

indigestion	indigestion *inndeudjèstcheun*
isolation	sunstroke *seunstrôwk*
mal de tête	headache *Hèdeïk*
mal de ventre	stomachache *steumeukeïk*
migraine	migraine *maïgreïnn, mîgreïnn*
piqûre d'insecte	insect bite *innsèct baïte*
rhume	cold *côwld*
rhume des foins	hay fever *Heï fîveur*
toux	cough *cowf*

Chez le médecin

À vous

j'ai rendez-vous avec le Docteur …
I have an appointment with Doctor …
aï Hav ann eupoïntmeunt wiTH docteur …

je ne me sens pas bien
I don't feel well
aï donnte fîl wèl

je me sens très faible
I feel very weak
aï fîl vèri wîk

je ne sais pas ce que c'est
I don't know what's the matter with me
aï donnte nôw wâtss Ze matteur wiTH mi

j'ai été piqué(e) par …
I've been stung by …
aïv binn steung baï …

j'ai été mordu(e) par …
I've been bitten by …
aïv binn bitteun baï …

j'ai mal à la tête
I have a headache
aï Hav e Hèdeïk

j'ai mal au cœur
I feel sick
aï fîl sik

j'ai mal au ventre / à la gorge
I have a sore stomach / throat
aï Hav e sowre steumeuk / THrôwt

j'ai mal au dos / aux dents
I have backache / toothache
aï Hav bakeïk / touTHeïk

j'ai mal ici
it hurts here
itt Heurtss Hir

ça fait mal
it hurts
itt Heurtss

ça s'est aggravé
it's got worse
itss gott weurss

ça fait trois jours
it's been three days
*itss binn THrî d**e**ïz*

ça a commencé la nuit dernière
it started last night
*itt st**â**rteudd lâstt naïte*

c'est la première fois que ça m'arrive
this is the first time it's happened
*Ziss iz Ze feurst taïme itss H**a**ppeund*

j'ai de la fièvre
I have a fever
*aï Hav e f**î**veur*

ça me démange
it's itchy
*itss **i**tchi*

j'ai de l'asthme
I have asthma
*aï Hav **a**smeu*

je suis cardiaque
I have a heart condition
*aï Hav e Heurtt keund**i**cheun*

je fais de l'hypertension / de l'hypotension
I have high blood pressure / low blood pressure
*aï Hav Haï bleud pr**è**cheur / lôw bleud pr**è**cheur*

je suis diabétique
I'm diabetic
*aïme dayeub**è**tic*

j'ai eu une syncope
I've had a blackout
*aïve Had e blak**a**owt*

je suis sous antibiotiques depuis une semaine et ça ne va pas mieux
I've been on antibiotics for a week and I'm not any better
*aïv binn onn anntibay**a**tiks for e w**î**k ènde aïme nott èni b**è**tteur*

je prends la pilule / la minipilule
I'm on the pill / the minipill
*aïme onn Ze p**i**l / Ze minip**i**l*

j'ai besoin de la pilule du lendemain
I need the morning-after pill
*aï nîd Ze mowrninng-**a**fteur p**i**l*

je suis enceinte de … mois
I'm … months pregnant
*aïme … monnTHs pr**è**g-neunt*

je me suis tordu la cheville
I've sprained my ankle
*aïve spreïnnd maï **è**nkeul*

je suis tombé(e) sur le dos
I've fallen and hurt my back
*aïve f**ow**leun ènde Heurtt maï b**a**k*

Santé

c'est grave ?
is it serious?
*iz itt **si**ryeuss?*

comment va-t-il ?
how is he?
*Haow iz**î**?*

c'est contagieux ?
is it contagious?
*iz itt keun**teï**djeuss?*

combien je vous dois ?
how much do I owe you?
Haow meutch dou aï ôw you?

Vous entendrez …

broken	cassé(e)
bruised	contusionné(e)
dislocated	démis(e), déboîté(e)
infected	infecté(e)
sprained	foulé(e)
swollen	enflé(e)

could you take a seat in the waiting room
si vous voulez bien patienter dans la salle d'attente

where does it hurt?
où est ce que ça vous fait mal ?

take a deep breath
respirez bien fort

lie down, please
allongez-vous, s'il vous plaît

does it hurt if I press here?
ça vous fait mal quand j'appuie là ?

have you been vaccinated against …?
êtes-vous vacciné(e) contre … ?

are you allergic to …?
êtes-vous allergique à … ?

it should heal quickly
ça devrait cicatriser rapidement

are you taking any other medication?
avez-vous des traitements en cours ?

take a capsule if you're in pain
prenez une gélule en cas de douleur

it should disappear in a few days
ça devrait passer en quelques jours

you're going to need an operation
Il va falloir opérer

come back and see me in a week
revenez me voir dans une semaine

Les parties du corps

amygdales	tonsils *t**a**nnzeulz*
bouche	mouth *maôwTH*
bras	arm *arm*
cerveau	brain *breïn*
cheville	ankle ***a**nnkeul*
cœur	heart *Hârt*
colonne vertébrale	spine *spaïne*
côte	rib *rib*
cou	neck *nèk*
coude	elbow ***è**lbôw*
crâne	skull *skeul*
cuisse	thigh *THaï*
dent	tooth *touTH*
dent de sagesse	wisdom tooth *w**i**zdeum touTH*
doigt	finger *f**i**nngueur*
dos	back *bak*
épaule	shoulder *ch**ôw**ldeur*
estomac	stomach *st**eu**meuk*
fesses	buttocks *b**eu**tteuks*
foie	liver *l**i**veur*
gencive	gum *gueum*
genou	knee *nî*
gorge	throat *THrowt*
hanche	hip *Hip*
jambe	leg *lèg*
langue	tongue *teung*
lèvre	lip *lip*
mâchoire	jaw *djow*
main	hand *Hannd*
menton	chin *tchinn*
mollet	calf *calf*
muscle	muscle *m**eu**sseul*
nerf	nerve *n**eu**rve*
nez	nose *n**ôw**ze*
œil	eye *aï*
ongle	fingernail *f**i**nngueurneïl*

oreille	ear *ir*
orteil	toe *tôw*
os	bone *bôwn*
peau	skin *skinn*
pied	foot *foutt*
poignet	wrist *rist*
poitrine	chest *tchèst*
pouce	thumb *THeum*
poumon	lung *leung*
rein	kidney ***ki**dni*
sang	blood *bleud*
sein	breast *brèst*
talon	heel *Hîl*
tête	head *Hèd*
ventre	stomach ***steu**meuk*
vésicule biliaire	gall bladder *gôwl bl**a**ddeur*
vessie	bladder *bl**a**ddeur*
visage	face *feïss*

Chez le dentiste

Pour des soins dentaires d'urgence, consultez de préférence un dentiste du **NHS** : un tarif standard de prise en charge vous sera facturé (qui varie selon le niveau de soins requis). Si vous optiez pour un dentiste privé (la plupart des dentistes britanniques le sont), dans ce cas il vous faudra payer plein pot !

À vous

j'ai perdu un plombage / une couronne / une dent
I've lost a filling / a crown / a tooth
*aïve lost e **fi**linng / e craown / e touTH*

je crois que j'ai une carie
I think I have a cavity
*aï THinnk aï Hav e **ca**veuti*

je me suis cassé une dent
I've broken a tooth
*aïve **brôw**keun e touTH*

j'ai mal à une dent du haut / du bas
one of my top / bottom teeth hurts
*wann ov maï top / **bo**ttom **tî**TH **Heu**rtss*

j'ai la gencive qui saigne
my gums are bleeding
*maï **gueu**mz âr **blî**dinng*

ma dent de sagesse me fait mal
my wisdom tooth is hurting
*maï **wi**zdeum touTH iz **Heu**rtinng*

j'ai mal quand je mords quelque chose
it hurts when I bite
*itt **Heu**rtss wèn aï baïte*

Vous entendrez …

open wide!
ouvrez grand la bouche !

rinse your mouth, please
rincez-vous la bouche

are you allergic to …?
êtes-vous allergique à … ?

are you sensitive to cold / heat?
êtes-vous sensible au chaud / froid ?

I'll have to do an X-ray
je vais devoir faire une radio

it needs to be extracted
il va falloir l'arracher

Santé

Quelques expressions familières

I feel lousy je suis mal fichu
he keeled over il est tombé dans les pommes
I'm going to throw up j'ai envie de dégueuler

À la pharmacie

En Grande-Bretagne, seules les pharmacies (**chemists**) et les chaînes comme **Boots** ou **Superdrug** sont habilitées à vendre des médicaments délivrés sur ordonnance.

Les autres médicaments tels que les analgésiques et aspirines sont en vente libre dans les supermarchés et les épiceries du coin.

À vous

une boîte de pansements, s'il vous plaît
a box of Elastoplast®, please
*e box ov il**a**stoplast, plîz*

j'ai attrapé un rhume
I've caught a cold
*aïve cowt e c**ôw**ld*

je suis allergique à l'aspirine / aux antibiotiques
I'm allergic to aspirin / antibiotics
*aïme eul**eu**rdjik tou **a**sprinn / anntibay**a**tiks*

j'aurais besoin de quelque chose contre la diarrhée / la toux
I need something for diarrhoea / a cough
*aï nîd sommTHinng for dayeur**i**-a / e cowf*

qu'est-ce que vous avez contre l'indigestion / la gueule de bois ?
what do you have for indigestion / a hangover?
*wâtt dou you Hav for inndeudj**è**stcheun / e H**a**nngôwveur?*

j'ai attrapé un coup de soleil
I've got surnburnt
*aïve gott s**eu**nbeurnt*

j'ai une ordonnance
I have a prescription
*aï Hav e priscr**i**pcheun*

est-ce que ça convient aux enfants ?
is it suitable for children?
*izitt s**ou**teubeul for tch**i**ldreun?*

que me recommanderiez-vous ?
what would you recommend?
wâtt woudd you rècommènd?

je voudrais prendre de l'homéopathie
I'd like to take a homeopathic remedy
*aïde laïke tou teïke e Hôwmi-ôp**a**THik **rè**meudi*

Vous lirez …

apply	appliquer
available on prescription only	uniquement sur ordonnance
avoid contact with the eyes	évitez tout contact avec les yeux
complete the course of treatment	respectez la durée du traitement
contra-indications	contre indications
cough syrup	sirop
do not swallow	ne pas avaler
expiry date	à utiliser avant …
for external use only	pour usage externe uniquement
for three days / a week	pendant trois jours / une semaine
ointment	pommade
pill	comprimé, cachet
tablet	comprimé, cachet
to be taken three times a day before meals	à prendre trois fois par jour avant les repas
with water	avec un verre d'eau

Vous entendrez …

have you taken this before?
en avez-vous déjà pris ?

do you want powder or tablets?
vous le / la voulez en poudre ou en cachets ?

Médicaments et traitements

analgésique	painkiller *p**eï**nnkileur*
antibiotiques	antibiotics *anntibay**a**tikss*
antihistaminique	anti-histamine *annti-Hist**â**maïn*
anti-inflammatoire	anti-inflammatory *annti-innfl**a**meuterî*
antiseptique	antiseptic *anntis**è**ptik*
aspirine	aspirin ***a**sprinn*
cachet	tablet *t**a**bleut*
calmant	tranquillizer *tr**a**nnkweulaïzeur*
comprimé	pill *pil*
crème après-soleil	aftersun (lotion) ***a**fteur-seun (l**ôw**cheun)*
crème solaire	suntan lotion ***seu**ntann l**ôw**cheun*
désinfectant	disinfectant *dissinnf**è**kteunt*
gargarisme	mouthwash *m**aow**THwach*
gaze	gauze *g**ow**ze*
gélule	capsule *c**a**psyoul*
gouttes	drops *dropss*
iode	iodine ***a**yeudinn*
laxatif	laxative *l**a**kseutiv*
pansement	bandage *b**a**nndidj*
paracétamol	paracetamol *pareus**î**temol*
pilule	pill *pil*
pilule du lendemain	morning-after pill *m**ow**rning-afteur pil*
pommade	ointment ***oï**nntmeunt*
préservatif	condom *k**o**nndom*
serviette hygiénique	sanitary towel *s**a**niteuri t**a**weul*
sirop pour la toux	cough mixture *cowf m**i**kstcheur*
solution d'entretien pour lentilles	contact lens solution *c**o**nntact l**è**nss seul**ou**cheun*
somnifère	sleeping pill *sl**î**pinng pil*
sparadrap	plaster *pl**â**steur*
suppositoires	suppositories *seup**o**zitriz*
tampon	tampon *t**a**mmponn*
thermomètre	thermometer *THeurm**o**miteur*
vitamines	vitamins *v**i**teuminnz*

Produits de beauté

après-shampooing	conditioner *keun**di**cheuneur*
autobronzant	self-tan ***sè**lf-tann*
bain moussant	bubble bath ***beu**beul baTH*
barrette	hair slide ***Hèr** slaïde*
baume à lèvres	lip balm *lip **bâ**wm*
bigoudi	roller ***rôw**leur*
blaireau	shaving brush *ch**eï**vinng breuch*
brosse	brush *breuch*
brosse à dents	toothbrush ***tou**THbreuch*
coton-tige®	cotton bud *c**a**teunn beud*
crayon à lèvres	lip pencil *lip p**è**nseul*
crème à raser	shaving foam *ch**eï**vinng fôwm*
crème hydratante	moisturizer *m**oï**steuraïzeur*
démaquillant	cleanser *cl**è**nzeur*
démaquillant pour les yeux	eye make-up remover ***aï** m**eï**keup rim**ou**veur*
dentifrice	toothpaste ***tou**THpeïsst*
déodorant	deodorant *dî-**ôw**deureunt*
dissolvant	nail polish remover *neïl p**a**lich rim**ou**veur*
éponge	sponge *sp**o**nndje*
eye-liner	eye liner ***aï**-laïneur*
fard à joues	blusher *bl**eu**cheur*
fard à paupières	eye shadow ***aï**-ch**a**dow*
fil dentaire	dental floss *d**è**nteul floss*
fond de teint	foundation *faownd**eï**cheun*
gant de toilette	flannel *fl**a**nneul*
gel coiffant	hair gel ***Hèr** djèl*
gel douche	shower gel *ch**a**weur djèl*
lame de rasoir	razor blade *r**eï**zeur bl**eï**de*
laque	hairspray ***Hèr**spreï*
lime à ongles	nail file *n**eï**l f**aï**le*
lotion après-rasage	aftershave ***a**fteurcheïve*
lotion tonique	toner *t**ôw**neur*
mascara	mascara *masc**â**ra*
mousse	mousse *mouss*
papier hygiénique	toilet paper *t**oï**lèt p**eï**peur*
parfum	perfume *p**eu**rfioum*
peigne	comb *côwm*

pince à épiler	tweezers *twîzeurz*
rasoir	razor *reïzeur*
rouge à lèvres	lipstick *lipstik*
savon	soap *sôwp*
shampooing	shampoo *chammpou*
talc	talcum powder *talkeum paowdeur*
vernis à ongles	nail polish *neïl palich*

À l'institut de beauté

À vous

est-ce que je peux prendre rendez-vous pour demain ?
can I make an appointment for tomorrow?
keun aï meïke ann euppoïntmeunt for toumarôw?

je voudrais une coupe et un brushing
I'd like a haircut and a blow-dry
aïde laïke e Hèr-keut ènd e blôw-draï

ne me les coupez pas trop courts
don't cut it too short
donnte keut-titt tou chowrt

je voudrais juste couper les pointes
just a trim please
djeust a trimm plîz

un peu plus court sur les côtés
a bit shorter at the sides
e bitt chowrteur att Ze saïdz

Vous entendrez ...

do you have an appointment?
vous avez rendez-vous ?

what's it for?
c'est pour quoi faire ?

we can fit you in in twenty minutes
nous pouvons vous prendre dans vingt minutes

can I take your things?
puis-je prendre vos affaires ?

would you like a tea or a coffee?
voulez-vous un thé ou un café ?

Soins

Brushing®	blow-dry *blôw-draï*
carré	bob *bob*
coupe	haircut *Hèrkeut*
dégradé	layered *lèyeurd*
effilé	thinned *THinnd*
épilation à la cire	waxing *waxinng*
épilation des aisselles	underarm wax *eundeurarm wax*
épilation des demi-jambes/ jambes entières	half-leg/full-leg wax *Hâf-leg/foul-leg wax*
épilation du maillot	bikini wax *bikîni wax*
frange	fringe *frinndj*
laque	hairspray *Hèrspreï*
lisseur	straightening irons *streïteuninng aïyeunz*
manucure	manicure *maneukiour*
massage	massage *massâj*
mèches	highlights *Haïlaïtss*
pédicure	pedicure *pèdikiour*
sèche-cheveux	hairdrier *Hèrdrayeur*
soin du visage	facial *feïcheul*
teinture	dyeing *dayinng*

Problèmes et urgences

Les agents de police britanniques (**policemen / policewomen** ou **police officers**), reconnaissables à leur fameux casque bombé, sont seulement armés d'une matraque. On distingue par ailleurs deux types d'agents de la circulation : les **traffic wardens**, chargés uniquement de donner des contraventions, et les **traffic policemen** aux fonctions plus étendues. Seuls ces derniers font partie du corps de la police.

Pour les Objets trouvés, demandez le **Lost Property Office**.

En cas d'urgence, composez le 999. Vous entendrez la question « Emergency, which service do you require? Fire, Police or Ambulance? » (« Urgences. De quel service avez-vous besoin ? Pompiers, police ou ambulance ? »).

Kit de survie

accident	accident ***a**ksideunt*
ambulance	ambulance ***a**mmbiouleunss*
amende	fine *faïnn*
blessé(e) *(adj)*	injured ***i**nndjeurd*
cassé(e)	broken *br**ô**wkeun*
contravention	parking ticket *p**â**rkinng t**i**keut*
déclaration	statement *st**eï**tmeunt*
handicapé(e) *(adj)*	disabled *diss**eï**beuld*
hôpital	hospital *H**a**spiteul*
incendie	fire *f**a**yeur*
malade *(adj)*	ill ***il***
médecin	doctor *d**o**cteur*
police	police *pol**i**ss*
pompiers	fire department *f**a**yeur dip**â**rtmeunt*
procès-verbal	parking ticket *p**â**rkinng t**i**keut*
témoin	witness *w**i**tneuss*

urgence emergency *imeurdjeunssi*
vol theft *THèft*
voleur thief *THîf*

À vous

est-ce que vous pourriez m'aider ?
could you help me?
coude you Hèlp mi?

au secours !
help!
Hèlp!

attention !
watch out!
watch aowt!

c'est urgent !
it's an emergency!
itss ann imeurdjeunssi!

est-ce que je pourrais utiliser votre portable ?
could I use your mobile?
coud-daï youz your môwbaïl?

est-ce qu'il y a quelqu'un ici qui parle français ?
is there anyone here who speaks French?
iz Zèr èniwann Hir Hou spîkss frèntch?

je dois contacter le consulat
I need to get in touch with the consulate
aï nîd tou guèt inn teutch wiTH Ze konnsyouleïte

où est le commissariat le plus proche ?
where is the nearest police station?
wèr iz Ze nîreust poliss steïcheun?

que dois-je faire ?
what am I supposed to do?
wâtt amaï seupôwzd tou dou?

il y a eu un accident
there's been an accident
Zèrz binn ann aksideunt

il faut appeler un secouriste
we need to call a first-aider
wi nîd tou cowl e feurst-eïdeur

on m'a volé mon passeport / mon sac / ma carte de crédit
my passport / bag / credit card has been stolen
maï pasportt / bag / krèditt cârd Haz binn stôwleun

j'ai perdu …
I've lost …
aïve losst …

j'ai été agressé(e)
I've been attacked
*aïve binn eut**a**kt*

il y a un homme qui me suit depuis un moment
a man has been following me for some time
*e mann Haz binn f**o**lowinng mi for somm t**aï**me*

mon enfant a disparu
my child has gone missing
*maï tch**aï**ld Haz gone m**i**ssinng*

je suis tombé en panne
I've broken down
*aïve br**ôw**keun d**a**own*

ma voiture a été emmenée à la fourrière
my car has been impounded
*maï c**âr** Haz binn immp**a**owndeud*

on a forcé la portière / le coffre de ma voiture
the door / boot of my car has been forced open
*Ze d**o**wr / b**ou**tt ov maï câr Haz binn f**o**rst **ôw**peun*

on a forcé ma voiture
my car has been broken into
*maï câr Haz binn br**ôw**keun **i**nntou*

pouvez-vous surveiller mes affaires un instant ?
could you look after my things for a minute?
*coude you louk **a**fteur maï THinngz for e m**i**neutt?*

vous pouvez me donner les coordonnées de votre assurance ?
will you give me your insurance details?
*wil you giv mi your innch**ou**reunss d**i**teïlz?*

Vous lirez …

beware of the dog chien méchant
breakdown service service de dépannage
coastguard gendarmerie maritime
emergency exit sortie de secours
lost and found bureau des objets trouvés
mountain rescue secours de montagne

Police et douane

À vous

je dois faire une déclaration de vol
I'd like to report something stolen
*aïde laïke tou rip**o**rtt sommTHinng st**ôw**leun*

je veux porter plainte
I'd like to make a complaint
*aïde laïke tou meïk e c**o**mmpleïnt*

c'est arrivé dans la rue / dans ma chambre / à l'hôtel
it happened in the street / in my room / at the hotel
*itt H**a**ppeund inn Ze strîtt / inn maï r**ou**m / att Ze Hô**w**tèl*

j'ai besoin d'un certificat de police pour ma compagnie d'assurance
I need a document from the police for my insurance company
*aï n**î**d e d**o**kioumeunt fromm Ze pol**i**ss for maï innch**ou**reunss c**o**mmpeuni*

Remplir un formulaire

surname	nom
first name	prénom
address	adresse
zip code	code postal
country	pays
nationality	nationalité
d.o.b. (date of birth)	date de naissance
place of birth	lieu de naissance
age	âge
sex	sexe
duration of stay	durée du séjour
date of arrival / of departure	date d'arrivée / de départ
profession	profession
passport number	numéro de passeport

Vous entendrez …

there is customs duty to pay on this item
il y a des droits de douane à payer sur cet article

can you open this bag, please
pouvez-vous ouvrir ce sac, s'il vous plaît ?

what has been stolen?
qu'est-ce qu'il vous manque ?

where are you staying?
où logez-vous ?

when did this happen?
quand cela s'est-il passé ?

can you describe him / her?
pouvez-vous le / la décrire ?

could you fill in this form, please?
pouvez-vous remplir ce formulaire, s'il vous plaît ?

can you sign here, please?
pouvez-vous signer ici, s'il vous plaît ?

Quelques expressions familières

the cops are coming les flics arrivent
he's in the slammer il est en taule
he got busted il s'est fait serrer
my bag's been pinched on m'a piqué mon sac

Date, heure et temps

L'expression du temps

Kit de survie

à l'heure du déjeuner	at lunchtime *att leuntcht**aï**me*
année	year *yeur*
après	after ***â**fteur*
après-midi	afternoon ***â**fteunoun*
avant	before *bif**ow**re*
bientôt	soon *soun*
dans la soirée	in the evening *inn Zi **î**vninng*
de …à …	from … to … *fromm … tou …*
de temps en temps	from time to time *fromm taïme tou taïme*
déjà	already *owlr**è**di*
depuis	since *sinnss*
dernier	last *l**â**st*
en avance	early ***eu**rli*
en ce moment	at the moment *att Ze m**ôw**meunt*
en début de	at the beginning of *att Ze big**i**nninng ov*
en milieu de	at the middle of *att Ze m**i**deul ov*
en fin de	at the end of *att Zi **è**nd ov*
en retard	late *l**eï**te*
encore *(toujours)*	still *st**il***
entre … et …	between … and … *beutw**i**nn … ènde …*
jour	day *deï*
jusqu'à	until *eunt**il***
longtemps	for a long time *for e longue taïme*
maintenant	now *n**a**ow*
matin	morning *m**ow**rninng*
midi	midday *m**i**d-deï*, noon *noun*
ne … jamais	never *n**è**veur*
nuit	night *naïte*
pas encore	not yet *nott yèt*
pendant	during *dy**ou**rinng*
prochain	next *nèxt*
rarement	rarely *r**è**rli*
récemment	recently *r**i**sseuntli*

semaine week *w**î**k*
soir evening *îvninng*
souvent often *o**ffeun*
tard late *leïte*
tôt early ***eu**rli*
toujours *(tout le temps)* always ***ow**lweïz ; (encore)* still *st**i**l* ; right away *raïteuw**eï***
week-end weekend *w**î**kènnd*

À vous

à bientôt !
see you soon!
*sî you s**ou**n!*

à plus tard !
see you later!
*sî you l**eï**teur!*

désolé(e), je suis en retard
sorry I'm late
*s**o**rri, aïme l**eï**te*

je n'ai pas encore été là-bas
I've not been there yet
*aïve nott binn Z**è**r yèt*

j'ai tout mon temps
I have plenty of time
*aï Hav pl**è**nti ov taïme*

dépêchez-vous !
hurry up!
*H**eu**ri eup!*

je me suis couché(e) tard
I went to bed late
*aï wèntt tou bèd l**eï**te*

j'ai attendu longtemps
I waited for a long time
*aï w**eï**teud for e lonque t**aï**me*

il ne nous reste plus que quatre jours
we only have four days left
*wi **o**nnli Hav f**owr** d**eï**z lèft*

à lundi !
see you on Monday!
*sî you onn m**o**nndeï!*

à tout à l'heure !
see you later!
*sî you l**eï**teur!*

on est arrivés trop tard
we arrived too late
*wi eur**aï**vd tou leïte*

je n'ai pas eu le temps de …
I haven't had time to …
*aï Haveunt Hadd t**aï**me tou …*

je suis pressé(e)
I'm in a hurry
*aïme inn e H**eu**ri*

un instant, s'il vous plaît
one moment, please
*wann m**ôw**meunt, pl**î**z*

je me suis levé(e) très tôt
I got up very early
*aï gott**eu**p v**è**ri **eu**rli*

La date

Comment écrire et dire la date

En anglais britannique, mardi 5 août 2010 s'écrit **Tuesday 5th August 2010**, ou, de plus en plus souvent, simplement **Tuesday 5 August 2010**, et, en abrégé, **5.8.10**. Ce qui, à l'oral, se dit : **Tuesday the fifth of August two thousand and ten**.

Et à l'oral, vous entendrez souvent dire par exemple **nineteen thirty** pour parler de l'année 1930, un peu de la même manière qu'en français on dit « dix-neuf cent trente ».

Si vous allez au musée, vous vous demanderez peut-être ce que signifient les mentions **BC** et **AD** : il s'agit respectivement des abréviations de **before Christ** (avant Jésus-Christ) et **Anno Domini** (après Jésus-Christ). Par exemple, **204 BC** (prononcé *bî-sî*) correspond à notre « 204 av. J.-C. » et **AD 204** (prononcé *eï-dî*) à « 204 ap. J.-C. ».

Kit de survie

à la fin de	at the end of *att Zi ènde ov*
après-demain	the day after tomorrow *Ze deï âfteur toumarôw*
au début de	at the beginning of *att Ze bigininng ov*
au milieu de	at the middle of *att Ze mideul ov*
aujourd'hui	today *toudeï*
avant-hier	the day before yesterday *Ze deï bifowre yèsstedeï*
dans deux jours	in two days *inn tou deïz*
demain	tomorrow *toumarôw*
demain après-midi	tomorrow afternoon *toumarôw âftenoun*
demain matin	tomorrow morning *toumarôw mowrninng*
demain soir	tomorrow evening *toumarôw ivninng*
hier	yesterday *yèsstedeï*
hier après-midi	yesterday afternoon *yèsstedeï âftenoun*
hier matin	yesterday morning *yèsstedeï mowrninng*
hier soir	yesterday *yèsstedeï ivninng*
il y a ...	... ago ... *eugôw*

À vous

je suis né(e) en …
I was born in …
*aï waz b**o**rn inn …*

je suis déjà venu(e) il y a plusieurs années
I've been before, several years ago
*aïve binn bif**ow**re, sèvreul y**eu**rz eug**ôw***

j'ai passé un mois en Angleterre il y a quelques années
I spent a month in England a few years ago
*aï spènnt e m**o**nnlH inn **i**nngleund e fyou y**eu**rz eug**ôw***

je suis venu(e) l'année dernière à la même époque
I came last year at the same time
*aï keïmm l**â**st yeur att Ze s**eï**mm taïme*

on est le combien aujourd'hui ?
what's today's date?
*wâtss toud**eï**z deïte?*

on est quel jour aujourd'hui ?
what day is it today?
*wâtt d**eï** iz itt toud**eï**?*

on est mardi 1er mai
it's Tuesday, the first of May
*itss ty**ou**zdeï, Ze f**eu**rst ov m**eï***

je reste jusqu'à dimanche
I'm staying until Sunday
*aïme st**eï**ynng euntil s**eu**ndeï*

on s'en va demain
we're leaving tomorrow
*wir l**î**vinng toum**a**rôw*

j'ai déjà quelque chose de prévu mardi
I already have plans for Tuesday
*aï owlr**è**di Hav plannz for ty**ou**zdeï*

Vous lirez …

every day	tous les jours
every Monday	tous les lundis
once	une fois
open on Sunday mornings	ouvert le dimanche matin

three times a day / an hour	trois fois par jour / heure
twice	deux fois

Vous entendrez ...

it was built in the middle of the nineteenth century
ça a été construit au milieu du XIXe siècle

it comes out once every two weeks
ça sort une fois toutes les deux semaines

there are lots of festivals during the summer
il y a beaucoup de festivals pendant l'été

when are you leaving again?
quand est-ce que vous repartez ?

how long are you staying?
vous restez jusqu'à quand ?

L'heure

Comment dire l'heure

À l'écrit, 14h15 se note **2.15pm** ou **14.15**, ou encore **a quarter pas two**. À l'oral, on dit **two fifteen** (*tou fiftînn*), **two fifteen pm** (*tou fiftînn pî-èm*) ou **a quarter past two** (*e kwowteur past tou*). On n'utilise donc que les nombres de 1 à 12 . Pour préciser s'il s'agit de deux heures et quart du matin ou de l'après-midi, on ajoute respectivement **am** (*eï-èm*) et **pm** (*pî-èm*). Pour les heures justes, on utilise **o'clock** : 14 heures s'écrit **two o'clock** ou **2 o'clock** (*tou e-clok*).

Seuls les horaires de transports sont annoncés différemment. Pour un train qui part à 14 heures, vous entendrez dire **fourteen hundred** (**14.00** est ici lu comme « quatorze cents »).

Quelques expressions familières

be here at 2 o'clock on the dot sois ici à deux heures pile
we're really pushed for time on n'a vraiment pas beaucoup de temps
we arrived in the nick of time on est arrivés juste à temps

Kit de survie

à l'heure	on time *onn taïme*
de l'après-midi	in the afternoon *inn Zi âfteunoun*
du matin	in the morning *inn Ze mowrninng*
du soir	in the evening *inn Zi ivninng*
être en avance	to be early *tou bi eurli*
être en retard	to be late *tou bi leïte*
midi	midday *mid-deï*, noon *noun*
minuit	midnight *mid-naïte*
trois quarts d'heure	three quarters of an hour *THrî kwowteurz ovanaoweur*
un quart d'heure	a quarter of an hour *e kwowteur ovanaoweur*
une demi-heure	half an hour *Hafanaoweur*
vingt minutes	twenty minutes *twènti mineutss*

À vous

excusez-moi, est-ce que vous auriez l'heure, s'il vous plaît ?
excuse me, do you have the time, please?
èkskiouz mi, dou you Hav Ze taïme, plîz?

quelle heure est-il ?
what time is it?
wâtt taïme iz itt?

il est …
it's …
itss

trois heures (pile)
three o'clock (exactly)
THrî e-clok (ègzaktli)

une heure et demie
half past one
Half past wann

presque treize heures
almost 1 o'clock
owlmôwst wann e-clok

une heure dix
ten past one
tèn past wann

une heure et quart
a quarter past one
*e kw**ow**teur past wann*

une heure moins le quart
a quarter to one
*e kw**ow**teur tou wann*

midi vingt
twenty past twelve
*tw**è**nti past twouèlve*

midi moins vingt
twenty to twelve
*tw**è**nti tou twouèlve*

je suis arrivé(e) vers deux heures
I arrived around two o'clock
*aï eur**aï**vd eur**a**ownd tou e-cl**o**k*

je me suis couché(e) vers deux heures
I went to bed around two o'clock
*aï wènnt tou bèd eur**a**ownd tou e-cl**o**k*

j'ai mis le réveil à neuf heures
I set the alarm for nine o'clock
*aï sèt Zi eul**â**rm for n**aï**ne e-cl**o**k*

j'ai attendu vingt minutes
I waited for twenty minutes
*aï weïteud for tw**è**nti m**i**neutss*

le train a eu quinze minutes de retard
the train was fifteen minutes late
*Ze treïn waz f**i**ftînn m**i**neutss leïte*

je suis rentré(e) il y a une heure
I got home an hour ago
*aï gott Hôwm ann **a**oweur eug**ôw***

on se retrouve dans une demi-heure ?
shall we meet in half an hour?
*chèl wi mît inn H**a**fan**a**oweur?*

je serai de retour d'ici un quart d'heure
I'll be back in a quarter of an hour
*al bi bak inn e kw**ow**teur ovan**a**oweur*

il y a trois heures de décalage entre ... et ...
there's a three-hour time difference between ... and ...
*Zèrz e THrî-**a**oweur taïme d**i**ffreunss beutw**i**nn ... ènde ...*

Vous entendrez ...

it's on every evening at seven o'clock
ça joue tous les jours à 19 heures

it lasts for around an hour and a half
ça dure environ une heure et demie

it opens at ten o'clock
ça ouvre à partir de 10 heures

it reopens at two o'clock
ça rouvre à deux heures

Nombres

Quand vous ferez les boutiques, vous serez peut-être surpris de voir qu'en anglais on emploie une virgule là où on utilise un point en français et vice-versa : 100,5 (cent virgule cinq) s'écrit donc **100.5** (**one hundred point five**) et 200 000 ou 200.000 (deux cent mille) s'écrit **200,000** (**two hundred thousand**).

0 zero *zîrôw, o ôw*
1 one *wann*
2 two *tou*
3 three *THrî*
4 four *fowr*
5 five *faïve*
6 six *siks*
7 seven *sèveun*
8 eight *eïte*
9 nine *naïne*
10 ten *tèn*
11 eleven *ilèveun*
12 twelve *twouèlve*
13 thirteen *THeurtînn*
14 fourteen *fowrtînn*
15 fifteen *fiftînn*
16 sixteen *sixtînn*
17 seventeen *sèveuntînn*
18 eighteen *eïtine*
19 nineteen *naïntînn*
20 twenty *twènti*
21 twenty-one *twènti-wann*
22 twenty-two *twènti-tou*
30 thirty *THeurti*
35 thirty-five *THeurti-faïve*
40 forty *fowrti*
50 fifty *fifti*
60 sixty *sixti*
70 seventy *sèveunti*
80 eighty *eïti*
90 ninety *naïnti*
100 one hundred *wann Heundreud*
101 one hundred and one *wann Heundreud ènde wann*
200 two hundred *tou Heundreud*
500 five hundred *faïve Heundreud*
1000 one thousand *wann THaowzeund*
2000 two thousand *tou THaowzeund*
10000 ten thousand *tèn THaowzeund*
1000,000 one million *wann milieun*

Nombres

premier first *feurst*
deuxième second *sèkeund*
troisième third *THeurd*
quatrième fourth *fowrTH*
cinquième fifth *fiTH*
sixième sixth *sixTH*
septième seventh *sèveunTH*
huitième eighth *eïtTH*
neuvième ninth *naïnTH*
dixième tenth *tènTH*
vingtième twentieth *twènti-euTH*
vingt et unième twenty-first *twènti-feurst*
trentième thirtieth *THeurti-euTH*
quarantième fourtieth *fowrti-euTH*
cinquantième fiftieth *fifti-euTH*
soixantième sixtieth *sixti-euTH*
soixante-dixième seventieth *sèveunti-euTH*
quatre-vingtième eightieth *eïti-euTH*
quatre-vingt-dixième ninetieth *naïnti-euTH*

20 plus 3 égale 23
twenty plus three equals twenty-three
twènti pleuss THrî îkweulz twènti-THrî

20 moins 3 égale 17
twenty minus three equals seventeen
twènti maïneuss THrî îkweulz sèveuntînn

20 multiplié par 4 égale 80
twenty multiplied by four equals eighty
twènti meultiplaïdd baï fowr îkweulz eïti

20 divisé par 4 égale 5
twenty divided by four equals five
twènti divaïdeud baï fowr îkweulz faïve

3.9
three point nine
THrî poïntt naïne

Fêtes et jours fériés

Jours fériés nationaux

Les jours fériés sont appelés **bank holidays** au Royaume-Uni. Ces jours-là, les administrations et les banques sont fermées, tandis que la plupart des musées et des principaux commerces restent ouverts, en particulier les grandes surfaces et **high-street shops** (magasins des rues les plus commerçantes). Les petits commerçants sont plus susceptibles de fermer ces jours-là, mais vous trouverez toujours un **corner shop** (épicerie de quartier) ouvert.

1er janvier :	New Year's Day, le jour de l'an.
2 janvier :	Le lendemain du jour de l'an, en Écosse.
17 mars :	St Patrick's Day, en Irlande : fête de St Patrick, saint patron de l'Irlande.
mars :	Good Friday, Vendredi Saint.
mars ou avril :	Easter Monday, lundi de Pâques.
avril :	Spring holiday.
1er lundi de mai :	May Day, le premier mai, fête du travail.
12 juillet :	Battle of the Boyne, en Irlande du Nord : fête annuelle des Orangistes.
premier lundi d'août :	August Bank Holiday, en Écosse.
dernier lundi d'août :	August Bank holiday, en Angleterre et au Pays de Galles.
30 novembre :	St Andrew's Day, en Écosse : fête de St Andrew, saint patron de l'Écosse.
25 décembre :	Christmas Day, Noël.
26 décembre :	Boxing Day, le lendemain de Noël.

Fêtes et festivals

Le mois de juin est le mois des festivals par excellence. Si Glastonbury reste l'un des plus célèbres festivals de musique, d'innombrables autres festivals tout aussi importants ont désormais lieu au même moment. Sans compter toutes les autres festivités qui ont lieu tout au long de l'année. Pour n'en citer que quelques-unes … :

25 janvier : **Burns' Night**, en Écosse. À l'occasion de cette fête en l'honneur du poète écossais Robert Burns, on mange du haggis (panse de brebis farcie), boit du whisky et déclame des vers de Burns.

17 mars : **St Patrick's Day**, en Irlande. C'est de loin le patron le plus célébré. Ce jour-là, suivant la tradition, on porte des habits verts et arbore un bouquet de trèfle (shamrock) et la bière irlandaise (parfois teinte de vert !), coule à flots. Bien que ce ne soit un jour férié qu'en Irlande, cette fête est désormais également célébrée dans l'ensemble du Royaume-Uni. À Dublin, le **St Patrick's Festival** offre pendant une semaine des spectacles de rue, de la musique et une parade traditionnelle.

avril à mai : **Cheltenham Jazz festival**. Important festival de jazz qui anime les pubs, restaurants et salles de concert de la ville et de ses environs durant une semaine. Tous les concerts sont gratuits.

mai : **May day**. À l'occasion du 1er lundi de mai, de nombreux villages et villes d'Angleterre organisent des festivités autour des danses traditionnelles anglaises : Morris dancing, dansée par des hommes habillés de costumes blancs avec des cloches, mais aussi danses avec des rubans autour d'un mât appelé maypole.

mai : Finale de football de la **FA Cup**.

Chelsea Flower Show. Gigantesques floralies à Chelsea (Londres).

mai ou juin :	**Hay Festival**. Pour les amoureux des livres, la ville de Hay-on-Wye accueille à l'occasion de ce festival littéraire annuel des écrivains du monde entier.
mai à août :	**Glyndebourne Festival Opera**. Unique en son genre, le prestigieux festival d'opéra se tient tout au long de l'été. La plupart des concerts ont lieu sur les pelouses du manoir de Glyndebourne (dans l'East Sussex). Les amateurs d'art lyrique, qui doivent assister aux représentations en smoking (code vestimentaire de rigueur), peuvent pique-niquer au grand air pendant les entractes !
juin :	**Glastonbury Festival**. Gigantesque festival de musique pop en plein air.
	Trooping the Colour. Chaque année en juin a lieu ce défilé militaire à l'occasion de l'anniversaire de la reine d'Angleterre : salut au drapeau et inspection des troupes par la reine, en présence d'autres membres de la famille royale.
juin ou juillet :	**Henley Royal Regatta**. Cinq jours de courses d'aviron sur le Henley-on-Thames.
juillet à septembre :	**The Proms**. Célèbre festival de musique classique qui s'étale sur huit semaines, principalement au Royal Albert Hall à Londres.
août :	**Rose of Tralee**, en Irlande. Chaque année, à l'occasion de ce festival qui anime pendant une semaine la ville de Tralee (comté de Kelly), une jeune femme est sacrée the Rose (la rose). La Rose est choisie pour sa personnalité et pour faire office d'ambassadeur du festival, qui comprend notamment des spectacles de rue et des parades.
fin août :	**Notting Hill Carnival**. Carnaval organisé par la communauté antillaise de Londres, dans le quartier de Brixton.

mi-août à début septembre :	**Edinburgh Festival**. Trois semaines durant, toute la capitale écossaise est investie pour présenter plusieurs centaines de spectacles de théâtre, de danse et de musique, notamment dans le cadre du **Fringe Festival** (festival « off »).
31 octobre :	**Halloween**.
5 novembre :	**Guy Fawkes' Night** ou **Bonfire Night**. On y commémore la tentative de Guy Fawkes de faire sauter le Parlement en 1605, par des feux d'artifice et un feu de joie où l'on brule son effigie.

Quelques sites Internet utiles

Visit Britain, Office du tourisme de Grande-Bretagne

Grande-Bretagne :	www.visitbritain.fr
Angleterre :	www.visitengland.fr
Écosse :	www.visitscotland.com/fr
Pays de Galles :	www.french.visitwales.com
Irlande du Nord (en anglais) :	www.discovernorthernireland.com
Londres :	www.visitlondon.com/fr

Ambassade de France en Grande-Bretagne
www.ambafrance-uk.org

Ambassade de Belgique à Londres
www.diplomatie.be/londonfr

Ambassade de Suisse en Grande-Bretagne (en anglais)
www.eda.admin.ch/london

UK in France, site officiel du Royaume-Uni en France
www.ukinfrance.fco.gov.uk/fr

UK in Belgium, site officiel du Royaume-Uni en Belgique
www.ukinbelgium.fco.gov.uk/fr

UK in Switzerland, site officiel du Royaume-Uni en Suisse (en anglais)
www.ukinswitzerland.fco.gov.uk/en

Transports publics à Londres
www.tfl.gov.uk/tfl/languages/francais

Voyages en train (en anglais)
www.nationalrail.co.uk

Eurostar
www.eurostar.com

British Council
www.britishcouncil.org/fr/france

Tables de conversion

Attention : dans les nombres, on utilise un point en anglais là où en français on utilise une virgule. Par exemple, 0,6 s'écrira 0.6 en anglais.

Officiellement, la Grande-Bretagne a adopté notre système métrique mais le système impérial anglo-saxon continue à être utilisé par de nombreux Britanniques.

Longueurs distances

1 inch (pouce) ≈ 2,5 cm
1 foot (pied) ≈ 30 cm
1 yard ≈ 90 cm
1 mile ≈ 1,6 km

Pour convertir des miles en kilomètres, divisez par 5 puis multipliez par 8.

miles	1	2	5	10	20	100
kilomètres	1,6	3,2	8	16	32	160

Pour convertir des kilomètres en miles, divisez par 8 puis multipliez par 5.

kilomètres	1	2	5	10	20	100
miles	0,6	1,25	3,1	6,25	12,50	62,5

Poids

1 oz (once) = 28,35 g 1 lb (livre) ≈ ½ kg (454 g) 1 stone ≈ 6 kg

Abréviations : **oz** = ounce (once) et **lb** = pound (livre).

Pour convertir des kilos en livres, divisez par 5 puis multipliez par 11.

Pour convertir des livres en kilos, multipliez par 5 puis divisez par 11.

kilos	1	2	10	20	60	80
livres	2,2	4,4	22	44	132	176

Liquides

1 pint (pinte) = 0,57 litre
1 gallon = 4,54 litres

Températures

Pour convertir des degrés Fahrenheit en degrés Celcius, soustrayez 32, multipliez par 5 puis divisez par 9.

Pour convertir des degrés Celcius en degrés Fahrenheit, divisez par 5, multipliez par 9 puis ajoutez 32.

Fahrenheit (°F)	32	40	50	59	68	86	100
Celcius (°C)	0	4	10	15	20	30	38

Tailles de vêtements

Vous connaissez déjà sans doute les abréviations **XS** (Extra Small), **S** (Small), **M** (Medium), **L** (Large) et **XL** (Extra Large).

- Vêtements pour femmes

Royaume-Uni	8	10	12	14	16	etc
Europe continentale	36	38	40	42	44	

- Soutiens-gorge (tailles de bonnet identiques)

Royaume-Uni	32	34	36	38	40
France	85	90	95	100	105
reste de l'Europe	70	75	80	85	90

- Chemises d'hommes (tour de cou)

Royaume-Uni	14	15	16	17
Europe continentale	36	38	41	43

- Vêtements pour hommes (tailles que vous connaissez sur les jeans)

Royaume-Uni	30	32	34	36	38	40	etc
Europe continentale	40	42	44	46	48	50	

Pointures de chaussures

- Chaussures pour femmes

Royaume-Uni	4	5	6	7	8
Europe continentale	37	38	39	40	42

- Chaussures pour hommes

Royaume-Uni	7	8	9	10	11
Europe continentale	40	42	43	44	46

Lexique

Encore plus de mots pour comprendre et vous faire comprendre dans toutes les situations

Lexique français-anglais

A

à : aller à Paris to go to Paris ; **être à Paris** to be in Paris ; **aller à la gare** to go to the station ; **à deux kilomètres** two kilometres away ; **je vais à Paris / à la gare** I'm going to Paris / to the station ; **à 3 heures** at three o'clock
abbaye abbey
abcès abscess
abeille bee
abîmé damaged
abord : d'abord first (of all)
abordable *(prix, marchandises)* affordable
accélérateur accelerator
accepter to accept
accès access
accident accident
accompagner *(aller avec)* to go with ; *(venir avec)* to come with ; *(en voiture)* to take
accord : d'accord OK ; **je suis d'accord** I agree
accueil reception
accueillant welcoming
accusé de réception acknowledgement of receipt
acheter to buy
adaptateur adaptor
addition bill
adolescent teenager
adorer to love
adresse address
adresse e-mail e-mail address
ADSL broadband
adulte adult
aéroport airport
affaires *(commerce)* business ; *(personnelles)* things ; **pour affaires** on business ; **affaires de toilette** toiletries
affiche poster
âge age ; **quel âge as-tu ?** how old are you?
âgé : les personnes âgées the elderly
agence de voyages travel agency
agence immobilière estate agency
aggraver (s') to get worse
agrafeuse stapler
agrandir to enlarge
agréable nice
agresser to attack
aide help
aider to help
aiguille needle
ailleurs somewhere else ; **d'ailleurs** *(au fait)* by the way
aimer *(apprécier)* to like ; *(d'amour)* to love ; **j'aimerais** I'd like
air air ; **en plein air** outside ; **avoir l'air ...** to look ...
aire de jeu play area
aise : à l'aise comfortable ; **pas à l'aise** uncomfortable
alarme d'incendie fire alarm
alcool alcohol
alcool à 90° surgical spirit
alcootest® breath test
algues seaweed
allaiter to breast-feed
Allemagne Germany
Allemand German
allemand German
aller *(v)* to go ; **s'en aller** to go (away) ; **comment allez-vous?** how are you? ; **je vais bien** I'm very well ; **ça va ?** how are you? ; **ça va** I'm fine ; **ça vous va ?** does that suit you? ; **ça vous va bien** that suits you
aller *(n)* outward journey ; **un aller (simple)** a single (ticket)
allergique allergic
aller-retour return (ticket)
allô hello

allumer *(feu, cigarette)* to light ; *(lumière)* to switch on
allumette match
alors *(donc)* so ; *(à ce moment-là)* then
alternateur alternator
ambassade embassy
ambiance atmosphere
ambulance ambulance
amende fine
amener to bring
Américain American
américain American
ami friend ; **petit ami** boyfriend ; **petite amie** girlfriend
amour love
amoureux : être amoureux (de) to be in love (with) ; **tomber amoureux (de)** to fall in love (with)
ampoule *(électrique)* (light) bulb ; *(sur la peau)* blister
amusant funny
amuser (s') to enjoy oneself
amygdales tonsils
an year ; **j'ai 22 ans** I'm 22 (years old)
analgésique painkiller
ancien *(vieux)* old ; *(qui n'est plus)* former
anémique anaemic
anesthésie anaesthetic
angine sore throat
Anglais English person
anglais English
Angleterre England
animal animal
animal domestique pet
animations *(pour enfants)* activities
animé *(lieu)* busy
année year ; **bonne année !** happy New Year!
anniversaire *(de naissance)* birthday ; *(d'événement)* anniversary ; **bon anniversaire !** happy birthday!
anniversaire de mariage wedding anniversary
annuaire directory ; **annuaire (téléphonique)** telephone directory
annuler to cancel
anorak anorak
antibiotique antibiotic
antigel antifreeze
antihistaminique antihistamine
antiquité antique
août August
apéritif aperitif ; **prendre l'apéritif** to have a drink before lunch / dinner
aphte mouth ulcer
appareil : qui est à l'appareil ? who's calling?
appareil dentaire dentures
appareil photo camera
appareil photo numérique digital camera
appartement flat
appel *(téléphonique)* call
appeler to call ; **s'appeler** *(avoir pour nom)* to be called ; **je m'appelle …** my name is …
appétit : bon appétit ! enjoy your meal!
apporter to bring
apprendre to learn ; *(nouvelle)* to hear
appuyer to press ; **appuyer sur quelque chose** to press something
après after
après-demain the day after tomorrow
après-midi afternoon
après-shampooing conditioner
aquarium sea-life centre
araignée spider
architecture architecture
argent *(monnaie)* money
argenterie silverware
arnaque rip-off
arrêt stop ; **sans arrêt** continuously
arrêt de bus bus stop
arrêter to stop ; **s'arrêter** to stop

arrivée arrival
arriver *(quelque part)* to arrive ; *(se passer)* to happen ; **arriver à** *(réussir à)* to manage to ; *(atteindre)* to reach
arobase at sign
art art ; **d'art et essai** *(cinéma)* arthouse
article *(de journal)* article ; *(achat)* item
artisanal *(objet)* traditionally made
artisanat arts and crafts
artiste artist
ascenseur lift
aspirateur vacuum cleaner
aspirine aspirin
asseoir (s') to sit down
assez *(suffisamment)* enough ; *(plutôt)* quite ; **assez de** enough
assiette plate
assurance insurance
assurance tous risques comprehensive insurance
assurance voyage travel insurance
asthme asthma
atlas routier road atlas
attendre to wait ; **attendre quelqu'un / quelque chose** to wait for someone / something
attention : faire attention to be careful ; **attention !** watch out! ; **à l'attention de …** for the attention of …
atterrissage landing
attrape-touristes tourist trap
aube dawn
auberge de jeunesse youth hostel
aucun *(pronom)* none ; *(adj)* no, not any ; **aucune idée** no idea
audioguide audioguide
aujourd'hui today
aussi too, also ; **moi aussi** me too ; **aussi bien que** as well as
autant *(quantité)* as much ; *(nombre)* as many ; **autant que** *(quantité)* as much as ; *(nombre)* as many as
auteur author
autobronzant self-tan
autobus bus
auto-enregistrement self check-in
automne autumn
autoroute motorway
autre other ; **un autre** another ; **d'autres** others ; **autre chose** something else
avaler to swallow
avance : à l'avance in advance ; **en avance** early
avant before ; **avant de faire** before doing ; **roue avant** front wheel
avant-hier the day before yesterday
avec with
avenue avenue
averse shower
aveugle blind
avion plane ; **par avion** *(courrier)* airmail
avis opinion ; **changer d'avis** to change one's mind
avoir to have
avril April

B

baby-sitter babysitter
bagages luggage, baggage
bagages à main hand luggage
baigner (se) *(nager)* to go for a swim
baignoire bath (tub)
bain bath ; **prendre un bain** to have a bath
bain moussant bubble bath
balader (se) *(à pied)* to go for a walk ; *(en voiture)* to go for a drive
balai broom
balai à franges mop
balance scales
balcon balcony
bandage bandage
bande-annonce trailer
bande d'arrêt d'urgence hard shoulder

bande dessinée comic strip
banlieue suburb
banque bank
bar bar
barbecue barbecue
barrette hairslide
bas *(adj)* low ; *(n) (niveau inférieur)* bottom ; **en bas** at the bottom ; *(à l'étage inférieur)* downstairs
basilique basilica
basket(-ball) basketball
baskets trainers
bateau boat
bâtiment building
bâton de ski ski pole
batterie battery
baume à lèvres lip balm
bavarder to chat
bavoir bib
beau beautiful ; *(homme)* handsome
beaucoup (de) *(quantité)* a lot of ; *(nombre)* many, a lot of ; **beaucoup plus** a lot more
beau-fils *(gendre)* son-in-law ; *(fils du conjoint)* stepson
beau-frère brother-in-law
beau-père *(père du conjoint)* father-in-law ; *(conjoint de la mère)* stepfather
bébé baby
beige beige
Belge Belgian
belge Belgian
Belgique Belgium
belle-fille *(bru)* daughter-in-law; *(fille du conjoint)* stepdaughter
belle-mère *(mère du conjoint)* mother-in-law ; *(conjoint du père)* stepmother
belle-sœur sister-in-law
béquille crutch
besoin : avoir besoin de to need
beurre butter
biberon (baby's) bottle
bibliothèque library
Bic® biro®
bicyclette bicycle
bidon *(récipient)* canteen
bien *(adj)* good ; *(adv)* well ; **j'aimerais bien…** I'd like… ; **bien sûr** of course
bientôt soon ; **à bientôt !** see you soon!
bienvenu welcome ; **bienvenue !** welcome!
bière beer
bigoudi curler
bijouterie jeweller's
bijoux jewellery
bikini bikini
billet *(de transport)* ticket ; *(de banque)* (bank)note
billet électronique e-ticket
billetterie ticket office
billetterie automatique automatic ticket machine
bio *(produit)* organic
bise kiss ; **faire la bise à quelqu'un** to give someone a kiss
blaireau *(pour se raser)* shaving brush
blanc white
blanchisserie laundry
blessé injured
blessure injury
bleu *(n) (sur la peau)* bruise
bleu *(adj) (couleur)* blue ; *(steak)* rare
blond blond
bloqué stuck
blouson jacket
boire to drink
bois wood
boisson drink
boîte *(caisse)* box
boîte aux lettres *(privée)* letterbox ; *(publique)* postbox
boîte de conserve can
boîte de nuit (night)club ; **aller en boîte** to go clubbing
boîte de vitesses gearbox
bol bowl
bon *(savoureux)* good ; *(exact)* right ; **bon marché** cheap
bondé packed

bonjour *(le matin)* hello, good morning ; *(l'après-midi)* hello, good afternoon
bonsoir hello, good evening
bord : au bord de la mer at the seaside
borne libre-service self-service kiosk
bosse bump
bottes boots
bouche mouth
boucherie butcher's
bouchon *(de bouteille)* cork ; *(embouteillage)* traffic jam
bouchon de radiateur radiator cap
bouchon d'objectif lens cap
boucle d'induction hearing loop
boucles d'oreilles earrings
bouddhiste *(adj & n)* Buddhist
bouée buoy
bougie *(de cire)* candle ; *(de voiture)* spark plug
bouilloire kettle
bouillotte hot-water bottle
boulangerie baker's
boule *(de glace)* scoop
boules Quiès® earplugs
boussole compass
bout : un bout de ... a bit of ... ; **au bout de deux heures** after two hours ; **au bout de la rue** at the end of the street
bouteille bottle
bouteille de gaz gas cylinder
boutique shop
bouton *(sur la peau)* spot ; *(de vêtement, d'appareil)* button
bracelet bracelet
bracelet d'identité identity bracelet
braille Braille
brancher to plug in
bras arm
bravo ! well done!
briquet lighter
brochure brochure
bronchite bronchitis
bronzé tanned
bronzer *(brunir)* to tan ; *(s'exposer)* to sunbathe
brosse brush
brosse à dents toothbrush
brouillard fog
bruit noise ; **faire du bruit** to make a noise
brûler to burn ; **se brûler** to burn oneself
brûlure burn
brume mist
brun brown
Brushing® blow-dry
bruyant noisy
buanderie laundry
bureau *(lieu de travail)* office ; *(meuble)* desk
bureau de change bureau de change
bureau de poste post office
bureau des objets trouvés lost property (office)
bureau de tabac tobacconist's
bus bus
bus panoramique open-top bus

C

ça that ; *(plus près)* this ; *(sujet indéfini)* that, it
cabine d'essayage fitting room, changing room
cabine téléphonique phone box, phone booth
cabinet *(médical)* surgery
câbles de démarrage jump leads
cachet tablet
Caddie® trolley
cadeau present
cadenas padlock
cafard cockroach
café *(boisson)* coffee ; *(lieu)* café
cahier notebook

caisse *(boîte)* box ; *(où payer)* cashdesk ; *(dans un supermarché)* checkout
calculatrice calculator
caleçon *(sous-vêtement)* boxer shorts ; *(de bain)* swimming trunks
caleçon long leggings
calendrier calendar
calmant tranquillizer
calme quiet
caméra camera
caméra vidéo video camera
camion lorry
campagne country(side)
camping *(activité)* camping ; *(terrain)* campsite ; **faire du camping** to go camping
camping-car camper
camping-gaz® camping stove
canard duck
canif penknife
canne cane
canne blanche white stick
canot de sauvetage lifeboat
capitale *(ville)* capital city
capot bonnet
car *(bus)* bus, coach
carafe jug
caravane caravan
carburant petrol
carburateur carburettor
cardiaque cardiac
carie : avoir une carie to have a cavity
carnet de tickets book of tickets
carrefour crossroads
carrosserie bodywork
carte *(menu)* menu ; *(géographique)* map ; *(à jouer)* card ; *(document officiel)* card
Carte Bleue® debit card
carte de crédit credit card
carte d'embarquement boarding card
carte de téléphone phonecard
carte des vins wine list
carte de visite business card
carte d'identité identity card, ID
carte européenne d'assurance-maladie European Health Insurance Card
carte mémoire memory card
carte postale postcard
carte SIM SIM card
cas : au cas où just in case ; **en cas de …** in case of …
casier locker
casque helmet
casquette cap
cassé broken
casse-croûte snack
casser to break ; *(couple)* to split up ; **se casser la jambe** to break one's leg
casserole (sauce)pan
cassette vidéo video(tape)
catacombes catacombs
catastrophe disaster
cathédrale cathedral
catholique (Roman) Catholic
cause : à cause de because of
caution deposit
CD CD
ce this ; *(plus loin)* that
ceinture belt
ceinture de sécurité seatbelt
cela that
célèbre famous
célibataire single
celui-ci this one
celui-là that one
cendrier ashtray
centimètre *(unité de mesure)* centimetre
centre centre
centre commercial shopping centre
centre équestre riding centre
centre-ville town centre
cependant however
certain certain
certificat de naissance birth certificate
cerveau brain
ces these ; *(plus loin)* those

c'est it's ; **c'est très bon** it's very good ; **c'est annulé** it's been cancelled
ceux-ci these ones
ceux-là those ones
chacun each one
chaîne chain ; *(hi-fi)* hi-fi ; *(de télévision)* channel
chaise chair
chaise haute high chair
chaise longue deck chair
chaise pliante folding chair
chaleur heat
chaleureux warm
chambre room ; **chambres communicantes** connecting rooms
chambre à air inner tube
chambre d'hôte guest house, bed and breakfast
chambre double double room
chambre privée private room
champagne champagne
chance luck ; **bonne chance !** good luck! ; **avoir de la chance** to be lucky
changement change
changer to change ; **se changer** to get changed, to change
chanson song
chapeau hat
chapeau de soleil sunhat
chapelle chapel
chaque each, every
charcuterie *(magasin)* pork butcher's ; *(produits)* cooked meats
chargeur *(pour portable)* charger
chariot à bagages luggage trolley
charme : avoir beaucoup de charme to be very charming
chasse d'eau flush
châssis chassis
chat *(animal)* cat ; *(sur Internet)* chat
château castle
chaud hot ; **il fait chaud** it's hot
chauffage heating
chauffe-eau water heater
chauffeur de taxi taxi driver
chaussettes socks
chaussures shoes
chaussures de marche walking boots
chaussures de ski ski boots
chef *(dirigeant)* boss ; *(cuisinier)* chef
chef-d'œuvre masterpiece
chemin path ; *(direction)* way
chemin de fer railway
cheminée *(foyer)* fireplace ; *(conduit)* chimney
chemise *(vêtement)* shirt ; *(de carton)* folder
chemise de nuit nightdress
chèque cheque
chèque de voyage traveller's cheque
chéquier chequebook
cher *(coûteux)* expensive ; *(dans une lettre)* dear
chercher to look for ; **aller chercher quelqu'un / quelque chose** to go and fetch someone / something
cheval horse
cheveux hair
cheville ankle
chèvre goat
chewing-gum chewing gum
chez : chez soi at home ; **je rentre chez moi** I'm going home ; **je suis allé chez lui** I went to his place ; **je vais chez ma sœur** I'm going to my sister's (place)
chiant *(ennuyeux)* dead boring ; *(agaçant)* bloody annoying ; **c'est chiant** it's a pain in the neck
chic chic, stylish
chien dog
chien d'aveugle guide dog
Chine China
Chinois Chinese
chinois Chinese
choc shock
chocolat chocolate
choisir to choose
choix choice

cholestérol cholesterol
chômage unemployment ; **être au chômage** to be unemployed
choquant shocking
chose thing ; **quelque chose** something
chrétien Christian
ciel sky
cigare cigar
cigarette cigarette
cimetière cemetery
cinéma cinema
cintre coat hanger
circulation *(de voitures)* traffic ; *(du sang)* circulation
cirque circus
ciseaux scissors
clair light ; **bleu clair** light blue
classe class ; **première / deuxième classe** first / second class ; **classe affaires / économique** business / economy class
classique classic ; *(musique)* classical
clavier keyboard
clé key
clé de contact ignition key
clé USB memory stick
client client
clignotant indicator
climat climate
climatisation air conditioning
club club
cochon pig
code code
code confidentiel PIN (number)
code d'entrée door code
code postal postcode
code vestimentaire dress code
cœur heart
coffre *(de voiture)* boot
coffre-fort safe
coiffeur hairdresser
coin *(angle)* corner ; **un coin magnifique** a beautiful spot ; **dans le coin** around here ; **coin bébé** baby-changing area
coincé stuck
colère : en colère angry
colique colic
colis parcel
collants tights
colle glue
collège school
collègue colleague
collier necklace ; *(de chien)* collar
colline hill
colonie colony
colonie de vacances holiday camp
colonne de direction steering column
colonne vertébrale spine
combien *(nombre)* how many ; *(quantité)* how much ; **combien ça coûte ?** how much does it cost? ; **combien de temps … ?** how long …? ; **depuis combien de temps … ?** for how long …? ; **on est le combien ?** what's today's date?
combinaison de plongée wetsuit
comédie comedy
comédie musicale musical
comédien actor ; **comédienne** actress
commander *(à manger, à boire)* to order
comme *(pareillement)* like, as ; *(parce que)* as
commencer to start, to begin
comment how ; **comment ?** *(pardon ?)* pardon? ; **comment allez-vous ?** how are you?
commerces shops
commissariat *(central)* police station
commission *(de change)* commission
communiquer to communicate
compagne partner
compagnie aérienne airline
compagnon partner
compartiment compartment
complet *(plein)* full
complètement completely
compliment compliment

composter to punch
comprendre to understand
comprimé tablet
compris *(service, assurance)* included ; **tout compris** all inclusive
comptant : payer comptant to pay cash
compte account
compte bancaire bank account
compte rendu *(de réunion)* minutes
compter to count ; **compter sur** to count on
compteur de vitesse speedometer
compteur électrique electricity meter
concert concert
conducteur driver
conduire to drive ; *(quelqu'un)* to take
conférence conference
confiance confidence ; **avoir confiance en quelqu'un** to trust someone ; **tu peux lui faire confiance** you can trust him
confiance en soi self-confidence
confirmer *(réservation, vol)* to confirm
confiserie sweet shop
confortable comfortable
congélateur freezer
connaissance *(personne)* acquaintance ; **connaissances** *(savoir)* knowledge
connaître to know
connu famous
conseil : un conseil a piece of advice ; **des conseils** advice ; **demander conseil à quelqu'un** to ask someone's advice
conseiller to advise
consigne *(pour bagages)* left-luggage office
consommation *(boisson)* drink
consommer *(boire)* to drink
consonne consonant
constipation constipation
constipé constipated
construit en … built in …
consulat consulate
contact contact ; **rester en contact** to stay in touch
contacter to contact
contagieux contagious
contemporain contemporary
conteneur verre bottle bank
contenir to contain
content pleased
continuation : bonne continuation ! all the best!
continuer to continue, to go on ; **continuer à faire quelque chose** to carry on doing something
contraceptif contraceptive
contraire opposite ; **au contraire** on the contrary
contrat contract
contravention parking ticket
contre against
contrôle des passeports passport control
contusionné bruised
coordonnées address and telephone number
copain, copine friend ; **petit copain** boyfriend ; **petite copine** girlfriend
corde rope
corde à linge washing line
corde de tente guy rope
cordonnerie cobbler's
corps body
correct correct
correspondance *(changement)* connection
costume suit
côte *(maritime)* coast ; *(du corps)* rib
côté side ; **à côté de** next to
coton *(hydrophyle)* cotton wool ; *(textile)* cotton
coton-tige® cotton bud
cou neck
couche *(pour bébé)* nappy
couche jetable disposable nappy

couche lavable washable nappy
coucher : se coucher to go to bed ; *(s'allonger)* to lie down ; **coucher avec** to sleep with
coucher du soleil sunset
couchette couchette
coude elbow
coudre to sew
couette duvet
couleur colour
couloir corridor
coup : ça vaut le coup it's worth it ; **aller boire un coup** to go for a drink
coup d'envoi kick-off
coup de fil : passer un coup de fil à quelqu'un to give someone a buzz
coup de soleil : prendre un coup de soleil to get sunburnt
coup de téléphone : passer un coup de téléphone à quelqu'un to give someone a ring
coupe de cheveux haircut
coupe-ongles nail clippers
couper to cut ; **se couper** to cut oneself ; **coupé en tranches** sliced ; **on a été coupés** *(au téléphone)* we got cut off
coupure cut
courage courage ; **bon courage !** good luck!
courant : être au courant (de) to know (about)
couronne crown
courrier mail, post
courrier recommandé recorded delivery
courroie de ventilateur fan belt
cours *(leçon)* class
courses shopping ; **faire des / les courses** to do some / the shopping
coursier courrier ; **par coursier** by courrier
court *(adj)* short
court de tennis tennis court
cousin cousin
couteau knife
coûter to cost ; **combien ça coûte ?** how much is it?, how much does it cost?
couverture blanket ; *(de livre)* cover
couverture pare-flamme fire blanket
couvre-feu curfew
couvrir to cover
crampe cramp
crâne skull
cravate tie
crayon pencil
crayon à lèvres lip pencil
crayon de couleur pencil crayon
crèche crèche
crème cream
crème après-soleil aftersun lotion
crème à raser shaving cream
crème dépilatoire hair removal cream
crème hydratante moisturizer
crème solaire sun cream
crevé *(pneu)* burst
crever *(pneu)* to burst
cric (car) jack
crise cardiaque heart attack
crise d'appendicite appendicitis
critique *(fait de critiquer)* criticism ; *(article de journal)* review
critiquer to criticize
croire to believe ; *(penser)* to think ; **je crois que …** I think (that)…
croisière cruise
croix cross
cru raw
cuillère spoon
cuillère à café teaspoon
cuillère à soupe tablespoon
cuir leather
cuire to cook ; *(gâteau, pain)* to bake
cuisine *(fait de cuisiner)* cooking ; *(pièce)* kitchen ; **faire la cuisine** to do the cooking
cuisse thigh

cuit cooked ; **bien cuit** well done ; **trop cuit** overdone
culasse cylinder head
culotte pants
cultivé cultured
curé (parish) priest
cure-dent toothpick
curieux curious ; *(indiscret)* inquisitive
cybercafé Internet café
cystite cystitis

D

daltonien *(adj)* colour blind
danger danger
dangereux dangerous
dans in ; **dans une heure** in an hour ; **dans la soirée** in the evening
danse dance
danser to dance
date date
date de naissance date of birth
date d'expiration expiry date
date limite deadline
dater (de) to date (from)
de of ; **le vélo de David** David's bike ; **de … à …** from … to … ; **du pain** (some) bread ; **des œufs** (some) eggs
déambulateur walking frame
débardeur *(pour femmes)* vest top
déboîté dislocated
débrouillard resourceful
débrouiller (se) to manage
début beginning, start ; **au début** at the beginning ; **en début de** at the beginning of
débutant beginner
déca *(décaféiné)* decaf
décalage (horaire) time difference ; *(après un vol)* jetlag
décapotable convertible
décapsuleur bottle opener
décembre December
décevant disappointing
décider to decide
déclaration *(de perte, vol)* statement
déclarer *(à la douane)* to declare
décollage take-off
décoller *(avion)* to take off
découvrir to discover
déçu disappointed
dedans inside
défaut flaw
défecteux *(machine)* faulty
dégonflé *(pneu)* flat
degré *(température)* degree
dehors outside
déjà already
déjeuner *(n)* lunch ; *(v)* to have lunch
délégué delegate
délicieux delicious
demain tomorrow ; **à demain !** see you tomorrow! ; **demain soir** tomorrow evening
demander to ask
démanger : ça me démange it's itchy
démaquillant make-up remover
demi half ; **un demi-litre / -kilo** half a litre / kilo ; **une demi-heure** half an hour ; **une heure et demie** an hour and a half ; **un demi** *(bière)* a beer, a half-pint
demi-pension half-board
demi-tour U-turn
dent tooth ; **dents** teeth
dent de sagesse wisdom tooth
dentier dentures
dentifrice toothpaste
dentiste dentist
déodorant deodorant
dépannage : service de dépannage breakdown service
dépanneuse breakdown vehicle
départ departure
dépêcher (se) to hurry (up)
dépendre : ça dépend (de) that depends (on)

dépenser to spend
dépliant *(prospectus)* leaflet
déposer : déposer quelqu'un *(en voiture)* to drop someone off
déprimé depressed
depuis since ; **depuis que** since ; **depuis quand êtes-vous ici ?** how long have you been here?
déranger to disturb
dernier last ; **au dernier moment** at the last minute ; **l'année dernière** last year
derrière behind
des *voir* **de**
dès from ; **dès que** as soon as
désagréable unpleasant
descendre *(de) (transports)* to get off
désert desert
déshydraté dehydrated
désinfectant disinfectant
désinfecter to disinfect
désolé *(navré)* sorry
dessert dessert
dessous underneath ; **en dessous (de)** below
dessus above ; **au-dessus (de)** above
destinataire addressee
détail detail
détendre (se) to relax
détester to hate
devant in front of
développer : faire développer une pellicule to get a film developed
devenir to become
déviation diversion
devise currency
devoir *(être obligé de)* to have to ; *(de l'argent)* to owe ; **je dois y aller** I have to go, I must go ; **il doit être 5h** it must be five o'clock ; **vous devriez …** you should …
diabète diabetes
diabétique diabetic
diapositive slide
diarrhée : avoir la diarrhée to have diarrhoea
diesel diesel
différent (de) different (from)
difficile (à) difficult (to)
dimanche Sunday
diminuer to reduce
dîner *(n)* dinner ; *(v)* to have dinner
dire to say ; **vouloir dire** to mean ; **comment dit-on … ?** how do you say…? ; **ça te dit ?** does that sound OK to you? ; **ça te dit d'aller ?** do you feel like going …?, do you fancy going …?
direct direct
directement directly
direction *(sens)* direction ; *(entreprise)* management ; **le train en direction de Leeds** the train to Leeds
discothèque disco
discrimination discrimination
disparaître to disappear
disputer (se) to argue
disquaire record dealer
disque record
disque dur hard disk
dissolvant *(pour ongles vernis)* nail polish remover
distributeur *(pour voiture)* distributor
distributeur (automatique de billets) cashpoint
divertissement entertainment
divorcé *(adj)* divorced
docteur doctor
document document
doigt finger
domicile home
dommage : c'est dommage it's a pity ; **quel dommage !** what a pity!
donc so, therefore
donner to give
dont whose ; **l'hôtel dont il me parlait** the hotel he told me about
doré golden

dormir to sleep ; **dormir à la belle étoile** to sleep out in the open
dortoir dormitory
dos back
douane customs
doublé *(film)* dubbed
double toit fly sheet
doucement *(délicatement)* gently ; *(bas)* softly ; *(lentement)* slowly
douche shower ; **prendre une douche** to take a shower
douleur pain
douloureux painful
douzaine dozen
draguer to chat up
drap sheet
drapeau flag
drogue drug
droit *(n)* right ; **avoir le droit de ...** to have the right to ... ; **droits de douane** customs duty
droit *(adj)* right ; **le côté droit** the right-hand side
droit *(adv)* **tout droit** straight on, straight ahead
droite *(n)* right ; **à droite (de)** to the right (of)
drôle funny
du *voir* **de**
dur hard
durer to last
durite radiator hose
DVD DVD

E

eau water
eau gazeuse sparkling water
eau minérale mineral water
eau plate still water
échanger to exchange
écharde splinter
écharpe scarf
écharpe de portage carry sling
échecs chess
échelle ladder
école school ; **école primaire** primary school
écouter to listen ; **écouter quelqu'un / quelque chose** to listen to someone / something
écouteurs earphones
écran screen
écrire to write
eczéma eczema
effort effort ; **faire un effort** to make an effort
égal : ça m'est égal I don't mind
église church
élastique *(n)* rubber band
électricien electrician
électrique electric
élève student ; *(à l'école)* pupil
elle she
elles they
e-mail e-mail
embarquement boarding
embarquement prioritaire priority boarding
embarquer to board
embêtant annoying
embêté annoyed
embouteillage traffic jam
embrasser to kiss
embrayage clutch
émission programme
emmener *(en voiture)* to take
émouvant moving
emplacement *(de camping)* place
emporter to take ; **à emporter** takeaway
emprunter to borrow
en in ; **en France / 2010 / anglais** in France / 2010 / English ; **je vais en France** I'm going to France ; **en voiture** by car
encaisser to pay in
enceinte pregnant
enchanté ! pleased to meet you!

encore *(toujours)* still ; *(davantage)* more ; *(de nouveau)* again ; **pas encore** not yet ; **encore plus** even more
endormir (s') to fall asleep
enfant child ; **enfants** children
enfin finally
enflé swollen
engueuler to shout at ; **s'engueuler** to have a row ; **se faire engueuler** to get told off
enjoliveur hubcap
enlever to remove
ennuyer (s') to be bored
enregistrement *(des bagages)* check-in
enregistrer *(musique)* to record ; *(bagages)* to check in
enrhumé : être enrhumé to have a cold
ensemble together
ensuite then, next
entendre to hear ; **bien s'entendre (avec quelqu'un)** to get on well (with someone) ; **mal s'entendre (avec quelqu'un)** not to get on (with someone)
enterrement funeral
entier whole ; **le gâteau en entier** the whole cake
entorse sprain
entracte interval
entre between
entrée *(lieu)* entrance, way in ; *(de repas)* starter ; *(prix)* admission
entreprise company, firm
entrer *(aller)* to go in ; *(venir)* to come in
enveloppe envelope
envie : avoir envie de to want to
environ about, around ; **dans les environs** in the surrounding area
envoyer to send
épaule shoulder
épeler to spell
épice spice
épicé spicy, hot
épicerie grocer's
épileptique epileptic
épiler (s') *(à la cire)* to wax
éponge sponge
épuisé *(fatigué)* exhausted ; *(marchandises)* out of stock
équipe team
équipements sportifs sports equipment
équitation horse-riding
erreur mistake
escabeau step ladder
escalade climbing
escale stopover
escalier stairs
escalier mécanique escalator
espace space
Espagne Spain
Espagnol Spaniard
espagnol Spanish
espérer to hope ; **j'espère que …** I hope that…
essayer to try ; *(vêtement)* to try on ; **essayer de faire quelque chose** to try to do something
essence petrol
essieu axle
essule-glace windscreen wiper
est east ; **à l'est** in the east ; **à l'est de** (to the) east of
estomac stomach
et and
étage floor
état state ; **l'État** the State
États-Unis United States
été summer
éteindre *(cigarette)* to put out ; *(appareil)* to switch off
étiquette label
étonner to surprise
étranger *(adj)* foreign ; *(n)* foreigner ; **à l'étranger** abroad

être to be *(voir grammaire)* ; **je suis Français** I'm French ; **est-ce que tu es content ?** are you happy? ; **c'est beau** it's beautiful
études studies ; **faire des études de biologie** to study biology
étudiant student
euro euro
eurochèque Eurocheque
Europe Europe
Européen European
européen European
eux them
évanouir (s') to faint
évident obvious
excédent *(de bagages)* excess ; **j'avais un excédent de bagages de cinq kilos** my luggage was five kilos overweight
excellent excellent
exceptionnel exceptional ; **ça n'a rien d'exceptionnel** it's nothing special
excursion trip
excuse excuse
excuser (s') to apologize ; **excusez-moi** *(je suis désolé)* I'm sorry ; *(pour attirer l'attention)* excuse me
exemple example ; **par exemple** for example
expéditeur sender
expliquer to explain
exposition exhibition
exprès on purpose
exprès : en exprès by special delivery
express express ; *(café)* expresso, espresso
expression expression
expresso expresso, espresso
exprimer (s') to express oneself
extincteur fire extinguisher
extraordinaire extraordinary
eye-liner eye liner

F

face : en face opposite ; **en face de** opposite
fâché angry
facile (à) easy (to)
façon way ; **de toute façon** anyway
facteur postman
facture bill
faible weak
faim : avoir faim to be hungry
faire to do, to make ; **ça fait deux ans que je n'ai pas pris de vacances** I haven't taken a holiday for two years ; **ça ne fait rien** it doesn't matter
fait *(n)* fact ; **en fait** in fact ; **au fait** by the way
fait main handmade
fait maison home-made
falaise cliff
falloir : il faut faire attention you / we / etc. must be careful ; **il faut se dépêcher** we must hurry ; **il me faut de nouvelles chaussures** I need new shoes ; **il faut que j'y aille** I must go ; **il faut que vous le voyiez** you must see it
famille family
fard à joues blusher
fard à paupières eyeshadow
fast-food fast-food restaurant
fatigant tiring
fatigué tired
faute *(erreur)* mistake
fauteuil roulant wheelchair
faux *(incorrect)* wrong ; *(mensonger)* false
fax fax
félicitations ! congratulations!
femme *(personne de sexe féminin)* woman ; *(épouse)* wife
fenêtre window
fer à repasser iron
férié : jour férié bank holiday ; **lundi est férié** Monday is a bank holiday
ferme *(agricole)* farm

fermé closed, shut
fermer to close, to shut
fermeture closing
fermeture Éclair® zip
ferry ferry
fesses bottom
festival festival
fête party ; **faire la fête** to party
fête foraine funfair
fête nationale national holiday
feu fire ; **tu as du feu ?** do you have a light? ; **au feu !** fire!
feu rouge red light
feux arrière taillights
feux d'artifice fireworks
feux de détresse warning lights
feux de recul reversing lights
feux de signalisation traffic lights
feux de stop brake lights
feuille *(végétale)* leaf ; *(de papier)* sheet
feutre felt-tip pen
février February
fiancé fiancé ; **fiancée** fiancée ; **être fiancé** to be engaged
ficelle string
fier (de) proud (of)
fièvre fever ; **avoir de la fièvre** to have a fever
fil thread
fil dentaire dental floss
fille girl ; *(de ses parents)* daughter
film film
fils son
filtre à air air filter
filtre à essence fuel filter
filtre à huile oil filter
fin *(n)* end ; **en fin de / à la fin de** at the end of
fin *(adj)* fine
finalement finally
finir to finish
flash flash
flèche arrow
fleur flower
fleuriste florist
fleuve river
flou *(photo)* blurry
foie liver
foire fair
foire commerciale trade fair
fois time ; **combien de fois ... ?** how many times ...? ; **une fois** once ; **deux fois** twice ; **trois / quatre fois** three / four times
folklorique traditional
foncé dark ; **bleu foncé** dark blue
fond bottom ; **au fond de** *(récipient)* at the bottom of ; *(espace)* at the back of
fond de teint foundation
football football
forêt forest
forfait *(pour transports, ski)* pass
formation *(apprentissage)* training
forme shape ; **en (pleine) forme** on (top) form
formidable wonderful
formulaire form
formule *(menu)* set menu
fort *(personne, goût)* strong ; *(son)* loud
forteresse fortress
fou mad
foulard scarf
foulé sprained
fouler : se fouler la cheville to sprain one's ankle
foulure sprain
four oven
fourchette fork
fourmi ant
fourrière pound
foutu : mon appareil photo est foutu my camera has had it ; **c'est foutu pour ce soir** we can forget tonight
fracture fracture
fragile fragile
frais *(temps)* chilly ; *(aliment)* fresh ; *(boisson)* cold
Français French person
français French
France France

franchement frankly
frange fringe
frein brake
frein à main handbrake
freiner to brake
frère brother
frigidaire® fridge, refrigerator
froid cold ; **il fait froid** it's cold ; **avoir froid** to be cold ; **prendre froid** to catch cold
front forehead
frontière border
fruit fruit ; **un fruit** a piece of fruit ; **des fruits** (some) fruit
fuir *(se répandre)* to leak
fuite leak
fumer to smoke
fumeur smoker ; **non-fumeur** non-smoker ; **fumeurs** *(salle, compartiment)* smoking
fusible fuse
futur future

G

gâcher to waste
gagner to win ; *(de l'argent)* to earn ; *(du temps)* to save
galerie gallery
gant glove
gant de toilette facecloth
garage garage
garantie guarantee
garçon *(enfant)* boy ; *(serveur)* waiter
garder to keep
gare *(train)* station
gare routière bus station
garer (se) to park
gargarisme mouthwash
garniture de frein brake pad
gâter to spoil
gauche left ; **à gauche (de)** to the left (of)
gay gay
gaz gas
gaze *(bandage)* gauze
gazeux *(boisson)* fizzy
gazole diesel
gel *(eau gelée)* frost
gel douche shower gel
gencive gum
gendarmerie maritime coastguard
gêner to bother ; *(embarrasser)* to embarrass
généraliste *(médecin)* GP
génial great
genou knee
genre *(sorte)* kind, sort ; **quel genre de… ?** what kind of…?
gens people ; **les gens** people
gentil nice
gilet waistcoat
gilet de sauvetage life jacket
glace *(eau gelée)* ice ; *(à manger)* ice cream ; *(miroir)* mirror
glacière ice box
glaçon ice cube ; **avec ou sans glaçons ?** with or without ice?
gluten gluten ; **avoir une intolérance au gluten** to be gluten intolerant
golf golf
gomme rubber
gorge throat
gothique Gothic
gourde flask
goût taste
goûter *(n)* (afternoon) snack ; *(v)* *(tester)* to taste
gouttes *(pour les oreilles, les yeux)* drops
gouvernement government
GPS satnav
grâce à thanks to
grammaire grammar
grammes grams
grand big ; *(haut)* tall
Grande-Bretagne (Great) Britain
grandir to grow ; **j'ai grandi en France** I grew up in France
grand-mère grandmother
grand-père grandfather

grands parents grandparents
gras fat
grasse matinée lie-in
gratte-ciel skyscraper
gratuit free
grave serious ; **ce n'est pas grave** *(c'est sans gravité)* it's not serious ; *(ça n'a pas d'importance)* it doesn't matter
graver *(CD)* to burn
Grec Greek
grec Greek
Grèce Greece
grève strike ; **faire grève** to be on strike
grippe flu
grippe intestinale gastric flu
gris grey
gros big
gros mot swearword
grotte cave
groupe group
groupe sanguin blood group
guêpe wasp
guérir *(aller mieux)* to get better
gueule de bois hangover
guichet counter
guide *(livre)* guidebook ; *(personne)* guide
guide des spectacles listings magazine
guidon handlebars
gynécologue gynaecologist

H

habiller (s') to get dressed
habiter to live
habitude habit ; **d'habitude** usually ; **j'ai l'habitude** I'm used to it ; **je n'ai pas l'habitude de manger aussi tôt** I'm not used to eating so early
halal halal
hamac hammock
hanche hip
handicapé *(adj)* disabled ; *(n)* disabled person ; **les handicapés** the disabled
harcèlement harassment
haschich hashish
haut *(adj)* high ; *(n) (niveau supérieur)* top ; **en haut** at the top ; *(à l'étage supérieur)* upstairs
hauteur height
hebdomadaire weekly
héberger to put up
hématome bruise
hémorroïdes piles
herbe grass
hésiter to hesitate
heure hour ; **à quelle heure ... ?** what time...? ; **à 5 heures** at five o'clock ; **à l'heure** on time ; **à tout à l'heure !** see you later!
heures d'ouverture opening hours
heureusement luckily
heureux happy
hier yesterday ; **hier soir** yesterday evening, last night
hindou Hindu
histoire *(passé)* history ; *(récit)* story
hiver winter
Hollandais Dutch
hollandais Dutch
Hollande Holland
homéopathie homeopathy
homme man
homosexuel homosexual
honnête honest
honte shame ; **avoir honte** to be ashamed
hôpital hospital
horaires *(de transports)* timetable
hors service out of order
hôtel hotel
hôtel de ville town hall
huile oil
huile de moteur engine oil
humeur : être de bonne / mauvaise humeur to be in a good / bad mood
humide damp

humour humour
hypertension high blood pressure
hypotension low blood pressure

I

ibuprofène ibuprofen
ici here ; **d'ici un quart d'heure** in a quarter of an hour
idée idea
idiot *(n)* idiot ; *(adj)* stupid
il he
il y a : il y a un château there is a castle ; **il y a deux musées** there are two museums ; **il y a deux ans** two years ago
île island
illégal illegal
ils they
immeuble *(bâtiment)* building ; *(d'habitation)* block of flats
impatient impatient ; **être impatient de …** to be impatient to…
imperméable *(n)* raincoat ; *(adj)* waterproof
important important
importer : n'importe quoi anything ; **dire n'importe quoi** to talk nonsense
impossible impossible
impôt tax
impression impression ; **j'ai l'impression que …** I have the feeling that …
impressionnant impressive
imprimante printer
imprimer to print
incendie fire
inclus included
incroyable *(étonnant)* amazing, incredible ; *(peu vraisemblable)* unbelievable
indépendant independent
indicatif *(téléphonique)* dialling code
indigestion indigestion
industrie industry
infecté infected
infection infection
infirmière nurse
informations *(renseignements)* information ; *(nouvelles)* news
ingrédient ingredient
inhalateur inhaler
initiales initials
inondation flood
inoubliable unforgettable
inquiéter (s') to worry
inscrire (s') to sign up
insecte insect
insecticide insecticide
insolation sunstroke
insomnie insomnia
instant : un instant, s'il vous plaît one moment, please
instrument *(de musique)* instrument
insulte insult
intention : avoir l'intention de … to intend to …
interdit forbidden
intéressant interesting
intérieur : à l'intérieur inside
international international
Internet Internet ; **sur Internet** on the Internet
interprète interpreter
interrupteur light switch
intoxication alimentaire food poisoning
inutile useless
inventer to invent
invité guest
inviter to invite
iode iodine
Italie Italy
Italien Italian
italien Italian
itinéraire itinerary
itinérance roaming
ivre drunk

J

jamais never ; **ne … jamais** never ; **si jamais** if ever ; **le meilleur spectacle que j'aie jamais vu** the best show I've ever seen
jambe leg
janvier January
jardin garden
jardin botanique botanic gardens
jauge : jauge d'huile / d'essence oil / petrol gauge
jaune yellow
je I
jean jeans
jetable disposable
jeter to throw ; *(à la poubelle)* to throw out
jeton token
jeu game
jeu vidéo video game
jeudi Thursday
jeune *(adj)* young ; *(n)* young person
jogging *(sport)* jogging ; *(tenue)* jogging suit
joli pretty
jouer to play ; **ça joue à …** it's on at …
jouet toy
jour day ; **de nos jours** nowadays
jour férié bank holiday
journal newspaper
journée day
juif Jewish
Juif Jew
juillet July
juin June
jumeaux twins
jumelles *(pour voir)* binoculars
jupe skirt
jus juice
jusqu'à until
juste *(adj) (équitable)* fair ; *(adv)* **juste avant / un peu** just before / a little

K

kasher kosher
kayak kayak
kilométrage mileage
kilomètre kilometre
kiosque à journaux newsstand
klaxon horn
Kleenex® Kleenex®
K-way® waterproof jacket

L

la *(article)* the ; *(pronom)* her
là there
là-bas over there
lac lake
lactose lactose
là-haut up there ; *(à un étage supérieur)* upstairs
laine wool
laisse lead
laisser *(permettre)* to let ; *(abandonner)* to leave ; **laissez-moi tranquille** leave me alone ; **laisser tomber** to drop
lait milk
lait après-soleil aftersun (lotion)
lait en poudre powdered milk ; *(pour bébé)* formula
lait hydratant moisturizer
lame de rasoir razor blade
lampe lamp
lampe de poche torch
langue *(organe)* tongue ; *(langage)* language
langue des signes sign language
lapin rabbit
laque hairspray
large wide
largeur width
lavabo washbasin
laver to wash ; **se laver** to have a wash ; **se laver les dents** to clean one's teeth ; **se laver les cheveux** to wash one's hair

laverie launderette
lave-vaisselle dishwasher
laxatif laxative
le *(article)* the ; *(pronom)* him
lecteur MP3 MP3 player
légal legal
léger light
lendemain : le lendemain the next day
lentement slowly
lentilles *(de contact)* lenses
les *(article)* the ; *(pronom)* them
lesbienne lesbian
lessive washing powder ; **faire la lessive** to do the washing
lettre letter
leur *(adj possessif)* their ; *(pronom personnel)* them ; **leurs** their ; **le / la leur** *(pronom possessif)* theirs ; **les leurs** theirs
levée *(postale)* collection
lever (se) to get up
lever du soleil sunrise
levier de vitesses gear lever
lèvre lip
librairie bookshop
libre *(chambre)* available ; *(toilettes, place, personne)* free
lieu place ; **au lieu de** instead of
ligne line ; **ligne de métro** underground line ; **ligne de bus** bus route
lime à ongles nail file
limitation de vitesse speed limit
linge sale (dirty) washing
lingette baby wipe
liquide *(argent)* cash ; **payer en liquide** to pay cash
liquide de freins brake fluid
liquide de refroidissement coolant
liquide vaisselle washing-up liquid
lire to read
lisseur hair straighteners
liste des vins wine list
lit bed
lit de camp camp bed
lit d'enfant cot
lit superposé bunkbed
litre litre
livre book
location *(de logement)* rental ; *(de voiture, vélo, skis)* hire
logement accommodation
loi law
loin far ; **loin de** far from
longtemps a long time
lorsque when
lotion après-rasage aftershave
lotion tonique toner
louer *(logement)* to rent ; *(voiture, vélo, skis)* to hire
loupe magnifying glass
lourd heavy ; *(temps)* close
loyer rent
lui *(homme)* him ; *(femme)* her
lumière light
lundi Monday
lune moon
lune de miel honeymoon
lunettes glasses
lunettes de soleil sunglasses
luxe : de luxe luxury
lycée secondary school

M

ma my
machine à laver washing machine
machine à laver la vaisselle dishwasher
mâchoire jaw
Madame *(avant un nom propre)* Mrs, Ms ; **pardon, Madame** excuse me
Mademoiselle *(avant un nom propre)* Miss, Ms ; **pardon, Mademoiselle** excuse me
magasin shop ; **grand magasin** department store
magazine magazine
magnifique wonderful
mai May

maigre thin
maillet mallet
maillot de bain *(pour femme)* swimsuit ; *(pour homme)* swimming trunks
main hand
maintenant now
mairie town hall
mais but
maison house ; **à la maison** at home
mal *(n)* **ça fait mal** it hurts ; **avoir mal au cœur** to feel sick ; **avoir mal à la tête / à la gorge / au ventre** to have a headache / a sore throat / a sore stomach ; **avoir le mal de mer** to be seasick ; **avoir du mal à faire quelque chose** to have trouble doing something
mal *(adj)* bad ; **c'est pas mal** it's not bad
mal *(adv)* badly ; **pas mal de** quite a lot of
malade ill
maladie illness
malentendant *(n)* hearing-impaired person ; *(adj)* hearing-impaired
malentendu misunderstanding
malheureusement unfortunately
malpoli rude
malvoyant *(n)* partially sighted person ; *(adj)* partially sighted
manche sleeve
mandat international international money order
manège merry-go-round
manger to eat
manière way ; **de toute manière** in any case
manifestation demonstration, protest
manquer *(rater)* to miss ; **il manque deux valises** there are two suitcases missing ; **il me manque deux …** I'm two … short ; **tu me manques** I miss you
manteau coat
manucure manicure
maquillage make-up
marchand shopkeeper
marchand de journaux newsagent
marchandises goods
marche step ; **faire de la marche** to go walking ; **marche avant / arrière** forward / reverse gear
marché market
marcher *(à pied)* to walk ; *(fonctionner)* to work
mardi Tuesday
marée tide ; **marée basse / haute** low / high tide
mari husband
mariage marriage ; *(cérémonie)* wedding
marié married
marre : en avoir marre (de) to be fed up (with)
marron *(couleur)* brown ; *(fruit)* chestnut
mars March
marteau hammer
mascara mascara
massage massage
mât de tente tent pole
match match
matelas mattress
matelas pneumatique airbed
matériel equipment ; **matériel de camping** camping equipment
matin morning
mauvais bad ; **il fait mauvais** the weather's bad
maximum maximum
me me
mec guy
mécanicien mechanic
méchant bad
mèches : se faire des mèches to have highlights put in
médecin doctor
médicament medicine
médiéval medieval
méduse jellyfish

meilleur better ; **le meilleur** the best ; *(de deux)* the better ; **meilleur que …** better than …
mélanger to mix
membre *(d'un club)* member
même *(adj)* same
même *(adv)* even ; **même si** even if ; **moi-même** myself ; **lui-même** himself
ménage : faire le ménage to do the housework
mentir to lie
menton chin
menu menu ; *(formule)* set menu
mer sea ; **la mer Méditerranée / du Nord** the Mediterranean / North Sea
mercerie haberdashery
merci thank you, thanks ; **merci beaucoup** thank you very much ; **non merci** no, thank you
mercredi Wednesday
mère mother
merveilleux wonderful
mes my
message message
messagerie instantanée instant messaging
messe mass
météo *(n)* weather forecast
métier occupation
mètre metre
métro underground, tube
mettre to put
meuble : un meuble a piece of furniture ; **des meubles** furniture
micro-ondes microwave
microphone microphone
midi midday, noon
mien : le mien / la mienne mine ; **les miens / miennes** mine
mieux better ; **mieux que …** better than …
mignon cute
migraine migraine
milieu middle ; **au milieu (de)** in the middle (of)
minibar minibar
minimum minimum
minuit midnight
minute minute
mi-temps *(n)* half-time ; **à mi-temps** part-time
MMS picture message
Mobylette® moped
moche ugly
mode *(goût du jour)* fashion ; **à la mode** fashionable
moderne modern
moi me
moins less ; **au moins** at least ; **moins que** less than ; **dix heures moins le quart** a quarter to ten
mois month
moitié half
molaire molar
mollet calf
moment moment ; **un moment !** just a moment! ; **en ce moment** at the moment ; **pour le moment** for the moment ; **à ce moment-là** then
mon my
monastère monastery
monde world ; **tout le monde** everybody, everyone ; **il y a du monde** there are lots of people
moniteur instructor
monnaie *(devise)* currency ; *(pièces)* change
monospace people carrier
Monsieur *(avant un nom propre)* Mr ; **pardon, Monsieur** excuse me
montagne mountain
monte-escaliers stairlift
montre watch
montrer to show
monument monument
morceau : un morceau de a piece of
morsure bite
mort *(adj)* dead
mosquée mosque
mot word ; *(note écrite)* note

mot de passe password
moteur engine
moto motorcycle, motorbike
mouche fly
mouchoir handkerchief
mouillé wet
moulin windmill
mourir to die
mousse à raser shaving foam
moustache moustache
moustiquaire mosquito net
moustique mosquito
mouton sheep
moyen *(n)* way
moyen *(adj)* average
muet mute ; *(film)* silent
mur wall
mûr ripe
muscle muscle
musculation weight training
musée museum
musique music
musulman *(adj & n)* Muslim

N

nager to swim ; **est-ce que tu sais nager ?** can you swim?
naître : je suis né le / en … I was born on the / in …
natation swimming
nationalité nationality
nature nature
nausée : avoir la nausée to feel sick
navette shuttle
ne *voir* **pas, plus, jamais, rien**
nécessaire necessary
négatif *(photographique)* negative
neige snow
neiger to snow
nerf nerve
nerveux nervous
nettoyer to clean
neuf *(nouveau)* new
neveu nephew
nez nose
ni … ni … neither … nor …
nièce niece
nocturne *(n)* late-night opening
Noël Christmas ; **joyeux Noël !** Merry Christmas!
noir black ; **noir et blanc** black and white
nom name
nombre number
nom de famille surname
nom de jeune fille maiden name
non no ; **je ne fume pas – moi non plus** I don't smoke – neither do I
nord north ; **au nord** in the north ; **au nord de** (to the) north of
normal normal
nos our
note *(facture)* bill
noter *(écrire)* to write down
notre our
nôtre : le / la nôtre ours ; **les nôtres** ours
nounours teddy bear
nourriture food
nous *(sujet)* we ; *(complément)* us
nouveau new ; **à nouveau** again
nouvel an New Year
nouvelle *(livre)* short story ; **bonne / mauvaise nouvelle** good / bad news ; **les nouvelles** the news
novembre November
noyer (se) to drown
nu naked
nuage cloud
nuit night ; **bonne nuit !** goodnight!
nul *(personne)* useless
nulle part nowhere
numéro number
numéro de téléphone phone number
numéro d'immatriculation registration number

O

objectif *(photographique)* lens
occasion *(opportunité)* opportunity ; **d'occasion** second-hand

occupé *(WC, ligne téléphonique)* engaged ; *(personne)* busy
occuper : s'occuper de to look after ; *(soigner)* to take care of
océan ocean ; **l'océan Atlantique** the Atlantic Ocean
octobre October
odeur smell
œil eye
œuvre d'art work of art
office de tourisme tourist office
offrir to offer ; *(cadeau)* to give
oiseau bird
ok OK
ombre shade ; **à l'ombre** in the shade
omnibus stopping train
on one ; *(nous)* we
oncle uncle
ongle nail
opéra opera
opérer : se faire opérer to have an operation
opinion opinion
opticien optician
or *(métal)* gold ; **en or** gold
orage storm
orange orange
orchestre orchestra
ordinateur computer
ordinateur portable laptop
ordonnance prescription
ordre du jour agenda
ordures rubbish
oreille ear
oreiller pillow
organiser to organize
original original
origine origin ; **être d'origine …** to be of … origin
orteil toe
os bone
oser to dare
ou or
où where ; **où est … ?** where is …? ; **où sont … ?** where are …? ; **où vas-tu ?** where are you going? ; **d'où viens-tu ?** where are you from?
oublier to forget
ouest west ; **à l'ouest** in the west ; **à l'ouest de** (to the) west of
oui yes
ouragan hurricane
ouvert open
ouvre-boîtes can opener
ouvre-bouteilles bottle opener
ouvrir to open

P

page page
Pages Jaunes® Yellow Pages®
pain bread
paix peace
palais palace
pâle pale
panier-repas packed lunch
panne breakdown ; **tomber en panne** to break down ; **être en panne d'essence** to have run out of petrol
panneau sign ; *(de signalisation)* road sign
pansement dressing ; *(adhésif)* Elastoplast®
pantalon trousers
papeterie stationer's
papier paper
papier à cigarette cigarette paper
papier alu tinfoil
papier cadeau gift wrap
papiers d'identité identity papers
papier toilette toilet paper
Pâques Easter ; **joyeuses Pâques !** Happy Easter!
paquet packet ; *(colis)* parcel
par by ; **une fois par jour / heure** once a day / an hour

paraître : il paraît que … it seems that …
parapluie umbrella
parasol beach umbrella
parc park
parc d'attractions theme park
parc national national park
parce que because
parcmètre parking meter
pardon *(je suis désolé)* sorry ; *(pour attirer l'attention)* excuse me
pare-brise windscreen
pare-chocs bumper
pareil same
parents parents
parfum *(cosmétique)* perfume ; *(arôme)* flavour
parier to bet
parking car park
parler to speak
parmi among
paroles *(de chanson)* lyrics, words
partager to share
partie part ; **faire partie de** to be a part of
partir to leave ; **à partir de …** from …
partout everywhere
pas : ne … pas not ; **pas du tout** not at all
passage : être de passage to be passing through
passager passenger
passé past
passeport passport
passer *(du temps)* to spend ; **je suis passé vers 6h** I came by around six o'clock ; **passer prendre quelqu'un** to go and pick someone up ; **passer un coup de téléphone** to make a phone call ; **se passer de …** to go without
passionnant fascinating
patient *(adj & n)* patient
pâtisserie *(gâteau)* cake ; *(magasin)* cake shop
patron boss
pauvre poor
payant : l'entrée est payante there's a charge for admission
payer to pay
pays country
paysage *(site)* landscape ; *(vue)* scenery
Pays-Bas Netherlands
PCV reverse charge call
péage toll
peau skin
pêcher to fish
pédale pedal
pédalo pedalo
peigne comb
peine : à peine hardly ; **ça vaut la peine** it's worth it
peintre painter
peinture painting
peler *(peau)* to peel
pellicule *(photo)* film
pellicules *(dans les cheveux)* dandruff
pendant during ; **pendant une heure** for an hour ; **pendant que** while
pénicilline penicillin
penser to think ; **penser à** to think about
pension complète full board
perdre to lose ; **se perdre** to get lost ; **être perdu** to be lost ; **perdre du temps** to waste time
père father
perforatrice hole punch
périmé out of date
périphérique ring road
permettre to allow
permis de conduire driving licence
personne *(n)* person ; **personnes** people
personne *(pronom)* nobody
pèse-personne bathroom scales
peser to weigh
petit déjeuner breakfast ; **prendre le petit déjeuner** to have breakfast

petit small, little ; **petit à petit** little by little
petite-fille granddaughter
petit-fils grandson
peu *(avec un verbe)* not much ; *(avec un adjectif)* not very ; *(un petit nombre)* few ; **peu de** *(nombre)* few, not many ; *(quantité)* little, not much ; **un peu** a little ; **un peu de vin** a little wine ; **à peu près** *(presque)* almost ; *(environ)* around
peuple people
peur fear ; **avoir peur (de)** to be scared (of)
peut-être maybe, perhaps
phare *(tour)* lighthouse ; *(de véhicule)* headlight
pharmacie chemist's
pharmacie de garde duty chemist's
photo photo ; **prendre quelqu'un en photo** to take someone's photo ; **prendre une / des photo(s)** to take a photo / photos
photo numérique digital photo
photocopie photocopy ; **faire une photocopie** to make a photocopy
photocopier to photocopy
phrase sentence
pièce *(de monnaie)* coin ; *(lieu)* room
pièce d'identité ID
pièce de rechange spare part
pièce de théâtre play
pied foot ; **aller à pied** to walk, to go on foot
pierre stone
piéton pedestrian ; **rue piétonne** pedestrianized street ; **zone piétonne** pedestrian zone
pile battery ; **3 heures pile** three o'clock exactly
pilule pill ; **prendre la pilule** to be on the pill
pilule du lendemain morning-after pill
pince à épiler tweezers
pince à linge clothes peg
pipe pipe
pipi pee ; **faire pipi** to pee
pique-nique picnic
pique-niquer to have a picnic
piquer to sting ; **se faire piquer (par)** to get stung (by)
piquet *(de tente)* tent peg
piqûre *(injection)* injection ; *(d'insecte)* sting
pire worse ; **c'est pire (que)** it's worse (than)
piscine swimming pool ; **piscine découverte** outdoor swimming pool
piste cyclable cycle path
placard cupboard
place *(siège)* seat ; *(lieu public)* square ; **il n'y a plus de place** there's no more room ; **sur place** on the spot
place de parking parking space
plage beach
plaie wound
plaindre (se) to complain
plaire to please ; **s'il te / vous plaît** please ; **ça me plaît** I like it
plaisanter to joke
plaisir pleasure ; **cela leur fera plaisir** they'll be pleased
plan *(carte)* map
planche à repasser ironing board
planche à voile *(sport)* windsurfing
planche de surf surfboard
planétarium planetarium
plante plant
plaque électrique hotplate
plaque minéralogique number plate
plaqué : plaqué or / argent gold- / silver-plated
plaquettes de freins brake pads
plastique plastic
plat *(adj)* flat
plat *(n)* dish
plat de résistance main course
plat du jour today's special, dish of the day
plateau tray

plateau-repas *(dans un avion)* in-flight meal
plâtre : avoir un plâtre to be wearing a plaster (cast)
plein full ; **plein de** full of ; **faire le plein (d'essence)** to fill up (with petrol)
pleurer to cry
pleuvoir : il pleut it's raining
plombage filling
plombier plumber
plongée (sous-marine) (scuba) diving ; **faire de la plongée** to go diving
plongeoir diving board
pluie rain
plupart : la plupart most ; **la plupart des gens** most people
plus more ; **il n'y a plus de …** *(nombre)* there are no more … ; *(quantité)* there's no more … ; **il ne me reste plus que deux jours** I have only two days left ; **ce que j'ai le plus aimé** what I liked most
plusieurs several
plutôt rather
pneu tyre
poche pocket
poêle frying pan
poids weight
poignet wrist
poil hair
point point ; **être sur le point de faire** to be about to do ; **à point** *(viande)* medium
pointure size
poisson fish
poissonnerie fish shop, fishmonger's
poitrine chest
polaire *(tissu, vêtement)* fleece
poli polite
police police
policier policeman
politique *(adj)* political ; *(n)* politics
pollen pollen
pollution pollution
pommade ointment
pompe à vélo bicycle pump
pompe d'alimentation fuel supply pump
pompe de direction assistée power-assisted steering pump
pompiers fire brigade
pont bridge
populaire popular
porcelaine porcelain
port port
portable *(téléphone)* mobile ; *(ordinateur)* laptop
porte door ; *(d'aéroport)* gate
porte-bébé carry-cot
portefeuille wallet
porte-mine propelling pencil
porte-monnaie purse
porter to carry ; *(vêtement, lunettes)* to wear
portrait portrait
Portugais Portuguese person
portugais Portuguese
Portugal Portugal
possible possible ; **le plus tôt possible** as soon as possible
poste *(service)* mail, post ; *(lieu)* post office ; *(fonction)* post ; *(d'un standard)* extension
poste restante poste restante
pot *(récipient)* pot ; *(en verre)* jar ; *(pour enfant)* potty
pot d'échappement exhaust (pipe)
potable : eau potable drinking water ; **eau non potable** non-drinking water
poterie pottery
poubelle (dust)bin ; **mettre à la poubelle** to throw out
pouce thumb
poudre powder
poulailler *(au théâtre)* gods
poumon lung
pour for ; **pour que** so that ; **pour cent** percent ; **être pour quelque chose** to be in favour of something
pourboire tip

Lexique français-anglais

pourquoi why
pousser to push
poussette pushchair
pouvoir to be able to ; **je ne peux pas** I can't ; **on peut y aller demain** we can go tomorrow
pratique practical
précédent previous
préféré favourite
préférer to prefer
préjugé prejudice
premier first
premiers soins first aid
prendre *(avion, médicament)* to take ; **ça prend deux heures** it takes two hours
prénom first name
préparer to prepare
près near ; **(tout) près de** (right) next to
présenter to introduce ; **je te présente** this is…
préservatif condom
président *(d'un pays)* president ; *(d'un club, d'une réunion)* chairperson
presque almost
presse à pantalons trouser press
pressé : être pressé to be in a hurry
pressing dry cleaner's
pression *(bière)* (draught) beer ; *(d'un pneu)* pressure
prêt ready ; **être prêt à** to be ready to
prêter to lend
prêtre priest
prévenir to warn
prévisions météo weather forecast
prévoir *(activité)* to plan ; *(temps)* to forecast
prier : je t'en / vous en prie *(il n'y a pas de quoi)* you're welcome
principal main
printemps spring
prise *(électrique, femelle)* socket ; *(mâle)* plug
prison prison
privé private
prix price ; *(récompense)* prize
probablement probably
problème problem
procession procession
procès-verbal *(pour une contravention)* parking ticket
prochain next ; **à une prochaine !** see you (soon)!
proche near ; **le plus proche** the nearest
produit product
produits laitiers dairy products
professeur teacher
profession profession
profiter de to make the most of
profond deep
programme *(de télé, des spectacles)* programme
progrès progress ; **faire des progrès** to make progress
promener (se) to walk ; **aller se promener** to go for a walk
promettre to promise
promotion *(dans le commerce)* special offer
prononcer to pronounce
proposer to propose, to suggest
propre clean ; *(particulier)* own
propriétaire owner ; *(d'une location, homme)* landlord ; *(femme)* landlady
protéger to protect ; **se protéger** to protect oneself
protestant Protestant
prothèse prosthesis
prothèse auditive hearing aid
prudent careful
public *(n)* public
public *(adj)* public
publicité *(secteur)* advertising, publicity ; *(message)* advert
puce *(électronique)* chip
puisque since
puits well
pull sweater, jumper

punaise drawing pin
pyjama (pair of) pyjamas

Q

quai *(de gare, de métro)* platform ; *(de port)* quay
qualité quality ; **de bonne qualité** good-quality
quand when ; **quand même** all the same
quarantaine *(isolement)* quarantine
quart quarter ; **un quart d'heure** a quarter of an hour
quartier area
que that ; **ne … que** only ; **que veux-tu ?** what do you want? ; **qu'est-ce que … ?** what …? ; **plus petit que** smaller than ; **je pense que …** I think (that) …
quel what, which
quelque chose something
quelque part somewhere
quelquefois sometimes
quelques some
quelques-uns some
quelqu'un someone, somebody
question question ; **poser une question** to ask a question
queue *(file)* queue ; **faire la queue** to queue (up)
queue de cheval ponytail
qui who
quincaillerie hardware shop
quitter to leave ; **ne quittez pas** hold on
quoi what ; **il n'y a pas de quoi** you're welcome
quoique although

R

rabais : faire un rabais à quelqu'un to give someone a discount
raccourci short cut
raciste racist
raconter to tell
radiateur radiator
radio *(transistor)* radio ; *(rayons X)* X-ray
rage de dents severe toothache
raisonnable reasonable
râler to moan
rampe ramp
randonnée hiking ; *(en montagne)* hill-walking ; **faire de la randonnée** to go hiking ; *(en montagne)* to go hill-walking
ranger to tidy (up)
rapatrier to repatriate
rapide quick
rappeler *(au téléphone)* to call back ; **se rappeler** to remember ; **ça me rappelle …** that reminds me of …
raquette racket
rare rare
rarement rarely
raser (se) to shave
rasoir razor
rasoir électrique electric shaver
rater *(train, avion)* to miss
ravi delighted ; **ravi de faire votre connaissance** pleased to meet you
rayon *(d'un magasin)* department
rayons X X-rays
réalisateur director
réalité reality ; **en réalité** in reality
réanimer to resuscitate
récemment recently
récent recent
réception *(d'un hôtel)* reception ; *(sur portable)* signal ; **à la réception** at reception
réceptionniste receptionist
recette recipe
recevoir to receive, to get ; **je te reçois très mal** *(sur portable)* the signal's very bad
rechange : … de rechange spare …
recharge *(de portable)* top-up
recharger *(portable)* to charge

Lexique français-anglais

réchaud camping stove
recommandé : en recommandé registered
recommander to recommend
reconnaissant grateful
reconnaître to recognize
reçu receipt
recycler to recycle
réduction reduction
réfléchir to think
réfrigérateur refrigerator, fridge
refuser to refuse
regarder to look (at) ; *(émission, film)* to watch
régime *(alimentaire)* diet ; **être au régime** to be on a diet
région area ; **dans la région** in the area
règle *(principe)* rule ; *(instrument)* ruler
règles periods ; **avoir ses règles** to be having one's period
regretter to regret
rehausseur booster seat
rein kidney
reine queen
rejoindre to meet
religieuse *(n)* nun
religion religion
remarquer to notice
rembourser to refund ; **se faire rembourser** to get a refund
remercier to thank
remorque trailer
remorquer to tow
remparts ramparts
remplir to fill ; *(formulaire)* to fill in, to fill out
rencontrer to meet ; **se rencontrer** to meet (each other)
rendez-vous appointment ; *(amoureux)* date ; **prendre un rendez-vous** to make an appointment ; **se donner rendez-vous** to arrange to meet ; **avoir rendez-vous (avec)** to meet ; *(professionnel, médical)* to have an appointment (with)
rendre to give back
renseignement information ; **les renseignements** directory enquiries
rentrer *(à la maison)* to go home
renverser to knock over ; **se faire renverser** to get knocked down
réparer to repair ; **faire réparer** to get repaired
repas meal
repasser *(vêtement)* to iron
repère landmark ; **point de repère** landmark
répéter to repeat
répondeur answering machine
répondre to answer
réponse answer
reposer (se) to rest
réseau network
réservé *(table, chambre, place)* booked, reserved
réserver *(table, chambre, place)* to book, to reserve
réservoir *(de voiture)* tank
résidence universitaire halls of residence
respirer to breathe
ressembler à to look like ; **se ressembler** to look like each other
restaurant restaurant
reste rest ; **le reste** the rest
rester to stay ; **est-ce qu'il reste des places ?** are there any tickets left?
retard delay ; **en retard** late
retardé delayed
retirer *(de l'argent)* to withdraw
retour return ; **être de retour** to be back
retrait des bagages baggage reclaim
retraite : être à la retraite to be retired
retraité *(n)* pensioner

retrouver (se) *(se rencontrer)* to meet
réunion meeting
rêve dream
réveil alarm clock
réveiller to wake up ; **se réveiller** to wake up
revenir to come back
rêver to dream
revoir : au revoir ! goodbye!
revoir (se) to see each other again
revue magazine
rez-de-chaussée ground floor
rhumatismes rheumatism
rhume cold
rhume des foins hay fever
riche rich
rien nothing ; **ne … rien** nothing, not … anything
rigoler *(rire)* to laugh ; *(s'amuser)* to have a laugh ; *(plaisanter)* to joke
rire to laugh
risque risk
risquer : il risque de pleuvoir it might rain
rivière river
robe dress
robinet tap
robinet d'arrêt stopcock
rocher rock
roi king
rollers rollerblades
roman *(n)* novel
rond-point roundabout
ronfler to snore
rose *(couleur)* pink
roue wheel
roue de secours spare wheel, spare tyre
rouge red
rouge à lèvres lipstick
routard *(auto-stoppeur)* hitchhiker ; *(touriste avec sac à dos)* backpacker
route road
route à péage toll road
rouvrir to reopen
roux *(cheveux)* red
Royaume-Uni United Kingdom
rue street
rugby rugby
ruines ruins ; **en ruines** in ruins

S

sa *(possesseur masculin)* his ; *(possesseur féminin)* her
sable sand
sabot (de Denver) clamp
sac bag
sac à dos backpack, rucksack
sac à main handbag
sac de couchage sleeping bag
sac plastique plastic bag
sac poubelle bin bag
sac vomitoire sick bag
sage *(avisé)* wise ; *(calme)* good
saignant *(viande)* rare
saigner to bleed
saison season
salade salad
sale dirty
salé *(additionné de sel)* salted ; *(au goût)* salty ; *(non sucré)* savoury
salir to (get) dirty ; **se salir** to get dirty
salle room ; *(de cinéma)* screen
salle d'attente waiting room
salle de bains bathroom
salle de concert concert hall
salle de gym gym
salle de réunion meeting room
salon living room, lounge
salut ! *(bonjour)* hi! ; *(au revoir)* bye!
samedi Saturday
SAMU ambulance service, paramedics
sandales sandals
sang blood
sans without
sans plomb unleaded

santé health ; **être en bonne santé** to be in good health ; **santé !** cheers!
sauf except
saut à l'élastique bungee jumping
sauvage wild
sauvegarder to save
savoir to know ; **sais-tu nager ?** can you swim?
savon soap
scanner to scan
scanneur scanner
science science
scooter scooter
score score
scotch *(boisson)* scotch
Scotch® *(adhésif)* Sellotape®
sculpteur sculptor
sculpture sculpture
séance *(de cinéma)* showing
seau bucket
sec dry
sèche-cheveux hairdrier
sèche-linge tumble drier
sécher to dry ; **faire sécher** *(linge)* to dry
séchoir *(pliant)* clothes horse
seconde second
secouriste first aider
secours help ; **au secours !** help! ; **appeler au secours** to call for help
secours de montagne mountain rescue
secret secret
secrétaire secretary
sécurité security, safety ; **en sécurité** secure, safe
sein breast
séjour stay
sel salt
selle saddle
semaine week ; **en semaine** during the week ; **toute la semaine** all week
sens *(direction)* direction ; *(signification)* sense ; **avoir le sens de l'orientation** to have a good sense of direction ; **avoir le sens de l'humour** to have a good sense of humour ; **avoir le sens de l'hospitalité** to be very hospitable
sensible sensitive
sentier path
sentiment feeling
sentir *(percevoir)* to feel ; *(dégager une odeur)* to smell ; **sentir bon / mauvais** to smell good / bad ; **se sentir** to feel ; **se sentir bien / mal** to feel good / bad
séparément separately
séparer to separate ; **se séparer** *(couple)* to split up
septembre September
sérieux serious
seringue syringe
serré tight
serrure lock
serveur *(dans un bar)* barman ; *(dans un restaurant)* waiter
serveuse *(dans un bar)* barmaid ; *(dans un restaurant)* waitress
service *(pourboire)* tip ; **rendre un service à quelqu'un** to do someone a favour
service de chambre room service
serviette *(de toilette)* towel ; *(de table)* napkin
serviette de bain bath towel
serviette en papier paper napkin
serviette hygiénique sanitary towel
servir à to be used for ; **se servir de** to use
ses *(possesseur masculin)* his ; *(possesseur féminin)* her
seul *(unique)* only ; *(isolé)* alone ; **un seul** just one ; **voyager seul** to travel alone
seulement only
sexe sex
shampooing shampoo
shopping shopping ; **aller faire du shopping** to go shopping
short (pair of) shorts

si *(tellement)* so ; *(oui)* yes ; *(exprime la condition)* if
sida AIDS
siècle century ; **au XIXe siècle** in the 19th century
siège seat
siège auto *(pour bébé)* baby seat ; *(pour enfant)* child seat
sien : le sien *(possesseur masculin)* his ; *(possesseur féminin)* hers ; **la sienne** *(possesseur masculin)* his ; *(possesseur féminin)* hers ; **les siens / siennes** *(possesseur masculin)* his ; *(possesseur féminin)* hers
sieste nap ; **faire la sieste** to have a nap
signature signature
signer to sign
signifier to mean
silence silence
silencieux silent
simple simple
sinon otherwise
sirop *(médicament)* syrup
site Internet website
site touristique tourist attraction
situation *(circonstances)* situation ; *(emploi)* job
ski *(matériel)* ski ; *(activité)* skiing ; **faire du ski** to go skiing
ski nautique waterskiing
Skype® Skype®
slip pants
slip de bain swimming trunks
smoking dinner jacket
SMS text message
société *(entreprise)* company ; *(communauté)* society
sœur sister
soie silk
soif : avoir soif to be thirsty
soir evening ; **ce soir** this evening, tonight ; **le soir** in the evenings
soirée *(soir)* evening ; *(fête)* party ; **dans la soirée** in the evening
sol *(dehors)* ground ; *(à l'intérieur)* floor
soldes sales ; **en solde** in the sale
soleil sun ; **au soleil** in the sun
solénoïde de démarreur starter solenoid
sommeil : avoir sommeil to be sleepy
sommet summit
somnifère sleeping pill
son *(possesseur masculin)* his ; *(possesseur féminin)* her
sonnerie ringtone
sortie exit, way out ; *(d'autoroute)* exit
sortie de secours emergency exit
sortir to go out ; *(film)* to come out ; **sortir avec quelqu'un** to go out with someone ; **sortir les poubelles** to take the rubbish out
souci worry ; **se faire du souci (pour)** to worry (about)
souffrir to suffer
souhait wish ; **à tes / vos souhaits !** bless you!
soûl drunk
sourd deaf
sourd-muet *(n & adj)* deaf-mute
sourire *(v)* to smile ; *(n)* smile
souris mouse
sous under
sous-titré subtitled
sous-vêtements underwear
soute : bagages en soute hold luggage
soutien-gorge bra
souvenir *(n)* memory ; *(objet)* souvenir ; **en souvenir de** in memory of
souvenir *(v)* **se souvenir (de)** to remember
souvent often ; **pas souvent** seldom
sparadrap sticking plaster
spécial special
spécialiste specialist
spécialité speciality
spectacle show

Lexique français-anglais

sport sport
sports d'hiver winter sports
sports extrêmes extreme sports
sportif sports ; *(personne)* sporty
stade stadium
stage training course ; **stage de voile / d'anglais** sailing / English classes
standardiste (switchboard) operator
station balnéaire seaside resort
station de métro underground station, tube station
station de radio radio station
station de ski ski resort
station de taxis taxi rank
station-service petrol station
statue statue
stérilet coil
stop *(auto-stop)* hitchhiking ; **faire du stop** to hitchhike
string thong
studio *(appartement)* studio
stylo pen
succès success ; **avoir du succès** to be successful
sucre sugar
sucré sweet
sucreries sweet things
sud south ; **au sud** in the south ; **au sud de** (to the) south of
suffire to be enough ; **ça suffit** that's enough ; **il suffit d'appuyer sur ce bouton** you just have to press this button
Suisse *(personne)* Swiss person ; *(pays)* Switzerland
suisse Swiss
suivant next
suivre to follow ; **faire suivre** to forward
super *(adj)* great
super *(n) (essence)* four-star petrol
superbe superb
supermarché supermarket
supplément additional charge, supplement
supplémentaire extra
supporter *(tolérer)* to put up with ; **je ne supporte pas …** I can't stand …
sur on
sûr sure ; **bien sûr** of course
surchauffer to overheat
surf surfing ; **faire du surf** to go surfing
surfer to surf
surgelé frozen
surligneur highlighter
surnom nickname
surprise surprise
surveillant de baignade lifeguard
surveiller to look after
suspension suspension
sweat sweater ; *(à capuche)* hoodie
sympa nice
synagogue synagogue
syncope blackout

T

ta your
tabac *(à fumer)* tobacco ; *(magasin)* tobacconist's
table table
table à langer baby-changing table
tableau *(d'art)* painting
tabouret stool
tache stain
taie d'oreiller pillowcase
taille *(grandeur)* size ; *(partie du corps)* waist
taille-crayon pencil sharpener
tailleur tailor
talc talc
talon heel ; **chaussures à talons** heeled shoes
tampon *(hygiénique)* tampon
tant : tant mieux all the better ; **tant pis** too bad
tante aunt
taper *(à l'ordinateur)* to type
tapis rug
tapis de bain bath mat

tapis de sol ground sheet
tard late ; **à plus tard !** see you later!
tarif price ; *(de transport)* fare ; **plein tarif** full price ; *(de transport)* full fare ; **tarif réduit** concession ; *(de transport)* discount fare
tarte tart
tasse cup ; *(grande)* mug
tatouage tattoo
taux de change exchange rate
taxe tax ; **hors taxes** tax-free
taxe d'aéroport airport tax
taxi taxi
te you
tee-shirt T-shirt
télé telly
télécharger to download
télécommande remote control
téléconférence teleconference
téléphone telephone
téléphone portable mobile phone
téléphoner (à) to (tele)phone
télésiège chairlift
télévision television
témoin witness
température temperature ; **prendre sa température** to take one's temperature
tempête storm
temple temple ; *(protestant)* church
temporaire temporary
temps *(météo)* weather ; *(durée)* time ; **de temps en temps** from time to time ; **tout le temps** all the time ; **ces derniers temps** lately ; **avoir le temps de** to have (the) time to
tenir to hold
tennis *(sport)* tennis ; *(chaussure)* tennis shoe
tension blood pressure
tente tent
terminal *(d'aéroport)* terminal
terrain de camping campsite
terrain de golf golf course
terrain de sport sports ground
terrasse *(balcon)* terrace ; *(de café, restaurant)* pavement area ; **en terrasse** outside
terre *(matière)* earth ; **par terre** *(dehors)* on the ground ; *(à l'intérieur)* on the floor
terrible terrible ; **pas terrible** nothing special
tes your
test de grossesse pregnancy test
tétanos tetanus
tête head
tétine *(sucette)* dummy ; *(de biberon)* teat
théâtre theatre
thermomètre thermometer
thermos® Thermos® flask
thermostat thermostat
ticket ticket
ticket de caisse receipt
tiède lukewarm
tien : le tien / la tienne yours ; **les tiens / tiennes** yours
timbre stamp
timide shy
Tipp-Ex® Tipp-Ex®
tire-bouchon corkscrew
tirer to pull
tissu material
toi you
toilettes toilet ; **toilettes pour hommes** gents' (toilet) ; **toilettes pour femmes** ladies' (toilet)
toit ouvrant sunroof
tombe tomb
tomber to fall ; **tomber malade** to fall ill
ton your
tongs flip-flops
torchon dish towel
tôt early
toucher to touch
toujours always ; *(encore)* still
tour *(édifice)* tower ; *(d'habitation)* tower block ; **c'est ton tour** it's your turn
touriste tourist

touristique tourist
tournée : c'est ma tournée it's my round
tourner to turn
tous all ; **tous / toutes les deux** both ; **tous les jours** every day
tousser to cough
tout all ; **tout le temps** all the time ; **tout le monde** everybody, everyone ; **toute la journée** all day ; **tout de suite** right away ; **tout droit** straight ahead
toutes *voir* **tous**
toux cough ; **avoir de la toux** to have a cough
TPE pinpad
tradition tradition
traditionnel traditional
traducteur translator
traduire to translate
train train
train-couchettes sleeper train
traiteur deli
tramway tram
tranche slice
tranquille quiet
transfert aéroport airport transfer
transmission *(d'une voiture)* transmission
transpirer to sweat
travail work, job
travailler to work ; **travailler dans** to work in
travaux works
travers : à travers across
traversée crossing
traverser *(rue)* to cross
tremblement de terre earthquake
trépied tripod
très very
triangle : triangle de sécurité / signalisation warning triangle
tricher to cheat
triste sad
trombone *(agrafe)* paper clip
tromper (se) to make a mistake
trop *(suivi d'un adjectif ou adverbe)* too ; *(avec un verbe)* too much ; *(quantité)* too much ; *(nombre)* too many ; **trop de** *(quantité)* too much ; *(nombre)* too many
trottoir pavement
trou hole
trousse pencil case
trousse de secours first-aid kit
trousse de toilette toilet bag
trouver to find ; **trouver quelque chose difficile** to find something difficult
truc thing
tu you
tuba *(de plongée)* snorkel
tuer to kill
Tupperware® Tupperware®
turquoise turquoise
TVA VAT
type *(sorte)* type ; *(homme)* guy
typique typical

U

UE EU
un *(nombre)* one
un, une *(article)* a ; *(devant voyelle ou h muet)* an
Union européenne European Union
université university
urgence emergency ; **en cas d'urgence** in an emergency ; **appeler les urgences** to call the emergency services
urgent urgent
usine factory
utile useful
utiliser to use

V

vacances holiday(s) ; **en vacances** on holiday

vacciner : être vacciné contre to be vaccinated against
vague wave
vaisselle : faire la vaisselle to do the dishes
valable (pour) valid (for)
validité : en cours de validité valid
valise suitcase ; **faire ses valises** to pack one's bags
vallée valley
valoir to be worth ; **ça vaut …** *(somme)* it's worth … ; **il vaut mieux …** it's better to …
végétalien vegan
végétarien vegetarian
vélo bike
vendeur shop assistant
vendre to sell ; **à vendre** for sale
vendredi Friday
venir to come ; **je viens de Paris** I come from Paris ; **je viens d'arriver** I've just arrived
vent wind
ventilateur fan
ventre stomach
vérifier to check
vernis à ongles nail polish
verre glass ; **verre d'eau / de vin** glass of water / of wine ; **prendre un verre** to have a drink
verrou lock
verrouillage central central locking
vers *(en direction de)* towards ; *(environ)* around
version : en version originale in the original (language)
vert green
vessie bladder
veste jacket
vestiaire cloakroom
vêtement piece of clothing ; **vêtements** clothes
vétérinaire vet
veuf widower ; **veuve** widow
vide empty
vidéo video
vie life
vieux old ; **les vieux** old people
villa villa
village village
ville town ; *(grande)* city ; **vieille ville** old town
vin wine ; **vin blanc / rouge / rosé** white / red / rosé wine
viol rape
violence violence
violent violent
violet purple
virement *(bancaire)* transfer
virus virus
visa visa
visage face
visite visit ; **rendre visite à …** to visit …
visite guidée guided tour
visiter to visit
vitamine vitamin
vite fast, quickly
vitesse speed ; **à toute vitesse** at full speed
vitraux stained-glass windows
vitre window
vitrine : en vitrine in the window
vivant living, alive
vivre to live
vœux : meilleurs vœux best wishes
voici *(suivi d'un singulier)* here is ; *(suivi d'un pluriel)* here are
voilà *(suivi d'un singulier)* there is ; *(suivi d'un pluriel)* there are
voile *(de bateau)* sail ; *(activité)* sailing ; **faire de la voile** to go sailing
voir to see
voisin neighbour
voiture car ; *(d'un train)* coach ; **en voiture** by car
voiture électrique electric car
voix voice ; **à voix haute** aloud ; **à voix basse** in a low voice
vol *(criminel)* theft ; *(d'avion)* flight ; **vol en hélicoptère** helicopter flight
volant steering wheel

voler *(dérober)* to steal ; *(dans l'air)* to fly
voleur thief
volley(-ball) volleyball
voltage voltage
vomir to vomit ; **avoir envie de vomir** to feel sick
vos your
votre your
vôtre : le / la vôtre yours ; **les vôtres** yours
vouloir to want ; **vouloir dire** to mean ; **je voudrais …** I'd like …
vous you
voyage journey, trip ; **bon voyage !** have a good trip!
voyage d'affaires business trip
voyage de noces honeymoon
voyage organisé package holiday
voyager to travel
voyelle vowel
vrai *(indéniable)* true ; *(réel)* real
vraiment really
VTC hybrid
VTT mountain bike
vue view ; **vue panoramique** panoramic view ; **vue sur mer** sea view

W

wagon-lit sleeping car
wagon-restaurant dining car
WC toilet
webcam webcam
week-end weekend
WiFi WiFi

Y

y there ; **il y a** *(suivi d'un singulier)* there is ; *(suivi d'un pluriel)* there are
yeux eyes

Z

zéro zero
zoo zoo
zoom zoom (lens)

Lexique anglais-français

A

a un, une
abbey abbaye
able : to be able to pouvoir
about au sujet de, sur, environ ; **to be about to do** être sur le point de faire
above au-dessus (de), dessus
abroad à l'étranger
abscess abcès
accelerator accélérateur
accept accepter
access accès
accident accident
accommodation logement
acknowledgement of receipt accusé de réception
across à travers
ad publicité
adaptor adaptateur
address adresse
addressee destinataire
admission entrée
advance : in advance à l'avance
advert publicité
advice conseils ; **to ask someone's advice** demander conseil à quelqu'un
advise conseiller
affordable abordable
after après
afternoon après-midi
aftersun (lotion) crème après-soleil
again encore, à nouveau
against contre
age âge
agenda ordre du jour
agree être d'accord
air air
air conditioning climatisation
air filter filtre à air
airbed matelas pneumatique
airline compagnie aérienne
airmail par avion
airport aéroport
airport tax taxe d'aéroport
airport transfer transfert aéroport
alarm clock réveil
alcohol alcool
alive vivant
all tout ; **all day / week** toute la journée / semaine ; **all the best!** bonne continuation ! ; **all the better** tant mieux ; **all the same** quand même ; **all the time** tout le temps ; **all inclusive** tout compris
allergic allergique
almost à peu près, presque
alone seul
already déjà
also aussi
alternator alternateur
although quoique, bien que
always toujours
ambulance ambulance
American *(n)* Américain ; *(adj)* américain
among parmi
anaemic anémique
anaesthetic anesthésie
and et
animal animal
ankle cheville
anniversary anniversaire
annoyed embêté
annoying embêtant
anorak anorak
another un autre
answer *(n)* réponse ; *(v)* répondre
answering machine répondeur
ant fourmi
antibiotic antibiotique
antifreeze antigel
antihistamine antihistaminique
anybody n'importe qui

anyone n'importe qui
anything n'importe quoi
anyway de toute façon
aperitif apéritif
appendicitis crise d'appendicite
appointment rendez-vous ; **to make an appointment** prendre un rendez-vous ; **to have an appointment (with)** avoir rendez-vous (avec)
April avril
architecture architecture
area quartier, région ; **in the area** dans la région
argue se disputer
argument dispute
arm bras
around à peu près, vers
arrange arranger ; **to arrange to meet** se donner rendez-vous
arrival arrivée
arrive arriver
arrow flèche
art art
arthouse cinema cinéma d'art et essai
artist artiste
arts and crafts artisanat
as comme ; **as soon as possible** le plus tôt possible ; **as soon as** dès que ; **as well as** aussi bien que
ashamed : to be ashamed avoir honte
ashtray cendrier
ask demander ; **to ask a question** poser une question
aspirin aspirine
asthma asthme
at à
at (sign) arobase
attack agresser
attention : for the attention of … à l'attention de …
August août
autumn automne
available libre, disponible
avenue avenue
away : two kilometres away à deux kilomètres
axle essieu

B

B & B chambre d'hôte
baby bébé
baby changing (area) coin bébé
baby changing table table à langer
baby seat siège auto
baby wipe lingette
baby's bottle biberon
babysitter baby-sitter
back dos ; **at the back of** au fond de ; **to be back** être de retour
backpack sac à dos
backpacker routard *(touriste avec sac à dos)*
bad mauvais, mal ; **it's not bad** c'est pas mal
bag sac
baggage bagages
baggage drop dépôt des bagages
baggage reclaim retrait des bagages
bake cuire
baker's boulangerie
balcony balcon
bandage bandage
bank banque
bank account compte bancaire
bank holiday jour férié
banknote billet
bar bar
barbecue barbecue
bath bain ; **to have a bath** prendre un bain
bath mat tapis de bain
bath towel serviette de bain
bathroom salle de bains
bathroom scales pèse-personne
battery batterie, pile
be être

beach plage
beach umbrella parasol
beard barbe
beautiful beau
because parce que ; **because of** à cause de
bed lit ; **to go to bed** se coucher
bed and breakfast chambre d'hôte
bed linen draps
bee abeille
before avant ; **before doing** avant de faire
begin commencer
beginner débutant
beginning début ; **at the beginning** au début ; **at the beginning of** en début de
behind derrière
beige beige
Belgian *(n)* Belge ; *(adj)* belge
Belgium Belgique
believe croire
below en dessous (de)
best meilleur ; **the best** le meilleur ; **best wishes** meilleurs vœux
bet parier
better *(adj)* mieux ; *(adv)* meilleur ; **better than …** mieux que … ; **to get better** s'arranger, guérir ; **it's better to …** il vaut mieux … ; **better than …** meilleur que …
between entre
bib bavoir
bicycle bicyclette
bicycle pump pompe à vélo
big grand, gros
bike vélo
bill facture, addition, note
bin poubelle
binoculars jumelles
biro® Bic®
birthday anniversaire
bit bout, morceau
bite *(n)* morsure ; *(v)* mordre
black noir ; **black and white** noir et blanc
blackout syncope
bladder vessie
blanket couverture
bleed saigner
bless : bless you! à tes / vos souhaits !
blind aveugle
blister ampoule
blond blond
blonde blonde
blood sang
blood group groupe sanguin
blood pressure tension
blow-dry *(n)* Brushing® ; *(v)* sécher (avec un séchoir)
blue bleu
blurry flou
blusher fard à joues
board embarquer
boarding embarquement
boarding card carte d'embarquement
boat bateau
body corps
bodywork carrosserie
bone os
bonnet capot
book *(n)* livre ; *(v)* réserver ; **book of tickets** carnet de tickets
bookshop librairie
booster seat rehausseur
boot botte, coffre
borrow emprunter
boss chef, patron
botanic gardens jardin botanique
both tous les deux
bottle bouteille, biberon
bottle opener décapsuleur, ouvre-bouteilles
bottom fond, fesses ; **at the bottom** en bas ; **at the bottom of** au fond de
bowl bol
boxer shorts, boxers caleçon
bra soutien-gorge
brake *(n)* frein ; *(v)* freiner
brake fluid liquide de freins
brake lights feux de stop

brake pad garniture de frein
bread pain
break casser ; **to break one's leg** se casser la jambe
break down tomber en panne
breakdown panne
breakdown service service de dépannage
breakdown vehicle dépanneuse
breakfast petit déjeuner ; **to have breakfast** prendre le petit déjeuner
breast-feed allaiter
breathe respirer
bridge pont
bring apporter, amener
Brit Britannique
Britain Grande-Bretagne
British britannique
broadband ADSL
brochure brochure
broken cassé
bronchitis bronchite
brother frère
brother-in-law beau-frère
brown marron
bruise hématome
bruised contusionné
brush brosse
bubble bath bain moussant
bucket seau
Buddhist *(n)* Bouddhiste ; *(adj)* bouddhiste
buggy poussette-canne
build construire
building bâtiment
bump bosse
bumper pare-chocs
bungee jumping saut à l'élastique
bunkbed lit superposé
buoy bouée
burn *(n)* brûlure ; *(v)* brûler ; **to burn oneself** se brûler
burst *(v)* crever ; *(adj)* crevé
bus (auto)bus, (auto)car
bus route ligne de bus
bus station gare routière
bus stop arrêt de bus
business affaires ; **on business** pour affaires
business card carte de visite
business class classe affaires
business lunch déjeuner d'affaires
business trip voyage d'affaires
busy occupé, animé
but mais
butcher's boucherie
buttocks fesses
buy acheter
by par ; **by car** en voiture ; **by the way ...** au fait ...
bye! salut ! *(au revoir)*

C

café café
calculator calculatrice
calendar calendrier
calf mollet
call *(n)* appel ; *(v)* appeler ; **to be called** s'appeler
call back rappeler
camera appareil photo, caméra
camp bed lit de camp
campervan camping-car
camping camping ; **to go camping** faire du camping
camping stove camping-gaz®
campsite (terrain de) camping
can *(n)* boîte (de conserve) ; *(v)* pouvoir ; **can you swim?** est-ce que tu sais nager ? ; **I can't** je ne peux pas
can opener ouvre-boîtes
cancel annuler
candle bougie
cane canne
car voiture ; **by car** en voiture
car boot sale marché aux puces tenu par des particuliers
car park parking
caravan caravane
carburettor carburateur

card carte
cardiac arrest crise cardiaque
carry porter
carrycot porte-bébé
case : in case of … en cas de …
cash *(n)* liquide ; *(v)* encaisser *(chèque)* ; **to pay cash** payer en liquide
cashpoint distributeur (automatique de billets)
castle château
cat chat *(animal)*
catch attraper
cathedral cathédrale
cave grotte
cavity : to have a cavity avoir une carie
CD CD
CD player lecteur de CD
cemetery cimetière
centimetre centimetre
central locking verrouillage central
centre centre
century siècle
chair chaise
chairlift télésiège
chairman président
chairperson président
chairwoman présidente
chance hasard ; **by chance** par hasard
change *(n)* changement, monnaie ; *(v)* changer
changing room cabine d'essayage
channel chaîne
chapel chapelle
charge recharger
charger *(pour portable)* chargeur
charity shop magasin dont les bénéfices servent à subventionner une œuvre de bienfaisance
chat up draguer
cheap bon marché
cheat tricher
check vérifier
check in enregistrer
check-in enregistrement
checkout caisse
cheers merci ; *(en trinquant)* à la tienne / vôtre !
chemist's pharmacie
cheque chèque
chequebook chéquier
chess échecs
chest poitrine
child enfant ; **children** des enfants
chilly : it's chilly il fait frisquet
chimney cheminée
chin menton
china porcelaine
Chinese restaurant restaurant chinois
chip-and-pin paiement par carte à puce
Christian chrétien
Christmas Noël
Christmas Day le jour de Noël
Christmas Eve la veille de Noël
church église, temple
cigar cigare
cigarette cigarette
cigarette paper papier à cigarette
cinema cinéma
circus cirque
city ville
clamp sabot (de Denver)
class cours, classe
classic classique
classical classique
clean *(adj)* propre ; *(v)* nettoyer ; **to clean one's teeth** se laver les dents
cliff falaise
climate climat
climbing escalade
cloakroom vestiaire
close fermer
closed fermé
closing fermeture
closing time heure de fermeture
clothes vêtements
clothes peg pince à linge
clutch embrayage
coach voiture

coast côte
coastguard gendarmerie maritime
coathanger cintre
cobbler's cordonnerie
cockroach cafard
code code
coffee café
coil *(contraceptif)* stérilet
coin pièce
Coke® Coca®
cold *(n)* rhume ; *(adj)* frais, froid ; **to have a cold** être enrhumé ; **it's cold** il fait froid ; **I'm cold** j'ai froid
colic colique
colleague collègue
collection levée *(postale)*
colour couleur
colour blind daltonien
comb peigne
come venir
come back revenir
come in entrer
come out sortir
comfortable à l'aise, confortable
comic strip bande dessinée
commission commission
company entreprise, société
compartment compartiment
compass boussole
complain se plaindre
completely complètement
comprehensive insurance assurance tous risques
computer ordinateur
concert concert
concert hall salle de concert
concession tarif réduit
conditioner après-shampooing
condom préservatif
conference conférence
conference call téléconférence
confirm confirmer
congestion charge *(à Londres)* taxe d'embouteillage
congratulations! félicitations !
connection correspondance
consonant consonne
constipated constipé
consulate consulat
contact *(n)* contact ; *(v)* contacter
contact lenses lentilles
contagious contagieux
contain contenir
contemporary contemporain
contraceptive contraceptif
contract contrat
convertible décapotable
cook cuire
cooked cuit
cooking cuisine ; **to do the cooking** faire la cuisine
cool branché
coolant liquide de refroidissement
corkscrew tire-bouchon
corner coin
corner shop petite épicerie
correct correct
corridor couloir
cost coûter
cot lit d'enfant
cotton coton
cotton bud coton-tige®
cotton wool coton
couchette couchette
cough *(n)* toux ; *(v)* tousser ; **to have a cough** avoir de la toux
count compter
count on compter sur
counter guichet
country pays, campagne
countryside campagne
courier coursier ; **by courier** par coursier
course : of course bien sûr
cousin cousin
cover *(n)* couverture ; *(v)* couvrir
cramp crampe
credit card carte de crédit
crisis crise
cross *(n)* croix ; *(v)* traverser
crossing traversée
crossroads carrefour
crown couronne
cruise croisière

crutch béquille
cry pleurer
cultured cultivé
cup tasse
cupboard placard
curfew couvre-feu
currency devise
customs douane
customs duty droits de douane
cut *(n)* coupure ; *(v)* couper ; **to cut oneself** se couper
cycle *(v)* faire du vélo
cycle path piste cyclable
cylinder head culasse
cystitis cystite

D

dairy products produits laitiers
damaged abîmé
damp humide
dance *(n)* danse ; *(v)* danser
dandruff pellicules *(dans les cheveux)*
danger danger
dangerous dangereux
dare oser ; **to dare to do something** oser faire quelque chose
dark foncé ; **dark blue** bleu foncé
date *(n)* date, rendez-vous ; *(v)* **to date from** dater de ; **what's today's date?** on est le combien ?
date of birth date de naissance
daughter fille
daughter-in-law belle-fille
dawn aube
day jour, journée ; **the day after tomorrow** après-demain ; **the day before yesterday** avant hier
dead mort
deaf sourd
deaf-mute sourd-muet
dear cher
debit card Carte Bleue®
December décembre
deck chair chaise longue
declare déclarer
deep profond
degree degré
dehydrated déshydraté
delay retard
delayed retardé
deli traiteur
delicious délicieux
dental floss fil dentaire
dentist dentiste
dentures appareil dentaire
deodorant déodorant
department rayon
department store grand magasin
departure départ
depend : that depends (on) ça dépend (de)
deposit caution
depressed déprimé
depression dépression
desert désert
desk bureau *(meuble)*
dessert dessert
detail détail
develop : to get a film developed faire développer une pellicule
diabetes diabète
diabetic diabétique
dialling code indicatif
diarrhoea : to have diarrhoea avoir la diarrhée
diary journal *(carnet)*
dice dé
die mourir
diesel diesel
diet régime ; **to be on a diet** être au régime
different (from) différent (de)
difficult (to) difficile (à)
digital camera appareil photo numérique
digital photo photo numérique
dinner dîner ; **to have dinner** dîner
direct direct
direction direction, sens

director réalisateur, directeur *(d'une entreprise)*
directory annuaire
directory enquiries les renseignements
dirty *(v)* salir ; *(adj)* sale ; **to get dirty** se salir
disability handicap
disabled handicapé
disagree ne pas être d'accord
disappear disparaître
disappointed déçu
disappointing décevant
disaster catastrophe
disco discothèque, boîte (de nuit)
discount rabais ; **to give someone a discount** faire un rabais à quelqu'un
discount fare tarif réduit
discover découvrir
dish plat ; **dish of the day** plat du jour
dish towel torchon
dishes vaisselle ; **to do the dishes** faire la vaisselle
dishwasher lave-vaisselle
disinfect désinfecter
disinfectant désinfectant
dislocated déboîté
disposable jetable
distributor distributeur *(pour voiture)*
disturb déranger ; **do not disturb** ne pas déranger
dive plonger
diversion déviation
diving : to go diving faire de la plongée
diving board plongeoir
divorced divorcé
do faire ; **do you have a light?** tu as du feu ?
d.o.b. date de naissance
docking station station d'accueil *(pour lecteur MP3)*
docks docks
doctor docteur, médecin
dog chien
doll poupée
door porte
door code code d'entrée
dormitory dortoir
dosage dosage
double bed grand lit
double room chambre double
download télécharger
downstairs en bas
dozen douzaine
drain égout
draining rack égouttoir
draught beer pression
draw dessiner
drawer tiroir
dream *(n)* rêve ; *(v)* rêver
dress *(n)* robe ; *(v)* habiller ; **to get dressed** s'habiller
dress code code vestimentaire
dressing pansement
drier séchoir (à linge)
drink *(n)* boisson, consommation ; *(v)* boire, consommer ; **to go for a drink** aller prendre un verre ; **to have a drink** prendre un verre
drinking water eau potable
drive conduire ; **to go for a drive** faire une balade (en voiture)
driver conducteur
driving licence permis de conduire
drops gouttes
drown (se) noyer
drug drogue
drunk ivre
dry *(adj)* sec ; *(v)* (faire) sécher
dry cleaner's pressing
dual carriageway route à quatre voies
duck canard
dummy tétine *(sucette)*
dungarees salopette
during pendant ; **during the week** en semaine
dustbin poubelle
duty chemist's pharmacie de garde
duty-free hors taxe

duvet couette
duvet cover housse de couette
DVD DVD
DVD player lecteur de DVD

E

each chaque ; **each one** chacun
ear oreille
early en avance, tôt
earphones écouteurs
earplugs boules Quiès®
earrings boucles d'oreilles
earth terre
earthquake tremblement de terre
east est ; **in the east** à l'est ; **(to the) east of** à l'est de
Easter Pâques
easy (to) facile (à)
eat manger
economy class classe économique
edible comestible
education éducation
egg œuf
EHIC CEAM (carte européenne d'assurance-maladie)
Elastoplast® pansement
elbow coude
elderly : the elderly les personnes âgées
electric électrique
electric car voiture éléctrique
electric shaver rasoir électrique
electrician électricien
electricity électricité
electricity meter compteur électrique
e-mail e-mail
e-mail address adresse électronique
embassy ambassade
emergency urgence ; **in an emergency** en cas d'urgence
emergency exit sortie de secours
empty vide
en suite avec salle de bains
end fin ; **at the end of** en fin de, à la fin de ; **at the end of the street** au bout de la rue
engaged occupé ; **to be engaged** *(fiancé)* être fiancé
engine moteur
engine oil huile de moteur
England Angleterre
English anglais
Englishman Anglais
Englishwoman Anglaise
enjoy : enjoy your meal! bon appétit ! ; **to enjoy oneself** s'amuser
enlarge agrandir
enough assez (de) ; **that's enough** ça suffit
entertainment divertissement
entrance entrée
envelope enveloppe
epileptic épileptique
equipment matériel
escalator escalier mécanique
estate agency agence immobilière
e-ticket billet électronique
EU UE
euro euro
Europe Europe
European *(n)* Européen ; *(adj)* européen
European Union Union européenne
evening soir, soirée ; **in the evening** dans la soirée, **in the evenings** le soir
every tout ; **every day** tous les jours
everybody tout le monde
everyone tout le monde
everywhere partout
excellent excellent
except sauf
exceptional exceptionnel
excess excédent
exchange échanger
exchange rate taux de change
excuse : excuse me pardon, excusez-moi
exhaust pot d'échappement

exhausted épuisé
exhibition exposition
exit sortie
expensive cher
expiry date date d'expiration
express *(adj)* express ; *(v)* exprimer ; **to express oneself** s'exprimer
extension poste *(d'un standard)*
extra supplémentaire
extraordinary extraordinaire
extreme sports sports extrêmes
eye œil
eye liner eye-liner
eye shadow fard à paupières

F

face visage
facecloth gant de toilette
fact fait ; **in fact** en fait
factory usine
faint s'évanouir
fair *(n)* foire ; *(adj)* juste
fair-skinned blanc de peau
fall tomber ; **to fall asleep** s'endormir ; **to fall ill** tomber malade ; **to fall in love (with)** tomber amoureux (de)
family famille
famous célèbre
fan ventilateur
fan belt courroie de ventilateur
fancy : do you fancy ...? ça te dit de ... ?
fantastic fantastique
far loin ; **far from** loin de
fare tarif
farm ferme
farmers' market marché fermier
fashion mode *(goût du jour)*
fashionable à la mode
fast vite
fast-food restaurant fast-food
fat gras
fat-free sans matières grasses
father père
father-in-law beau-père *(père du conjoint)*
faulty défectueux
favour service ; **to do someone a favour** rendre un service à quelqu'un ; **to be in favour of** être pour
favourite préféré
fax *(n)* fax ; *(v)* faxer
February février
fed up : to be fed up (with) en avoir marre (de)
feed donner à manger à
feel (se) sentir ; **to feel good / bad** se sentir bien / mal
feeling sentiment
feet pieds
felt-tip pen feutre
ferry ferry
festival festival
fetch : to go and fetch someone / something aller chercher quelqu'un / quelque chose
fever fièvre ; **to have a fever** avoir de la fièvre
few peu (de)
fiancé fiancé
fiancée fiancée
fibre fibres
field champ
fight bagarre
fill remplir
fill in remplir
fill out remplir
fill up : to fill up with petrol faire le plein d'essence
filling plombage
film film, pellicule *(photo)*
finally enfin, finalement
find trouver
fine *(n)* amende ; *(adj)* fin ; **I'm fine** ça va
finger doigt
finish finir
fire feu, incendie ; **fire!** au feu !
fire alarm alarme d'incendie

fire blanket couverture pare-flamme
fire brigade pompiers
fire extinguisher extincteur
fireplace cheminée
fireworks feux d'artifice
firm entreprise
first premier ; **first (of all)** d'abord
first aid premiers soins
first aider secouriste
first class première classe
first name prénom
fish *(n)* poisson ; *(v)* pêcher
fish shop poissonnerie
fishmonger's poissonnerie
fitting room cabine d'essayage
fix réparer
fizzy gazeux
flag drapeau
flash flash
flask gourde, thermos®
flat *(n)* appartement ; *(adj)* plat, dégonflé
flavour parfum
flaw défaut
fleece polaire *(vêtement)*
flight vol
flip-flops tongs
flood inondation
floor étage, sol ; **on the floor** par terre
florist fleuriste
flower fleur
flower shop fleuriste
flu grippe
flush chasse d'eau
fly *(n)* mouche ; *(v)* voler
fly sheet double toit
fog brouillard
fold plier
folder chemise
follow suivre
food nourriture
food poisoning intoxication alimentaire
foot pied
footpath sentier
for pour ; **for an hour** pendant une heure
forbidden interdit
forecast *(v)* prévoir ; *(n)* prévisions
forehead front
foreign étranger
foreigner étranger
forest forêt
forget oublier
fork fourchette
form formulaire
former ancien
fortress forteresse
forward *(v)* faire suivre ; *(adj)* avant
forward gear marche avant
foundation fond de teint
four-star petrol super
fracture fracture
fragile fragile
France France
free libre, gratuit
freezer congélateur
French français
fresh frais
Friday vendredi
fridge frigidaire®
fried frit
friend ami, copain
fringe frange
from (à partir) de ; **from … to …** de … à …
front avant ; **in front of** devant
front wheel roue avant
frozen gelé
frozen food surgelés
fruit fruit ; **to eat fruit** manger des fruits ; **a piece of fruit** un fruit
fry (faire) frire
frying pan poêle
fuel carburant, combustible
fuel filter filtre à essence
fuel supply pump pompe d'alimentation
full complet, plein ; **full of** plein de
full board pension complète
full fare plein tarif
full price plein tarif

funeral enterrement
funfair fête foraine
funny drôle
furnished meublé
furniture meubles
fuse fusible
fuse box boîte à fusibles
future futur

G

gallery galerie
game jeu
garage garage
garden jardin
gas gaz
gas cylinder bouteille de gaz
gastric flu grippe intestinale
gastropub pub gastronomique
gate barrière ; *(d'aéroport)* porte
gauze gaze
gay gay
gear vitesse
gear lever levier de vitesses
gearbox boîte de vitesses
gel gel
general général
gents' (toilet) toilettes pour hommes
German *(n)* Allemand ; *(langue)* allemand ; *(adj)* allemand
Germany Allemagne
get recevoir, obtenir
get off descendre
get on : to get on well (with someone) bien s'entendre (avec quelqu'un)
get up se lever
ghost fantôme
gift cadeau
gift wrap papier cadeau
girl fille
girlfriend petite amie
give donner, offrir
give back rendre
gland glande
glass verre ; **a glass of water / of wine** un verre d'eau / de vin
glasses lunettes
glove gant
go aller ; **to go to Paris / to France** aller à Paris / en France ; **I'm going home** je rentre chez moi
go away s'en aller
go in entrer
go out sortir ; **to go out with someone** sortir avec quelqu'un
go with accompagner
go without se passer de
goat chèvre *(animal)*
gold or
golden doré
gold-plated plaqué or
golf golf
golf club club de golf
golf course terrain de golf
good bon, bien ; **good luck!** bon courage !, bonne chance ! ; **good morning** bonjour ; **good afternoon** bonjour ; **good evening** bonsoir
goodbye au revoir
goodnight bonne nuit
goods marchandises
Gothic gothique
government gouvernement
GP généraliste
grammar grammaire
grams grammes
grandchildren petits-enfants
granddaughter petite-fille
grandfather grand-père
grandmother grand-mère
grandparents grands-parents
grandson petit-fils
grass herbe
great super
Great Britain Grande-Bretagne
green vert
grey gris
grocer's épicerie
ground sol ; **on the ground** par terre

ground floor rez-de-chaussée
ground sheet tapis de sol
group groupe
grow grandir
guarantee garantie
guest invité
guest house chambre d'hôte
guide guide
guide dog chien d'aveugle
guidebook guide
guided tour visite guidée
gum gencive
guy rope corde de tente
gym salle de gym
gynaecologist gynécologue

H

haberdashery mercerie
hair cheveux
hair straighteners lisseur
hairbrush brosse à cheveux
haircut coupe de cheveux
hairdresser coiffeur
hairdrier sèche-cheveux
hairslide barrette
hairspray laque *(pour cheveux)*
halal halal
half demi, moitié ; **half a litre / kilo** un demi-litre / -kilo ; **half an hour** une demi-heure
half-board demi-pension
half-pint : a half-pint un demi
half-time mi-temps
hall entrée
halls of résidence résidence universitaire
hammer marteau
hammock hamac
hand main
hand luggage bagages à main
handbag sac à main
handbrake frein à main
handkerchief mouchoir
handlebars guidon
handmade fait main
hands-free kit mains libres
hangover gueule de bois
happen arriver
happy heureux ; **happy birthday!** bon anniversaire ! ; **Happy Easter!** joyeuses Pâques ! ; **Happy New Year!** bonne année !
happy hour happy hour
harassment harcèlement
hard difficile, dur
hard disk disque dur
hard shoulder bande d'arrêt d'urgence
hardware quincaillerie
hardware shop quincaillerie
hashish haschich
hat chapeau
hate détester
have avoir ; **to have a headache / a sore throat / a sore stomach** avoir mal à la tête / à la gorge / au ventre
have to devoir
hay fever rhume des foins
he il
head tête
headlight phare
headphones casque *(à écouteurs)*
health santé
hear entendre
hearing aid prothèse auditive
hearing loop boucle d'induction
hearing-impaired malentendant
heart cœur
heart attack crise cardiaque
heat chaleur
heating chauffage
heavy lourd
heel talon
height hauteur
helicopter hélicoptère
helicopter flight vol en hélicoptère
hello bonjour, bonsoir, allô
helmet casque
help *(n)* aide, secours ; *(v)* aider ; **to call for help** appeler au secours ; **help!** au secours !

her la, lui, son, sa, ses
herbal tea tisane
here ici ; **here is / are** voici
hers le sien, la sienne, les siens / siennes
herself elle-même
hi! salut ! *(bonjour)*
hide cacher
hi-fi chaîne (hi-fi)
high haut
high blood pressure hypertension
high chair chaise haute
high heels chaussures à talons hauts
high street rue principale
high tide marée haute
highlighter surligneur
highlights : to have highlights put in se faire des mèches
hiking randonnée ; **to go hiking** faire de la randonnée
hiking boots chaussures de marche
hiking path sentier
hill colline
hill-walking randonnée ; **to go hill-walking** faire de la randonnée
him le, lui
himself lui-même
Hindu *(n)* Hindou ; *(adj)* hindou
hip hanche
hire *(n)* location ; *(v)* louer
hire car voiture de location
his son, sa, ses, le sien, la sienne, les siens / siennes
hitchhike faire du stop
hitchhiker routard *(auto-stoppeur)*
hitchhiking stop
hold tenir ; **hold on** *(au téléphone)* ne quittez pas
hold luggage bagages en soute
holiday(s) vacances ; **on holiday** en vacances
holiday camp colonie de vacances
holiday cottage gîte
holiday home maison de vacances
holiday resort lieu de vacances
Holland Hollande
home maison ; **at home** à la maison, chez soi ; **to go home** rentrer
home-made fait maison
homosexual homosexuel
honest honnête
honeymoon lune de miel
hoodie sweat à capuche
horn klaxon
horse cheval
horse-riding équitation
hospital hôpital
hot chaud ; **it's hot** il fait chaud ; **hot drinks** boissons chaudes
hot chocolate chocolat chaud
hotel hôtel
hotplate plaque électrique
hot-water bottle bouillotte
hour heure ; **an hour and a half** une heure et demie
house maison
housework ménage ; **to do the housework** faire le ménage
how comment ; **how are you?** ça va ?, comment allez-vous ?
hubcap enjoliveur
hug *(n)* étreinte ; *(v)* serrer dans les bras
humour humour
hunger faim
hundred : one hundred cent ; **two hundred** deux cents
hungry : to be hungry avoir faim
hurricane ouragan
hurry *(v)* se dépêcher ; *(n)* **to be in a hurry** être pressé ; **to hurry up** se dépêcher
hurt : it hurts ça fait mal ; **my head hurts** j'ai mal à la tête
husband mari
hybrid *(vélo)* VTC

I

I je ; **I'm French** je suis français ; **I'm 22 (years old)** j'ai 22 ans
ibuprofen ibuprofène

ice glace
ice box glacière
ice cube glaçon
ID papiers d'identité
idea idée
identity card carte d'identité
identity papers papiers d'identité
if si ; **if ever** si jamais
ignition allumage
ignition key clé de contact
ill malade
illegal illégal
illness maladie
important important
impressive impressionnant
in dans, en ; **in France / 2010 / English** en France / 2010 / anglais ; **in the 19th century** au XIXe siècle ; **in an hour** dans une heure
inbox boîte de réception
included compris
independent indépendant
indicator clignotant
infected infecté
infection infection
information renseignements, informations
inhaler inhalateur
initials initiales
injection piqûre
injured blessé
injury blessure
inner tube chambre à air
insect insecte
insecticide insecticide
inside à l'intérieur, dedans
insomnia insomnie
instant messaging messagerie instantanée
instead of au lieu de
instructions mode d'emploi
instructor moniteur
insurance assurance
intelligent intelligent
intend : to intend to … avoir l'intention de …
interesting intéressant
international international
international money order mandat international
Internet Internet
Internet café cybercafé
interpreter interprète
interval entracte
invent inventer
invitation invitation
invite inviter
invoice facture
iodine iode
Ireland Irlande
Irish irlandais
Irishman Irlandais
Irishwoman Irlandaise
iron *(n)* fer à repasser ; *(v)* repasser
ironing board planche à repasser
ISIC card carte ISIC
island île
it ce, il ; **it's beautiful** c'est beau ; **it's warm** il fait chaud
Italian *(n)* Italien ; *(langue)* italien ; *(adj)* italien
Italy Italie
itchy : it's itchy ça me démange
item article
itinerary itinéraire

J

jack cric
jacket veste, blouson
January janvier
jaw mâchoire
jetlag décalage (horaire)
Jew Juif
jeweller's bijouterie
jewellery bijoux
Jewish juif
job travail, boulot, emploi
jogging jogging
joke *(n)* blague ; *(v)* plaisanter
journey voyage
jug carafe

juice jus
July juillet
jump sauter
jump leads câbles de démarrage
jumper pull
junction sortie *(sur route)*
June juin
just : just before / a little juste avant / un peu ; **just one** un seul ; **I've just arrived** je viens d'arriver ; **just in case** au cas où

K

kayak kayak
keep garder
kettle bouilloire
key clé
keyboard clavier
kick-off coup d'envoi
kid gamin
kidney rein, rognon
kill tuer
kilometre kilomètre
kind : what kind of ...? quel genre de ... ?
king roi
kiss *(n)* bise ; *(v)* embrasser
kitchen cuisine
knee genou
knife couteau
knock down renverser ; **to get knocked down** se faire renverser
knock over renverser ; **to get knocked over** se faire renverser
know connaître, savoir
kosher kasher

L

label étiquette
ladder échelle
ladies' (toilet) toilettes pour femmes
lager bière blonde
lake lac
lamp lampe
landing atterrissage
landmark (point de) repère
landscape paysage
language langue
laptop (ordinateur) portable
last *(v)* durer ; *(adj)* dernier ; **last year** l'année dernière
late en retard, tard
late-night opening nocturne
latte café crème
laugh rire, rigoler
launderette laverie
laundry linge
laundry service blanchisserie
law loi
lawyer avocat
laxative laxatif
lead *(n)* laisse
leaf feuille *(végétale)*
leaflet dépliant
leak *(n)* fuite ; *(v)* fuire *(se répandre)*
learn apprendre
least : the least le / la moins ; **at least** au moins
leather cuir
leave partir, laisser
left gauche ; **to the left (of)** à gauche (de)
left-luggage office consigne
leg jambe
legal légal
lend prêter
lens objectif, lentille
lens cap bouchon d'objectif
lesbian lesbienne
less moins ; **less than** moins que
let laisser
letter lettre
letterbox boîte aux lettres
library bibliothèque
lie down se coucher
life vie
life jacket gilet de sauvetage
lifeboat canot de sauvetage
lifeguard surveillant de baignade
lift ascenseur

light *(n)* lumière ; *(adj)* clair, léger ; *(v)* allumer ; **light blue** bleu clair
light bulb ampoule
light switch interrupteur
lighter briquet
lighthouse phare
like *(adv)* comme ; *(v)* aimer ; **I'd like …** j'aimerais …
lip lèvre
lip balm baume à lèvres
lipstick rouge à lèvres
list liste
listen écouter ; **to listen to someone / something** écouter quelqu'un / quelque chose
listings magazine guide des spectacles
litre litre
little *(adj)* petit ; *(adv)* peu de ; **a little** un peu ; **little by little** petit à petit
live vivre, habiter
liver foie
living vivant
living room salon
local local, de quartier ; **the locals** les gens du coin
local time heure locale
lock *(n)* serrure, verrou ; *(v)* fermer à clé
locker casier
long long ; **a long time** longtemps ; **how long …?** combien de temps …? ; **how long have you been here?** depuis quand êtes-vous ici ?
loo toilettes, WC
look regarder ; **to look tired** avoir l'air fatigué
look after surveiller, s'occuper de
look at regarder
look for chercher
look like ressembler à
lorry camion
lose perdre
lost: to get lost se perdre ; **to be lost** être perdu
lost and found bureau des objets trouvés
lot : a lot (of) beaucoup (de)
loud fort
lounge salon
love aimer
low bas
low blood pressure hypotension
low tide marée basse
luck chance
lucky : to be lucky avoir de la chance
luggage bagages
luggage trolley chariot à bagages
lukewarm tiède
lunch déjeuner ; **to have lunch** déjeuner
lung poumon
Luxembourg Luxembourg
luxury *(n)* luxe ; *(adj)* de luxe

M

mad fou
magazine magazine, revue
magnifying glass loupe
maiden name nom de jeune fille
mail courrier
main principal
main course plat de résistance
make faire, fabriquer
make-up maquillage
make-up remover démaquillant
mallet maillet
man homme
manage se débrouiller ; **to manage to do something** arriver à faire quelque chose
management direction
manager directeur, gérant
manicure manucure
many beaucoup (de) ; **how many?** combien ? ; **how many times …?** combien de fois … ?
map plan
March mars

market marché
marriage mariage
married marié
mass messe
masterpiece chef-d'œuvre
match allumette, match
mate pote
material tissu
matter : it doesn't matter ça ne fait rien, ce n'est pas grave
mattress matelas
May mai
maybe peut-être
me me, moi ; **me too** moi aussi
meal repas
mean vouloir dire, signifier
measure mesurer
measurement mesure
meat viande
mechanic mécanicien
medicine médicament
medieval médiéval
medium à point
meet rejoindre, rencontrer
meeting réunion
meeting room salle de réunion
member membre
memory souvenir ; **in memory of** en souvenir de
memory card carte mémoire
memory stick clé USB
men hommes
menu carte, menu
Merry Christmas! joyeux Noël !
merry-go-round manège
message message
metre mètre
microphone microphone
microwave micro-ondes
midday midi
middle milieu ; **in the middle (of)** au milieu (de)
midge moustique
midnight minuit
might : it might rain il risque de pleuvoir
migraine migraine
mileage kilométrage
milk lait
mind : I don't mind ça m'est égal
mine le mien, la mienne, les miens / miennes
mineral water eau minérale
minibar minibar
minister ministre, pasteur
minute minute ; **at the last minute** au dernier moment
minutes *(d'une réunion)* compte rendu
mirror glace
Miss Mademoiselle
miss rater, manquer ; **I miss him** il me manque ; **there are two … missing** il manque deux …
mist brume
mistake erreur, faute ; **to make a mistake** se tromper
misty brumeux
mix mélanger
mobile (phone) (téléphone) portable
modem modem
modern moderne
moisturizer crème hydratante
molar molaire
moment moment ; **at the moment** en ce moment ; **for the moment** pour le moment ; **just a moment!** un instant !
monastery monastère
Monday lundi
money argent
month mois
monument monument
mood : to be in a good / bad mood être de bonne / mauvaise humeur
moon lune
mop balai à franges
moped Mobylette®
more plus ; **more than** plus que ; **a lot more** beaucoup plus ; **there's no more room** il n'y a plus de

place ; **there are no more …** il n'y a plus de …
morning matin
morning-after pill pilule du lendemain
mosque mosquée
mosquito moustique
mosquito net moustiquaire
most : the most le plus ; **most people** la plupart des gens ; **to make the most of** profiter de
mother mère
motorbike moto
motorcycle moto
motorway autoroute
mountain montagne
mountain bike VTT
mountain rescue secours de montagne
mouse souris
moustache moustache
mouth bouche
mouth ulcer aphte
mouthwash gargarisme
moving émouvant
MP3 player lecteur MP3
Mr Monsieur
Mrs Madame
much : how much? combien ? ; **how much is it?, how much does it cost?** combien ça coûte ?
muscle muscle
museum musée
music musique
musical comédie musicale
Muslim musulman
must devoir ; **it must be five o'clock** il doit être 5 heures ; **I must go** il faut que j'y aille
my mon, ma, mes
myself moi-même

N

nail ongle, clou
nail file lime à ongles
nail polish vernis à ongles
nail polish remover dissolvant *(pour ongles vernis)*
naked nu
name nom ; **my name is …** je m'appelle …
nap sieste ; **to have a nap** faire la sieste
napkin serviette
nappy couche
national national
national holiday fête nationale
national park parc national
nationality nationalité
nature nature
near près, proche ; **near the beach** près de la plage ; **the nearest** le plus proche
necessary nécessaire
neck cou
necklace collier
need avoir besoin de
needle aiguille
negative négatif
neighbour voisin
neither : neither do I moi non plus ; **neither … nor …** ni … ni …
nephew neveu
nerve nerf
nervous nerveux
Netherlands Pays-Bas
network réseau
never ne… jamais
new nouveau, neuf
New Year nouvel an
New Year's day jour de l'an
New Year's Eve Saint-Sylvestre
news informations
newsagent marchand de journaux
newspaper journal
newsstand kiosque à journaux
next *(adv)* ensuite ; *(adj)* prochain, suivant ; **next to** à côté de ; **the next day** le lendemain
nice agréable, sympa
nickname surnom
niece nièce

night nuit
nightclub boîte de nuit
nightdress chemise de nuit
nightlife vie nocturne
nightmare cauchemar
no non, aucun ; **no, thank you** non merci ; **no idea** aucune idée ; **no one** personne
nobody personne
noise bruit ; **to make a noise** faire du bruit
noisy bruyant
non-drinking water eau non potable
none aucun
non-smoker non-fumeur
noon midi
north nord ; **in the north** au nord ; **(to the) north of** au nord de
North Sea mer du Nord
nose nez
not ne… pas ; **not yet** pas encore ; **not any** aucun ; **not at all** pas du tout
note mot
notebook cahier
nothing rien, ne… rien
novel roman
November novembre
now maintenant
nowadays de nos jours
nowhere nulle part
number nombre, numéro
number plate plaque minéralogique
nurse infirmière

O

OAP retraité
obvious évident
ocean océan
o'clock : one o'clock une heure ; **three o'clock** trois heures
October octobre
of de
offer *(v)* offrir ; *(n)* offre
office bureau *(lieu de travail)*
often souvent
oil huile
oil filter filtre à huile
ointment pommade
OK d'accord, ok
old vieux, ancien ; **how old are you?** quel âge as-tu ?
old town vieille ville
on sur ; **it's on at …** ça joue à …
once une fois ; **once a day / an hour** une fois par jour / heure
one un, on
on line en ligne
only ne… que, seulement
open *(v)* ouvrir ; *(adj)* ouvert
opening hours heures d'ouverture
open-top bus bus panoramique
opera opéra
operate opérer
operation : to have an operation se faire opérer
opinion avis, opinion ; **in my opinion** à mon avis
opportunity occasion
opposite *(n)* contraire ; *(préposition)* en face de
optician opticien
or ou
orange *(n & adj)* orange
orchestra orchestre
order *(n)* commande ; *(v)* commander ; **out of order** hors service
organic biologique, bio
organize organiser
original original
other autre ; **others** d'autres
otherwise sinon
ounce once
our notre, nos
ours le / la nôtre, les nôtres
ourselves nous-mêmes
out of date périmé
outbox boîte d'envoi
outside en plein air, dehors

outward journey aller
oven four
over : over there là-bas
overdone trop cuit
overheat surchauffer
overweight : my luggage was five kilos overweight j'avais un excédent de bagages de cinq kilos
owe devoir
own *(v)* posséder ; *(adj)* propre
owner propriétaire

P

pack *(v)* **to pack one's bags** faire ses valises
package holiday voyage organisé
packed bondé
packed lunch panier-repas
packet paquet
padlock cadenas
page page
pain douleur
painful douloureux
painkiller analgésique
painter peintre
painting peinture, tableau
pair paire ; **a pair of pyjamas** un pyjama ; **a pair of shorts** un short
palace palais
pan casserole
pants culotte, slip
paper papier
paper clip trombone
paper napkin serviette en papier
parcel colis
pardon? comment ?
parents parents
park *(n)* parc ; *(v)* se garer
parking meter parcmètre
parking space place de parking
parking ticket procès verbal *(pour une contravention)*
part partie ; **to be a part of** faire partie de
part-time à mi-temps
party soirée, fête
pass *(n)* forfait ; *(v)* passer ; **to be passing through** être de passage
passenger passager
passport passeport
passport control contrôle des passeports
password mot de passe
past passé ; **a quarter past ten** dix heures et quart
path chemin, sentier
patient *(n & adj)* patient
pavement trottoir
pay payer
pay in encaisser *(sur son compte)*
payment paiement
peace paix
pedal pédale
pedalo pédalo
pedestrian piéton
pedestrianized street rue piétonne
pee *(v)* faire pipi
peel peler
pen stylo
pence pence
pencil crayon
pencil case trousse
pencil crayon crayon de couleur
pencil sharpener taille-crayon
penicillin pénicilline
penknife canif
penny penny
pensioner retraité
people peuple, (les) gens
people carrier monospace
percent pour cent
perfect parfait
perfume parfum
perhaps peut-être
periods règles
person personne
pet animal domestique
petrol essence
petrol pump pompe à essence
petrol station station-service
phone *(n)* téléphone ; *(v)* téléphoner (à)

phone booth cabine téléphonique
phone box cabine téléphonique
phone call coup de téléphone ; **to make a phone call** passer un coup de téléphone
phone number numéro de téléphone
phonecard carte de téléphone
photo photo ; **to take a photo / photos** prendre une photo / des photos ; **to take someone's photo** prendre quelqu'un en photo
photocopy photocopie ; **to make a photocopy** faire une photocopie
pick choisir
picnic pique-nique ; **to have a picnic** pique-niquer
picture message MMS
piece morceau ; **a piece of** un morceau de ; **a piece of advice** un conseil ; **a piece of fruit** un fruit ; **a piece of cake** une part de gâteau
piles hémorroïdes
pill pilule ; **to be on the pill** prendre la pilule
pillow oreiller
pillowcase taie d'oreiller
PIN (number) code confidentiel
pink rose
pitch terrain (de sports)
pity : it's a pity c'est dommage
place lieu
plan *(v)* prévoir
plane avion
planetarium planétarium
plant plante
plaster (cast) plâtre, sparadrap
plastic plastique
plastic bag sac plastique
plate assiette
platform quai
play *(n)* pièce de théâtre ; *(v)* jouer
play area aire de jeu
please *(adv)* s'il te / vous plaît ; *(v)* plaire
pleased content ; **pleased to meet you!** enchanté !
pleasure plaisir
plug bonde, prise
plug in brancher
plumber plombier
plumbing plomberie
pocket poche
point point
police police
police station commissariat
policeman policier
policewoman policier *(femme)*
polite poli
political politique *(adj)*
politics politique *(n)*
pollen pollen
pollution pollution
ponytail queue de cheval
poor pauvre
popular populaire
porcelain porcelaine
port port
portrait portrait
Portugal Portugal
Portuguese *(n)* Portugais ; *(langue)* portugais ; *(adj)* portugais
possible possible
post *(n)* poste, courrier ; *(v)* mettre à la poste
post office bureau de poste
postbox boîte aux lettres
postcard carte postale
postcode code postal
poste restante poste restante
poster affiche
postman facteur
pot pot
pottery poterie
potty pot *(pour enfant)*
pound livre (sterling), fourrière
powder poudre
power steering direction assistée
practical pratique
prefer préférer
pregnancy test test de grossesse
pregnant enceinte

prejudice préjugé
prepare préparer
prescription ordonnance
present cadeau
president président *(d'un pays)*
press appuyer
pressure pression
previous précédent
price prix, tarif
pricey chérot
priest prêtre
print imprimer
printer imprimante
priority boarding embarquement prioritaire
prison prison
private privé
prize prix
probably probablement
problem problème
procession procession
product produit
profession profession
programme émission, programme
progress progrès ; **to make progress** faire des progrès
promise *(v)* promettre ; *(n)* promesse
pronounce prononcer
propose proposer
prosthesis prothèse
protect protéger ; **to protect oneself** se protéger
proud (of) fier (de)
pub pub *(bar)* ; **pub crawl** tournée des bars
public public
public holiday jour férié
public toilets toilettes publiques
pull tirer
pump pompe
pupil élève
purple violet
purpose : on purpose exprès
purse porte-monnaie
push pousser
pushchair poussette
put mettre
put out éteindre
put up héberger
put up with supporter

Q

quality qualité ; **of good / bad quality** de bonne / mauvaise qualité
quarantine quarantaine
quarter quart ; **a quarter of an hour** un quart d'heure ; **a quarter to ten** dix heures moins le quart
quay quai
queen reine
question question
queue *(n)* queue ; *(v)* faire la queue
quick rapide
quickly vite, rapidement
quiet calme, tranquille
quite assez de ; **quite a lot of** pas mal de

R

rabbit lapin
racist raciste
racket raquette
radiator radiateur
radiator cap bouchon de radiateur
radiator hose durite
radio radio
radio station station de radio
railway chemin de fer
rain *(n)* pluie ; *(v)* pleuvoir ; **it's raining** il pleut
rainbow arc-en-ciel
raincoat imperméable
ramp rampe
random : at random au hasard
rape viol
rare rare, saignant *(viande)*
rarely rarement
rather plutôt

raw cru
razor rasoir
razor blade lame de rasoir
reach arriver à
read lire
ready prêt
reality réalité ; **in reality** en réalité
reasonable raisonnable
receipt reçu, ticket de caisse
receive recevoir
recent récent
recently récemment
reception accueil, réception ; **at reception** à la réception
receptionist réceptionniste
recipe recette
recognize reconnaître
recommend recommander
record *(n)* disque ; *(v)* enregistrer
record shop disquaire
recorded delivery courrier recommandé
recycle recycler
red rouge, roux
red light feu rouge
reduce diminuer
reduction réduction
refrigerator réfrigérateur
refund *(n)* remboursement ; *(v)* rembourser ; **to get a refund** se faire rembourser
refuse refuser
registered en recommandé
registration number numéro d'immatriculation
regret regretter
relax se détendre
religion religion
remember se rappeler, se souvenir (de)
remind rappeler ; **that reminds me of …** ça me rappelle …
remote control télécommande
remove enlever
rent *(n)* loyer ; *(v)* louer
rental location
reopen rouvrir
repair réparer ; **to get something repaired** faire réparer quelque chose
repatriate rapatrier
repeat répéter
reply *(v)* répondre ; *(n)* réponse
reserve réserver
reserved réservé
rest *(n)* reste ; *(v)* se reposer
restaurant restaurant
resuscitate réanimer
retired : to be retired être à la retraite
return retour
return ticket aller-retour
reverse gear marche arrière
reverse-charge call PCV
reversing lights feux de recul
review critique
rheumatism rhumatismes
rib côte
right *(n)* droit, droite ; *(adj)* bon ; **to have the right to …** avoir le droit de … ; **to the right (of)** à droite (de) ; *(adv)* **right away** tout de suite ; **right next to** tout près de
ring bague, coup de fil ; **to give someone a ring** passer un coup de fil à quelqu'un
ring road périphérique
ringtone sonnerie
ripe mûr
rip-off arnaque
risk risque
river fleuve, rivière
road route
road atlas atlas routier
road sign panneau
roaming itinérance *(sur portable)*
rock rocher
rollerblades rollers
rollerblading : to go rollerblading faire du roller
roof toit
room chambre, pièce, salle
room service service de chambre
rope corde

round tournée
roundabout rond-point
rubber gomme
rubber band élastique
rubbish ordures ; **to take the rubbish out** sortir les poubelles
rucksack sac à dos
rug tapis
ruins ruines ; **in ruins** en ruines
rule règle *(principe)*
ruler règle *(instrument)*
run courir
run out : to have run out of petrol être en panne d'essence

S

sad triste
saddle selle
safe *(n)* coffre-fort ; *(adj)* en sécurité
safety sécurité
safety belt ceinture de sécurité
sail voile
sailing voile ; **to go sailing** faire de la voile
salad salade
sale : for sale à vendre ; **in the sale** en solde
sales soldes
salt sel
salted salé
salty salé
same même, pareil ; **the same** le / la même, les mêmes, la même chose
sand sable
sandals sandales
sanitary towel serviette hygiénique
satnav GPS
Saturday samedi
saucepan casserole
save gagner, sauvegarder
saw scie
say dire ; **how do you say …?** comment dit-on … ?
scales balance
scan scanner
scanner scanneur
scared : to be scared (of) avoir peur (de)
scarf écharpe
scenery paysage
school école
scissors ciseaux
scoop *(de glace)* boule
scooter scooter
score score
Scot Écossais
scotch *(whisky)* scotch
Scotland Écosse
Scottish écossais
screen écran, salle de cinéma
scuba diving plongée sous-marine
sculptor sculpteur
sculpture sculpture
sea mer
sea view vue sur mer
seafood fruits de mer
sealife centre aquarium
seasick : to be seasick avoir le mal de mer
seaside : at the seaside au bord de la mer
seaside resort station balnéaire
season saison
seat chaise, siège, place
seatbelt ceinture de sécurité
seaweed algues
second *(n)* seconde
second class deuxième classe
secondary school lycée
second-hand d'occasion
secret secret
secretary secrétaire
secure en sécurité
security sécurité
see voir ; **see you later!** à plus tard !, à tout à l'heure ! ; **see you soon!** à une prochaine !, à bientôt ! ; **see you tomorrow!** à demain !
seem paraître ; **it seems that …** Il paraît que …
seldom pas souvent
self check-in auto-enregistrement

self-catering avec cuisine
self-confidence confiance en soi
self-tan autobronzant
sell vendre
Sellotape® Scotch®
send envoyer
sender expéditeur
sense sens
sensitive sensible
sentence phrase
separate séparer
separately séparément
September septembre
serious grave, sérieux
service : out of service hors service
set menu menu (à prix fixe)
several plusieurs
sew coudre
sex sexe
shade ombre ; **in the shade** à l'ombre
shame honte
shampoo shampooing
shape forme
share partager
shave se raser
shaving brush blaireau *(pour se raser)*
shaving cream crème à raser
shaving foam mousse à raser
she elle
sheep mouton
sheet drap, feuille
shellfish crustacés
shirt chemise
shock choc
shocking choquant
shoes chaussures
shop magasin
shop assistant vendeur
shopkeeper marchand
shopping courses, shopping ; **to do some / the shopping** faire des / les courses
shopping centre centre commercial
short court ; **I'm two … short** il me manque deux …
short cut raccourci
short story nouvelle
shorts short
short-sleeved en / à manches courtes
shoulder épaule
show *(n)* spectacle ; *(v)* montrer
shower averse, douche ; **to take a shower** prendre une douche
shower gel gel douche
showing séance *(de cinéma)*
shut fermer
shuttle navette
shy timide
sick : to feel sick avoir mal au cœur
sick bag sac vomitoire
side côté
sign *(n)* panneau ; *(v)* signer
sign up s'inscrire
signal réception
signature signature
silence silence
silent muet
silk soie
silver argent
silver-plated plaqué argent
silverware argenterie
SIM card carte SIM
since depuis (que), puisque
sing chanter
singer chanteur
single célibataire
single (ticket) aller (simple)
sister sœur
sit : to sit down s'asseoir
situation situation *(circonstances)*
size taille, pointure
skateboard skateboard
skateboarding : to go skateboarding faire du skate
ski ski
ski boots chaussures de ski
ski lift remontée mécanique
ski pole bâton de ski
ski resort station de ski

skiing ski ; **to go skiing** faire du ski
skin peau
skirt jupe
skull crâne
sky ciel
Skype® Skype®
skyscraper gratte-ciel
sleep *(v)* dormir ; **to sleep with** coucher avec
sleeper train-couchettes
sleeping bag sac de couchage
sleeping pill somnifère
sleepy : to be sleepy avoir sommeil
sleeve manche
slice tranche
sliced coupé en tranches
slide diapositive
slow lent
slowly lentement, doucement
small petit ; **smaller than** plus petit que
smell *(n)* odeur ; *(v)* sentir ; **to smell good / bad** sentir bon / mauvais
smile *(n)* sourire ; *(v)* sourire
smoke *(n)* fumée ; *(v)* fumer
smoker fumeur
snack casse-croûte
snore ronfler
snorkel tuba *(de plongée)*
snow *(n)* neige ; *(v)* neiger
so si, alors ; **so that** pour que
soap savon
society société *(communauté)*
socks chaussettes
some *(adj)* quelques ; *(pronom)* quelques-uns
somebody quelqu'un
someone quelqu'un
something quelque chose ; **something else** autre chose
sometimes quelquefois
somewhere quelque part ; **somewhere else** ailleurs
son fils
song chanson
son-in-law beau-fils *(gendre)*
soon bientôt
sore : to have a sore throat avoir une angine ; **to have a sore head** avoir mal à la tête
sorry désolé ; **sorry!** pardon !
sound son
south sud ; **in the south** au sud ; **(to the) south of** au sud de
souvenir souvenir *(objet)*
Spain Espagne
Spaniard Espagnol
Spanish espagnol
spare de rechange
spare part pièce de rechange
spare tyre roue de secours
spare wheel roue de secours
spark plug bougie
sparkling water eau gazeuse
speak parler
special spécial ; **it's nothing special** ça n'a rien d'exceptionnel ; **by special delivery** en exprès ; **today's special** plat du jour
special offer promotion *(dans le commerce)*
specialist spécialiste
speciality spécialité
speed vitesse ; **at full speed** à toute vitesse
speed limit limitation de vitesse
speedometer compteur de vitesse
spell épeler
spend dépenser, passer
spice épice
spicy épicé
spider araignée
spine colonne vertébrale
splinter écharde
split up se séparer
spoil gâter
sponge éponge
spoon cuillère
sport sport
sports ground terrain de sports
sporty sportif
spot emplacement, bouton ; **on the spot** sur place

sprain : to sprain one's ankle se fouler la cheville
spring printemps
square place *(espace urbain)*
stadium stade
stain tache
stained-glass windows vitraux
stairlift monte-escaliers
stairs escalier
stamp timbre
stand stand
stapler agrafeuse
start commencer
starter solenoid solénoïde de démarreur
state état ; **the State** l'État
stately home château ou manoir à la campagne
statement déclaration
station gare
stationer's papeterie *(magasin)*
stationery papeterie *(matériel)*
statue statue
stay *(n)* séjour ; *(v)* rester ; **to stay in touch** rester en contact
steal voler
steering column colonne de direction
steering wheel volant
step marche
step ladder escabeau
stepfather beau-père *(conjoint de la mère)*
stepson beau-fils *(fils du conjoint)*
sticking plaster sparadrap
still encore, toujours
still water eau plate
sting *(n)* piqûre ; *(v)* piquer ; **to get stung (by)** se faire piquer (par)
stock : out of stock épuisé
stomach estomac, ventre
stone pierre
stool tabouret
stop *(n)* arrêt ; *(v)* (s')arrêter
stopcock robinet d'arrêt
storm orage, tempête
story histoire
straight droit, raide
straight ahead tout droit
straight on tout droit
strange bizarre
street rue
strike *(n)* grève ; *(v)* faire la grève
string ficelle
strong fort
stuck bloqué, coincé
student étudiant, élève
studies études
studio studio
study étudier ; **to study biology** faire des études de biologie
stupid idiot
style style
subtitled sous-titré
suburb banlieue
suffer souffrir
suggest proposer
suit *(n)* costume ; *(v)* **does that suit you?** ça vous va ? ; **that suits you** ça vous va bien
suitcase valise
summer été
summit sommet
sun soleil ; **in the sun** au soleil
sunbathe bronzer
sunburnt : to get sunburnt prendre un coup de soleil
sun cream crème solaire
Sunday dimanche
Sunday roast rôti traditionnel du dimanche
sunglasses lunettes de soleil
sunhat chapeau de soleil
sunrise lever du soleil
sunroof toit ouvrant
sunset coucher du soleil
sunstroke insolation ; **to get sunstroke** attraper une insolation
supermarket supermarché
supplement supplément
sure sûr
surf surfer
surfboard planche de surf

surfing surf ; **to go surfing** faire du surf
surgery cabinet *(médical)*
surgical spirit alcool à 90°
surname nom de famille
surprise *(n)* surprise ; *(v)* étonner
suspension suspension
swallow avaler
swearword gros mot
sweat transpirer
sweater pull
sweet *(n)* bonbon ; *(adj)* sucré
sweet shop confiserie
swim nager ; **to go for a swim** se baigner
swimming natation
swimming pool piscine
swimming trunks slip de bain
swimsuit maillot de bain
Swiss suisse
switch off éteindre
switch on allumer
switchboard operator standardiste
Switzerland Suisse
swollen enflé
synagogue synagogue
syringe séringue
syrup sirop

T

table table
tablespoon cuillère à soupe
tablet cachet, comprimé
taillights feux arrière
tailor tailleur
take prendre, emmener, emporter ; **it takes two hours** ça prend deux heures
take off décoller *(avion)*
takeaway à emporter
talc talc
talk parler
tall grand
tampon tampon
tan bronzer
tank réservoir *(de voiture)*
tanned bronzé
tap robinet
taste *(n)* goût ; *(v)* goûter
tattoo tatouage
tax taxe
tax-free hors taxes
taxi taxi
taxi driver chauffeur de taxi
taxi rank station de taxis
T-bar tire-fesses
teacher professeur
team équipe
tearoom salon de thé
teaspoon cuillère à café
teddy bear nounours
teenager adolescent
teeth dents
telephone *(n)* téléphone ; *(v)* téléphoner (à)
telephone directory annuaire (téléphonique)
television télévision
tell raconter
tell off engueuler
telly télé
temperature température ; **to take one's temperature** prendre sa température
temple temple
temporary temporaire
tennis tennis *(sport)*
tennis court court de tennis
tennis racket raquette de tennis
tennis shoe tennis *(chaussure)*
tent tente
tent peg piquet (de tente)
tent pole mât de tente
terminal terminal
terrace terrasse
terrible terrible
tetanus tétanos
text : to text someone envoyer un SMS à quelqu'un
text (message) SMS

thank remercier ; **thank you** merci ; **thank you very much** merci beaucoup
thanks merci ; **thanks to** grâce à
that cela, ça, ce, cette, que ; **that one** celui-là, celle-là
the le, la, l', les
theatre théâtre
theft vol
their leur, leurs
theirs le / la leur, les leurs
them les, eux, leur
theme park parc d'attractions
themselves eux-mêmes
then alors, ensuite
there y, là ; **there is** il y a ; **there are** il y a ; **there is a castle** il y a un château ; **there are two museums** il y a deux musées
therefore donc
thermometer thermomètre
Thermos® flask thermos®
thermostat thermostat
these ces ; **these ones** ceux-ci, celles-ci
they ils, elles ; **they say that …** on dit que …
thief voleur
thigh cuisse
thin maigre
thing chose ; **things** affaires
think penser, croire, réfléchir
think about penser à
third-party insurance assurance aux tiers
thirst soif
thirsty : to be thirsty avoir soif
this ce, cette, ça ; **this one** celui-ci, celle-ci ; **this evening** ce soir ; **this is …** *(pour introduire quelqu'un)* je te présente …
thong string
those ces ; **those ones** ceux-là, celles-là
thread fil
throat gorge
throw jeter
throw out jeter, mettre à la poubelle
thumb pouce
Thursday jeudi
ticket billet, ticket
ticket inspector contrôleur
ticket office billetterie
tidy *(v)* ranger ; *(adj)* bien rangé
tie cravate
tight serré
tights collants
time temps, fois ; **what time is it?** quelle heure est-il ? ; **from time to time** de temps en temps ; **to have (the) time to …** avoir le temps de … ; **on time** à l'heure ; **three / four times** trois / quatre fois
time difference décalage (horaire)
timetable horaires
tinfoil papier alu
tip *(n)* pourboire ; *(v)* donner un pourboire à
tired fatigué
tobacco tabac
tobacconist's bureau de tabac
today aujourd'hui
toe orteil
together ensemble
toilet toilettes, WC
toilet bag trousse de toilette
toilet paper papier toilette
toiletries affaires de toilette
token jeton
toll péage
tomb tombe
tomorrow demain ; **tomorrow evening** demain soir
toner lotion tonique
tongue langue
tonight ce soir
tonsils amygdales
tonsillitis angine
too aussi, trop ; **too bad** tant pis ; **too many** trop de ; **too much** trop de
tooth dent
toothbrush brosse à dents
toothpaste dentifrice

toothpick cure-dent
top haut ; **at the top** en haut
top-up *(de portable)* recharge
torch lampe de poche
touch toucher
tourist touriste
tourist attraction site touristique
tourist office office de tourisme
tourist trap attrape-touristes
tow remorquer
towards vers
towbar barre de remorquage
towel serviette
tower tour *(édifice)*
town ville
town centre centre-ville
town hall hôtel de ville, mairie
towrope câble de remorque
toy jouet
toy shop magasin de jouets
trade fair foire commerciale
tradition tradition
traditional traditionnel, folklorique
traffic circulation
traffic jam bouchon, embouteillage
traffic lights feux de signalisation
trailer bande-annonce, remorque
train train ; **the train to Leeds** le train en direction de Leeds
train station gare
trainers baskets
training formation *(apprentissage)*
training course stage de formation
tram tramway
tranquillizer calmant
transfer *(n)* virement *(bancaire)* ; *(v)* virer *(argent)*
translate traduire
translator traducteur
transmission transmission
travel voyager
travel agency agence de voyages
travel insurance assurance voyage
traveller's cheque chèque de voyage
tray plateau
trip voyage, excursion ; **have a good trip!** bon voyage !
tripod trépied
trolley Caddie®
trouble : to have trouble doing something avoir du mal à faire quelque chose
trousers pantalon
true vrai
try essayer ; **to try to do something** essayer de faire quelque chose
try on essayer
tube métro
tube station station de métro
Tuesday mardi
tumble drier sèche-linge
Tupperware® Tupperware®
turn *(n)* tour ; *(v)* tourner ; **it's your turn** c'est ton tour
turquoise turquoise
tweezers pince à épiler
twice deux fois
twins jumeaux
type *(n)* type ; *(v)* taper
typical typique
tyre pneu

U

ugly moche
umbrella parapluie
uncle oncle
uncomfortable pas à l'aise
under sous
underground métro
underground line ligne de métro
underground station station de métro
underneath dessous
understand comprendre
underwear sous-vêtements
unemployed : to be unemployed être au chômage
unemployment chômage
unforgettable inoubliable
unfortunately malheureusement

United Kingdom Royaume-Uni
United States États-Unis
unleaded sans-plomb
until jusqu'à
upset vexé
upstairs en haut, là-haut
urgent urgent
us nous
use se servir de, utiliser ; **to be used for** servir à ; **I'm used to it** j'ai l'habitude ; **I'm not used to eating so early** je n'ai pas l'habitude de manger aussi tôt
useful utile
useless inutile
usually d'habitude
U-turn demi-tour

V

vacancies chambres libres ; **no vacancies** complet
vaccinated (against) vacciné (contre)
vaccination vaccination
vacuum cleaner aspirateur
valid (for) valable (pour)
valley vallée
VAT TVA
vegan végétalien
vegetarian végétarien
very très
vest (top) débardeur *(pour femmes)*
vet vétérinaire
video vidéo
video camera caméra vidéo
view vue
villa villa
village village
virus virus
visa visa
visit *(n)* visite ; *(v)* visiter, rendre visite à
vitamin vitamine
voicemail messagerie vocale
volleyball volley(-ball)
voltage voltage
vomit vomir

W

waist taille
waistcoat gilet
wait attendre ; **to wait for / something** attendre quelqu'un / quelque chose
waiter serveur
waiting room sale d'attente
waitress serveuse
wake up (se) réveiller
Wales pays de Galles
walk *(n)* marche, promenade ; *(v)* marcher, se promener ; **to go for a walk** aller se promener, se balader
walking : to go walking faire de la marche
walking boots chaussures de marche
walking frame déambulateur
walking stick canne
wallet portefeuille
want vouloir ; **to want to do something** avoir envie de faire quelque chose
warm chaud, chaleureux
warn prévenir
warning lights feux de détresse
warning triangle triangle de sécurité / signalisation
wash *(n)* **to have a wash** se laver ; *(v)* laver ; **to wash one's hair** se laver les cheveux
washbasin lavabo
washing : to do the washing faire la lessive
washing line corde à linge
washing machine machine à laver
washing powder lessive
washing-up liquid liquide vaisselle
wasp guêpe

waste gâcher ; **to waste time** perdre du temps
watch *(n)* montre ; *(v)* regarder ; **watch out!** attention !
water eau
water heater chauffe-eau
waterproof imperméable
waterproof jacket K-way®
waterskiing ski nautique
wave vague
wax *(v)* (s')épiler (à la cire)
way chemin, façon, manière
way in entrée
way out sortie
waymark balise *(sur sentier)*
we nous
weak faible
wear porter
weather temps ; **the weather's bad** il fait mauvais
weather forecast prévisions météo
webcam webcam
website site Internet
Wednesday mercredi
week semaine
weekend week-end
weekly hebdomadaire
weigh peser
weight poids
welcome bienvenu ; **welcome!** bienvenue ! ; **you're welcome** il n'y a pas de quoi
well *(n)* puits ; *(adv)* bien ; **I'm very well** je vais bien ; **well done** *(viande)* bien cuit ; **well done!** bravo !
well-known connu
Welsh gallois
Welshman Gallois
Welshwoman Galloise
west ouest ; **in the west** à l'ouest ; **(to the) west of** à l'ouest de
wet mouillé
wetsuit combinaison de plongée
what qu'est-ce que, quoi ; **what do you want?** que veux-tu ? ; **what I liked most** ce que j'ai le plus aimé
wheel roue
wheelchair fauteuil roulant
when quand
where où ; **where is / are ...?** où est / sont ... ? ; **where are you from?** d'où viens-tu ? ; **where are you going?** où vas-tu ?
which quel
while pendant que
white blanc
white stick canne blanche
who qui ; **who's calling?** qui est à l'appareil ?
whole entier ; **the whole cake** le gâteau en entier
whose dont
why pourquoi
wide large
widow veuve
widower veuf
width largeur
wife femme *(épouse)*
WiFi WiFi
wild sauvage
wind vent
windmill moulin
window fenêtre, vitre ; **in the window** en vitrine
windscreen pare-brise
windscreen wiper essuie-glace
windsurfing planche à voile
wine vin
wine list liste des vins
winter hiver
wisdom tooth dent de sagesse
with avec
withdraw retirer
without sans
witness témoin
woman femme
wonderful magnifique
wood bois
wool laine
work *(n)* travail ; *(v)* travailler, marcher ; **to work in** travailler dans
work of art œuvre d'art
works travaux

world monde
worry *(n)* souci ; *(v)* s'inquiéter
worse pire ; **to get worse** s'aggraver ; **it's worse (than)** c'est pire (que)
worth : to be worth valoir ; **it's worth …** ça vaut … ; **it's worth it** ça vaut la peine
wound plaie
wrist poignet
write écrire
wrong faux

XYZ

X-rays rayons X

year an, année
yellow jaune
Yellow Pages® Pages jaunes®
yes oui
yesterday hier ; **yesterday evening** hier soir
you tu, vous, te, toi
young jeune
your ton, ta, tes, votre, vos
yours le tien, la tienne, les tiens / tiennes, le / la vôtre, les vôtres
yourself toi-même, vous-même
yourselves vous-mêmes
youth hostel auberge de jeunesse

zero zéro
zip fermeture Éclair®
zoo zoo
zoom (lens) zoom
zoom in zoomer

Dépôt légal : août 2014
Imprimé en Espagne par Graficas Estella
314978-05/11038389 - avril 2018